KB234281

래디컬 이노베이션

근본적 혁신 프로젝트 — 대기업의 반격

Radical Innovation

래디컬 이노베이션

초판 1쇄 발행 · 2001년 9월 14일
초판 2쇄 발행 · 2001년 10월 22일

지은이 · 렌셀러 경영대학원 근본적 혁신 프로젝트팀
옮긴이 · 정규재
펴낸이 · 김종석
편집 · 신사강, 이혜선, 최희정
관리 · 이정애

펴낸곳 · 도서출판 아침이슬
등록 · 1999년 1월 9일(제10-1699호)
주소 · 서울시 마포구 연남동 509-13, 3층(121-240)
전화 · 02-332-6106 / 팩스 · 02-332-6109
인터넷 홈페이지 · www.21cmorning.co.kr
E-mail · webmaster@21cmorning.co.kr

값 18,000원
ISBN 89-88996-17-8 13320

* 잘못 만들어진 책은 바꾸어 드립니다.

래디컬 이노베이션

근본적 혁신 프로젝트 — 대기업의 반격

Radical Innovation

렌셀러 경영대학원 근본적 혁신 프로젝트팀 지음

정규재 옮김

아침이슬

대기업의 근본적 혁신에 관한 최고의 지침서

한동안 벤처 열풍에 가려 사람들의 주목을 끌지 못했던 대기업들이 다시 각광을 받고 있습니다. "큰 것이 다시 아름다워지고 있다"는《이코노미스트》의 언급과 미국 MBA 출신들이 벤처 창업보다 대기업 입사를 선호한다는 최근 조사 결과를 굳이 인용하지 않더라도 세계적인 경기 침체 속에서 대기업의 매력이 다시 부각되는 추세를 이루고 있습니다. 그러나 대기업의 매력이란 것이 '규모의 경제'에서 비롯하는 안정성에 있다는 뜻은 결코 아닐 것입니다. 이 책《래디컬 이노베이션》에서 저자들이 언급하고 있듯이 대기업의 매력은, 상대적으로 풍부한 자본과 인적·물적 자원이 축적되어 있어 새로운 시장을 창출할 '근본적 혁신'에 도전할 잠재력을 가지고 있다는 점에 있습니다.

바야흐로 세계적 차원에서 '기술의 양극화' 현상이 두드러지고 있는 지금 도약하느냐 추락하느냐 하는 갈림길에 선 한국 경제의 미래는 혁신 기술의 보유 유무가 그 성패를 결정하게 될 것입니다. 경험과 풍부한 자원이라는 대기업의 무기를 방치해서 녹슬게 만들 것이냐 아니면 제대로 활용해 더욱 빛나게 할 것이냐 여기에 한국 경제의 사활이 걸렸다고 해도 틀린 말이 아닐 것입니다. 대기업에서 활발히 펼쳐지고 있는 여러 혁신 운동들은 궁극적으로 어떻게 하면 혁신적인 아이디어를 사장시키지 않고 기술 혁신으로 연결시켜 시장을 선점하고 개척할 것인가에 초점을 맞추고 있습니다.

이 책의 저자들은 대기업들이 자원을 풍부하게 보유하고 있다는 장점이 있는 반면 현재의 우위에 만족하여 혁신을 게을리 하며 단기적 성과에 민감한 경향이 있다고 지적합니다. 이들의 지적은 여러 가지 측면에서 설득력이 있습니다. 모름지기 대기업들은 당장에 수익을 올리는 것에 급급할 것이 아니라 5년, 10년 뒤를 내다보고 투자를 하면서 미래를 준비해야 할 것입니다. 다시 말해 한국의 대기업들도 기술 혁신을 통해 세계 시장을 선점하는 고부가가치 창출형 기업으로 탈바꿈해야 한다는 것입니다. 그러나 현실에서는 '혁신' 의 구호는 우렁차지만 기업의 전통적인 전략과 조직 관리 기법에서 벗어난 역량을 요구하는 '근본적 혁신' 에 대한 구체적인 지식 축적은 미비하기만 합니다.

이런 점에서, '근본적 혁신' 에 대한 논의가 불거지기 시작한 1990년대 중반 이후 5년 동안 미국 굴지의 대기업의 근본적 혁신 프로젝트 12개를 발로 뛰면서 연구한 성과물인 《래디컬 이노베이션》은 혁신의 필요는 느끼지만 정작 실행에는 미흡한 한국의 대기업들에게 근본적 혁신에 대한 훌륭한 지침서로서 시사하는 바가 크다 하겠습니다. 저자들은 혁신이 진행 중인 기업의 경영진에서부터 연구 실무자에 이르기까지 다양한 층위의 사람들과 인터뷰를 하면서 근본적 혁신 프로젝트의 전 과정을 꼼꼼하게 살펴 그 경험을 우리에게 고스란히 전해주고 있습니다.

《래디컬 이노베이션》은 진정한 '기업가 정신'에 대해 다시 한 번 생각해 보게 하는 책이기도 합니다. 저자들은 한국 대기업의 수십 수백 배 규모에 이르는 미국 대기업들의 근본적 혁신이 기업가 정신이 뛰어난 개인(챔피언)들로부터 시작되었고, 시작부터 끝까지 불확실성을 동반하는 근본적 혁신 프로젝트가 성공하기까지는 경영진의 든든한 후원이 동반되었음을 강조하고 있습니다. 한국 경제의 대도약이 위기를 기회로 삼는 진정한 기업가 정신과 기업의 근본적 혁신을 통해 가능할 것이라는 점을 믿어 의심하지 않습니다. 아무쪼록 이 책이 한국 경제의 리더들과 각 분야의 전문가들에게 많은 도움이 되길 바라마지 않습니다.

2001년 10월

현대 · 기아자동차 회장

정몽구

대기업의 장기적 성공을 위한 혁명적 패러다임

1980년대에 미국과 유럽의 주요 기업들은 여러 업종에서 아시아 기업들과 경쟁해야 했다. 미국과 유럽의 주요 기업들은 메모리 반도체, 사무 자동화 기기, 공장 자동화, 소비자 가전, 자동차 부문에서 차세대 기술의 주도권을 아시아 기업들에게 빼앗겨 시장을 내주고 말았다. 이것은 아시아 기업들이 기술 혁신을 통한 근본적 혁신에 기초하여 선진 기업들을 따라잡은 결과였다. 반면에, 그것은 기존 대기업들이 기존의 시장 지배력에 안주하여 근본적 혁신을 추진하지 않고 점진적 혁신을 통해 기존의 장점을 보완하는 식으로만 새로운 경쟁자들에게 대응하는 것이 얼마나 참담한 결과를 가져다 주는가 하는 것도 보여 주었다.

이러한 점에서 대기업이 근본적 혁신을 통해 거듭나야 한다고 역설하는 《래디컬 이노베이션》은 기존 대기업들이 무섭게 자신들의 시장을 잠식하는 신생 기업과의 경쟁에서 밀려나지 않으려면 근본적 기술 혁신을 통한 장기적 성장 기반을 마련하여 기존의 우위를 그대로 유지해야 한다는 것을 힘있게 강조하는 역작이다. 이 책의 장점은 논의의 초점을 조직 문화의 혁신이나 구조 조정이나 감량 경영 등에 맞추고 있는 것이 아니라 어디까지나 혁신적 신기술 개발을 통한 기업의 장기적인 생존이라는 혁명적 패러다임에 맞추고 있다는 데 있다.

저자들은 근본적 혁신을 획기적인 성능 향상이나 대폭적인 비용 절감을 제공하는 제품이나 공정이나 서비스로 정의한다. 이러한 정의에 기초하여 저자들은 근본적 혁신을 기존 사업 부문의 기술/시장 영역의 혁신, 틈새를 노리는 혁신, 기존 전략 범위에 전혀 포함되지 않는 혁신으로 구분하고 있다. 이러한 근본적 혁신을 수행하는 과정에서 경영진은 근본적 혁신 아이디어 포착, 근본적 혁신 프로젝트 관리, 새로운 시장 조사 기법을 이용한 시장 학습, 비즈니스 모델 구축, 자금 조달, 근본적 혁신 기술의 상용화, 개인의 리더십과 같은 일곱 가지 문제를 해결해야 한다. 저자들은 이러한 일곱 가지 문제가 근본적 혁신 프로젝트의 성패와 어떤 연관성이 있는지 사례를 중심으로 설명하면서 조직, 자원, 기술, 시장이라는 네 가지 불확실성 요소가 12개의 근본적 혁신 프로젝트에서 어떤 방식으로 작용했는지 살펴보고 있다.

저자들이 연구한 12개의 근본적 혁신 프로젝트는 에어 프로덕츠 앤드 케미컬스 코포레이션의 이온운반막, 아날로그 디바이스의 MEMS 가속도계, 듀폰의 전자방출 소재와 생분해성 폴리에스테르 필름 바이오맥스, GE의 디지털 X-레이 시스템, GM의 하이브리드카, IBM의 실리콘 게르마늄 칩과 전자책, 노텔 네트웍스의 넷액티브, 폴라로이드의 저가의 고성능 컴퓨터 메모리 저장 장치, 텍사스 인스트루먼트의 DMD 소자, 유나이티드 테크놀로지의 오티스 엘리베이터 부문의 초고층용 양방향 엘리베이터 개발 프로젝트이다.

이 책의 저자들이 주로 신기술 개발을 통한 혁신을 강조하고 있다는 점을 감안할 때, 국내에서도 이와 비슷한 사례들을 찾아볼 수 있다. 그 가운데 특히 정부와 LG, 삼성, 현대가 공동으로 참여하여 이루어낸 CDMA 기술의 상용화를 들 수 있다. 한국의 3대 그룹인 LG, 삼성, 현대는 모두가 불가능하다고 주장했던 CDMA 기술의 상용화에 성공하여 한국을 CDMA 종주국으로 우뚝 서게 했고 통신 장비와 관련 부품 기술의 비약적 발전을 이루었다. 또한, 삼성과 LG의 PDP, 디지털 TV 기술과 같은 혁신적인 기술은 향후 세계 시장에서 많은 이익을 얻을 것으로 기대되고 있다.

대기업이 근본적 혁신을 통해서 오랫동안 생존할 수 있는 가능성이 훨씬 더 크다는 저자들의 주장은 아시아의 다른 신흥공업국들에게 추격당하면서도 해외 시장에서 가격과 품질 면에서 선진국 제품들과 효율적으로 경쟁하지 못하고 있는 한국 경제의 현주소를 감안해볼 때, 한국의 대기업들이 수용할 수 있는 부분은 아주 많다고 할 수 있다.

따라서 이 책이 근본적 경영 혁신에 관심을 갖는 경영자, 기업의 혁신을 연구하는 사람, 장차 한국 경제를 짊어질 경영학도, 그 밖에 한국 경제의 발전에 기여하고자 하는 모든 사람들에게 널리 읽혔으면 하는 바람이며, 아울러 이 책의 패러다임을 현실에 적용하려는 노력이 뒤따르기를 기대해 본다.

2001년 9월

정규재

근본적 혁신에 필요한 역량과 경영철학

이 책은 혁신을 생각하고 혁신을 상용화하려고 노력하는 대기업 사원들을 위한 책이다. 우리 필자들이 제시하는 정보와 의견은 근본적 혁신에 도전하는 사람들의 노력, 실패 및 성공을 5년 동안 관찰하고 공유한 경험에 바탕을 두고 있다. 저자들은 이러한 도전에 유용한 다양한 지침들을 제시하고 있지만, 근본적 혁신가들은 각자의 환경에서 가장 효과적인 방법을 찾을 때까지 혁신 방법을 달리해 차례차례 적용해보아야 한다.

우리가 수행한 렌셀러 근본적 혁신 연구 프로젝트는 1994년에 두 가지 새로운 추세에 대해 일부 교수진이 집중적으로 벌인 토론을 계기로 시작되었다. 한 가지 추세는 신기술과 이로 인한 근본적 혁신이 경제 전체를 빠른 속도로 변화시키고 있다는 것이었고, 두 번째 추세는 비교적 작은 신생 기업들이 근본적 혁신을 이룩하여 상용화하는 속도가 빨라지고 있다는 것이었다. 반면 제조업 기반형 대기업들은 1980년대에 구조조정과 품질경영에 주력한 탓에 근본적 혁신 능력이 감소되어 있었다. 세계 시장에서 경쟁력을 회복하기 위해서 과거의 대기업들은 기존 영업을 포기하고 점진적 혁신을 통한 제품 포트폴리오를 구성하여 이익을 극대화하는 데 초점을 맞췄다. 1990년대에 기존 대기업들은 주주들로부터 주가를 관리하라는 강한 압력을 받았다. 이 때부터 근본적 혁신을 개발하고 상용화하기 위한 능력을 회복하려는 경쟁이 시작되었다. 필자들은 기존 대기업들이 이러한 능력을 개발하기 위해서 어떤 방법을 사용하고 어떤 노력을 기울이는지 실시간으로 관찰할 기회를 갖게 되었다. 필자들의 목표는 근본적 혁신에 대한 지식을 넓히고 혁신 활동을 개선할 수 있는 통찰력을 제공하는 것이었다.

이러한 규모의 프로젝트를 수행하기 위해서 필자들은 슬로운 재단과 산업연구원(Industrial Research Institute : 《포춘》 선정 1000대 기업의 기술담당 경영자들로 구성된 단체)에 협력 제안서를 제출했다. 두 기관 모두 필자들의 제안을 호의적으로 받아들였다. 산업연구원은 필자들의 프로젝트를 전담하는 소위원회를 구성했고, 슬로운 재단은 여러 해 동안 보조금을 제공했다. 마침내 1995년 초 필자들은 프로젝트를 시작했다.

업계 협력자들의 도움을 받아 필자들은 근본적 혁신 연구대상이 될 프로젝트를 선정하기 위해서 먼저 근본적 혁신에 대한 정의(1장에 서술)를 제시했다. 자발적으로 참여한 산업연구원 회원사(에어 프로덕츠 앤드 케미컬스, 아날로그 디바이스, 듀폰, GE, GM, IBM, 노텔 네트웍스, 폴라로이드, 텍사스 인스트루먼트, 유나이티드 테크놀로지의 오티스 엘리베이터 사업부문)는 한두 개 이상의 근본적 혁신 프로젝트를 제시했다.

마침내 이 10개 회사의 12개 프로젝트가 필자의 주요 연구대상이 되었다. 필자들은 세 가지 목적을 위해서, 즉 첫째, 어떤 프로젝트가 가장 기준에 부합하는지 파악하고, 둘째, 인터뷰 대상자에 대한 기대치를 설정하고, 셋째 연구팀원의 데이터 수집 준비에 필요한 배경 정보를 얻기 위해서 1995년 가을 현장 방문을 시작했다.

필자들의 연구 방법

필자들은 12개 근본적 혁신 프로젝트에 대한 심층 분석을 통해서 근본적 혁신을 이해하고, 관리할 수 있는 방법에 대해서 알게 되었다. 필자들은 사례연구 방법론을 사용했다. 즉, '어떻게' 그리고 '왜'라는 질문을 사용하여 거의 또는 전혀 이론이 정립되어 있지 않은 복잡한 현상을 탐구했다. 그러나 그러한 질문들은 근본적 혁신이라는 매우 어려운 주제에 대한 근본적 혁신가와 학자들의 생각을 넓히기 위한 질문이기는 하지만 필자들이 파악한 문제들에 대한 독창적인 해결책을 제공하지는 않는다.

현장 조사 기간에 필자들은 프로젝트 팀원과 나머지 조직원들을 상대로 5년 동안 인터뷰를 실시했다. 인터뷰 대상자에는 10개 회사 각각의 프로젝트 팀원, 프로젝트 관리자, 연구원, 사업부문 경영자, 사업개발 부서 근무자, 고위 경영자들이 포함되어 있었다. 필자들의 연구팀 가운데 일부는 각 회사를 방문하여 하루 동안 강도 높은 심층 인터뷰를 실시했다. 렌셀러 방문팀은 근본적 혁신 프로젝트 관리의 모든 측면에 대해 표준적인 인터뷰 질문들을 사용했다. 필자들의 연구원들로 구성된 하위 팀은 각 회사 사원들과 인터뷰를 했다. 이러한 데이터 수집 방법에 기초하여 필자들은 핵심 질문들을 제시하고 응답을 여과하면서 다양한 접근법을 사용할 수 있었다. 나중에 필자들은 전화 회의를 통해서 이러한 과정을 반복했다. 방대한 인터뷰 데이터는 필자들의 연구결과를 도출하는 정보 데이터베이스 역할을 했다.

필자들은 연구결과를 검증하고 생각을 확장하기 위해서 연구표본에 포함된 기업들뿐 아니라 다른 기업들의 중급 및 고급 프로젝트 관리자들과 함께 일련의 회의, 워크숍 및 세미나를 열었다. 이러한 기업들에는 3M, AT&T, 알코아, 아크 케미컬스, 암스트롱, 포드, 휴렛 패커드, 코닥, 루슨트, 미츠비시, NCR, P&G, 웨스트바코가 있다.

근본적인 질문

필자들에게 연구용 프로젝트 정보를 제공한 기업들의 경영자들과 필자들의 워크숍과 세미나에 참여한 기업들의 경영자들은 근본적 혁신이 어려운 과제임을 인정했다. 예를 들어, 텍사스 인스트루먼트의 디지털 광프로세서 프로젝트 관리자는 다른 대기업들을 벤치마킹하면서 근본적 혁신을 관리하기 위한 최상의 방법을 찾으려고 노력했다. 프로젝트가 완료될 무렵, 그 프로젝트 관리자는 자기가 연구한 기업들 중에서 근본적 혁신 프로젝트 관리방식에 만족하거나 근본적 혁신 프로젝트를 특별히 잘 관리하는 기업은 거의 없었다고 결론지었다. 필자들의 연구에 참여한 사람들은 모두 근본적 혁신을 좀더 효과적으로 수행하기 위한 방법을 찾는 데 크게 관심을 가졌고 회사 내부에서 근본적 혁신을 위한 좀더 체계적인 방법과 경영철학을 구축하려고 노력했다. 그러한 사람들이 이러한 목적을 달성하는 것을 돕기 위해서 필자들은 다음과 같은 근본적인 문제들을 다루었다.

- 점진적 혁신과는 전혀 다른 경영원칙을 요구하는 근본적 혁신 과정은 어떤 특성을 갖고 있는가?
- 기업들은 주류 운영조직(점진적 혁신과 단기적 결과를 강조하는)과 근본적 혁신을 수행하는 조직 사이의 근본적 갈등에 어떻게 대처할 수 있는가?
- 근본적 혁신이 성공하기 위해서 기업들이 효과적으로 대응해야 하는 가장 어려운 문제는 무엇이며, 이러한 문제들을 극복하기 위해서 어떤 역량, 자원, 경영·조직 원칙들이 사용될 수 있는가?
- 기업들이 지속적 성장을 뒷받침하기 위해서 시간이 지남에 따라 근본적 혁신 프로젝트를 관리하기 위한 역량을 어떻게 구축하고 유지할 수 있는가?

필자들의 목표는 처음부터 기존 대기업들이 근본적 혁신을 주도하고 실행하고, 비즈니스 모델과 조직을 개발하여 성공적으로 시장에 진출하고 성과를 향상시키도록 돕는 것이었다. 필자들은 이 책이 이러한 목적 달성에 도움이 되리라고 기대하고 있다.

감사의 말

이 책을 쓰는 데에만 3년이 걸렸고, 이 책의 바탕이 된 연구는 1995년부터 시작되었다. 많은 사람들이 돕지 않았다면, 연구와 책 모두 시작되지도 계속되지도 못했을 것이다.

이 프로젝트에는 두 단체가 도움을 주었다. 먼저, 앨프레드 P 슬로운 재단은 연구자금을 지원해 주었다. 그 덕분에 필자들은 상세한 데이터를 계속 모을 수 있었고, 업계 파트너들에게 피드백을 제공할 수 있는 회의와 워크숍과 세미나를 열 수 있었다. 특히 필자들은 슬로운 재단의 부총재인 허시 코언 박사와 프로그램 이사인 게일 페시나 씨에게 감사한다.

산업연구원은 필자들이 업계 파트너들로부터 지원과 협력을 얻는 데 도움을 주었다. 필자들은 산업연구원의 척 라슨 소장과 필자들이 산업연구원 워크숍을 준비하는 데 도움을 준 로버트 E 버카트 전문 개발 서비스 담당 이사와 특히 필자들의 산업연구원 위원회가 효율적으로 성과를 내도록 돕기 위해 정력적으로 일해온 마가렛 R 그루사 연구 서비스 담당 이사에게서도 도움을 받았다. 산업연구원의 반복연구위원회(Research-on-Research Committee)는 두 개의 소위원회를 잇달아 조직해 렌셀러 공과대학에서 온 필자들의 연구팀과 함께 일하도록 해 주었다. 필자들은 두 소위원회의 모든 위원들에게 감사하며, 그 중에서도 특히 공동 의장인 마일스 드레이크(에어 프로덕츠 앤드 케미컬스의 이사) 박사와 소위원회의 첫 의장을 지낸 앨 슈미트(아크 케미컬스의 부회장) 박사, 그리고 리처드 헨드릭스(암스트롱사의 혁신 프로세스 부책임자) 박사와 2000년 소위원회의 공동 의장인 테리 맥퍼슨 박사에게 감사한다.

필자들은 시장 전망의 역할에 관한 연구자금을 제공한 혁신경영연구원과 동 연구원의 이사인 앨 빈 박사에게도 고맙다고 말하고 싶다.

하버드 경영대학원에서 조직해 준 이름도 알 수 없는 여섯 명의 비평자들과 출판사 편집장인 홀리스 헤임바우크는 원고에 대해 귀중한 조언을 해주었고, 그 덕분에 필자들은 때때로 대폭적인 수정을 가하기도 하면서 원고를 끊임없이 손볼 수 있었다. 필자들은 나중에 제나스 블록 박사와 닉 콜라렐리 박사를 연구팀에 충원했는데, 이 두 사람은 원고를 마지막으로 다듬는 과정에서 많은 수고를 하여 원고 내용을 크게 개선해 주었다. 또한 필자들은 초기부터 줄곧 중요한 역할을 해준 마이클 코라도에게도 감사한다. 그는 필자들이 《비즈니스 위크》의 관심사를 연구하도록 도와 주었다. 《비즈니스 위크》는 필자들의 연구에 관한 기사를 실어 주었고, 이 덕분에 필자들의 연구는 수많은 업계 관계자들의 주목을 끌 수 있었다. 마지막으로 필자들은 딕 루에케에게 감사한다. 그는 필자들이 모든 자료와 녹취물들을 하나의 원고로 짜낼 수 있도록 노고를 베풀어 주었다. 그 덕분에 이 주제에 관심이 있는 실용적인 근본적 혁신가들과 학자들 모두 필자들의 원고를 이해할 수 있게 되었다.

이 프로젝트는 관계사들의 무조건적인 협조와 개방적인 태도가 없었다면 불가능했을 것이다. 필자들의 인터뷰에 응해준 약 100명의 분들과 필자들의 주요 워크숍과 세미나에 참석해 준 75분께 사의를 표하고 싶다.

근본적 혁신 경영―기업과 프로젝트 차원의―은 대단히 하기 어려운 종류의 경영이다. 이 책 전체에 걸쳐 필자들은 지난 몇십 년 동안 이 분야를 탐구해 온 핵심적인 연구자들에 관해 언급했다. 필자들은 그들의 연구에 기초하여 이 책을 쓸 수 있었다. 필자들은 그들의 글과 개인적인 지도를 통해 많은 도움을 받았다. 그 연구자들의 통찰은 이 연구를 기획하고 실행하는 데에 도움이 되었으며, 필자들이 모은 방대한 데이터를 해석하는 데에도 도움이 되었다.

필자들은 또한 랠리 기술경영 대학원의 유능한 교수들에게도 사의를 표한다. 그들은 필자들이 갖가지 위기와 마감 시한을 통과할 수 있도록 도와(주고 참아) 주었다. 필자들은 특히 질 케이즈와 리즈 카츠만과 현재 필자들이 근무하는 대학의 학장인 조 에커에게 감사한다. 그들은 지난 3년 동안 필자들을 지지해 주고 격려해 주었다.

지금은 벤틀리 대학의 총장인 조셉 G 모론은 이 기간에 랠리 대학 학장으로 봉직하면서 이 프로젝트를 제안해 주었다. 모론 박사는 특히 슬로운 재단과 산업연구원이 필자들의 주요 협력자가 되게 해 주었다. 이 프로젝트 초기에 그의 후원과 지도는 너무나 귀중한 것이었다. 필자들은 모론 박사의 노고에 마음속 깊이 고마움을 느끼고 있다.

　마지막으로 필자들은 특별한 헌신을 해준 사람들에게 고마움을 표하고 싶다.

　리처드 레이퍼 이 책을 쓰는 긴 여정 동안 아내 제인과 아들 가브리엘과 제프리에게서 받은 사랑과 후원에 감사한다.

　크리스 맥더모트 이 프로젝트를 진행하는 동안 참아 주고 후원해 준 우리 가족—페기, 켈시, 매트— 에게 감사한다.

　지나 오코너 남편 패트릭과 아이들 댄, 크리스틴, 케니에게 감사한다. 특히 아버지 닉 콜라렐리에게 감사한다. 아버지는 연구가 진행되는 동안 시종일관 열렬히 지지해 주었다. 학문의 세계를 향해 아버지가 열어 놓은 창문과 근본적 혁신이 일어나는 시기의 조직 개편에 도움을 준 아버지의 연구는 내게 가장 중요한 원천이 되었다.

　로이스 피터스 언제나 그렇듯이 나의 특이한 습성을 용인해 준 남편 가렛 매커리와 가족들에게 감사해야겠다. 그들의 융통성 덕분에 나는 감사할 기회를 얻을 수 있게 되었다. 내 친구이자 동료인 허버트 펄스펠트에게는 특별히 고마움을 표하고 싶다. 그는 내가 원대한 사회적 가치의 창조적인 결과에 관한 산업 연구의 중요성에 대해 눈뜨게 해 주었다.

　마크 라이스 참아 주고 이해해 준 리사, 리아, 케이티에게 감사한다.

　밥 베라이저 이 노작과 내 삶 모두에 긍정적인 영향을 끼친 많은 사람들과 이해심 많고 따뜻한 부모님, 영감을 제공한 형에게 진심으로 감사한다. 또한 공저자들에게도 고마움을 느낀다. 이 얼마나 놀랄 만한 여정이었던가!

저자 소개

리처드 레이퍼(Richad Leifer)는 렌셀러 공과대学의 부교수로서 1983년 부터 동대학에 재직해 왔다. 그는 조직행동론, 성과경영론, 지도자론을 가르치고 연구하고 있다. 그는 버클리에 있는 캘리포니아 대학교에서 심리학 학사 학위와 공학 석사 학위를 받았고, 위스컨신 대학교에서 조직공학 박사 학위를 받았다. 그는 조직공학, 연구개발 경영, 경영 정보 시스템 관리 및 설계에 관해 70편이 넘는 논문을 출판하거나 발표했다. 그의 논문들은 《경영학 저널》(*The Academy of Management Journal*), 《경영학 평론》(*The Academy of Management Review*), 《계간 행정학》(*Administrative Science Quarterly*), 《계간 MIS》(*MIS Quarterly*), 《경영학에 관한 IEEE 회보》(*IEEE Transactions on Engineering Management*), 《인간 관계》(*Human Relations*) 등 수많은 잡지에 실린 바 있다. 그는 현재 근본적 혁신, 리엔지니어링, 새로운 조직공학에 관해 연구 중이다.

크리스토퍼 M 맥더모트(Christopher M. Mcdermott)는 렌셀러 공과 대학의 교수로서 석·박사 과정과 경영자 과정에서 영업·기술 관리, 전략을 가르치고 있다. 그는 본교의 신제품 개발에 관한 MBA 과정의 공동 운영자이기도 하다. GM, 포드, IBM, 휴렛 패커드, GE 같은 기업 고객들이 원격 위성교육 프로그램을 통해 맥더모트 교수의 수업을 수강하고 있다. 그의 연구는 연구자이자 컨설턴트로서 그가 수많은 조직들과 맺고 있는 지속적인 접촉에 바탕을 두고 있다. 그는 듀크 대학교에서 공학 학사 학위를 받았고, 노스 캐롤라이나 대학교에서 경영학 박사 학위를 받았다. 그는 웨스팅하우스 일렉트릭 컴퍼니와 페어차일드에 재직한 바 있는데, 페어차일드에서 그는 NASA의 고다드 우주비행 센터의 현장 소장으로 일했다.

지나 콜라렐리 오코너(Gina Colarelli O' Connor)는 마케팅과 신제품 개발 학과의 조교수이다. 그녀는 렌셀러 공과대학의 랠리 기술경영 대학원 급진적 혁신 프로그램의 연구 책임자로 일하고 있다. 그녀는 학계에 들어오기 전에 몬산토 케미컬과 맥도널 더글라스에 재직한 바 있다. 그녀의 연구는 기업들이 어떻게 선진기술 개발을 시장기회들과 연결시킬 것인가에 초점을 맞추고 있다. 그녀는 뉴욕 대학교에서 마케팅과 기업 전략으로 박사 학위를 받았다. 그녀는 이 분야에 관해 다수의 논문을 출판하고 가르쳤으며, 기업들에게 자문을 제공했다.

로이스 S 피터스(Lois S. Peters)는 랠리 기술경영 대학원에서 부교수이자, 박사과정 책임자, 과학기술 정책연구소 소장을 지내고 있다. 현재 그녀는 IEEE 기술 경영자 협회의 이사회에서 일하고 있으며, 국제무역·금융 협회의 이사를 역임했다. 피터스 박사는 기술 정책과 혁신 경영에 관한 수많은 회의를 개최하고 참가했으며, 일본, OECD, EC, 라틴 아메리카 등지에서 강연 요청을 받았다. 1992년 6월에는 막스 플랑크 공과대학에서 객원 석좌교수로 재직했다. 그녀는 20여 년 동안 다국적 기업, 신생 소기업, 대학 사이의 연구 및 기술제휴가 갖는 정책적 의미를 주로 연구해 왔다. 현재 그녀는 선구적 기술이 인간 행동에 미치는 영향과 그것이 어떻게 사업 기회와 새로운 경영 관행을 낳는가 하는 문제를 집중적으로 연구하고 있다. 그녀는 뉴욕 대학에서 생물학으로 박사 학위를 받았다.

마크 P 라이스(Mark P. Rice)는 랠리 기술경영 대학원의 부교수로서 세베리노 기술경영 연구원의 공동 창립자이자 책임자이며, 근본적 혁신 연구 프로젝트의 책임자이다. 그는 1993년부터 1998년까지 동 대학원의 부원장과 렌셀러 공과대학의 부학장을 차례로 역임했고, 그 전에는 렌셀러 인큐베이터 프로그램의 책임자로 5년 동안 일했다. 그는 전국 비즈니스 인큐베이션 협회의 이사 겸 총재직을 맡아 왔고, 1998년에는 동협회 창립자상을 수상했다. 그는 재너 매튜스(Jana Mattews) 박사와 함께《성장하는 신흥 벤처기업, 신직종 창출 : 성공적인 비즈니스 인큐베이션의 원리와 실제》(*Growing New Ventures, Creating New Jobs: Principles and Practies of Successful Business Incubation*)를 썼다. 라이스 박사는 렌셀러 공과대학에서 기계공학으로 학·석사 학위를 받았으며, 경영학으로 박사 학위를 받았다.

로버트 W 베라이저(Robert W. Veryzer)는 랠리 기술경영 대학원의 부교수이다. 그는 네덜란드의 델프트 공과대학 산업설계공학 대학원의 객원 석좌교수를 겸임하고 있다. 그 전에는《포춘》선정 500대 기업에서 제품관리, 제품기획 업무를 담당했고 설계와 신제품 개발 컨설팅 업무를 수행했다. 미시간 주립대학교에서 MBA 학위를 받았고, 플로리다 대학교에서 소비자 연구와 마케팅으로 박사 학위를 받았다. 현재 베라이저 박사는 제품 디자인, 신제품 개발, 소비자 행동에 관해 연구하고 있다. 그의 논문은 《소비자 연구 저널》(*Journal of Consumer Research*), 《제품 혁신 경영 저널》(*Journal of Product Innovation Management*), 《디자인 경영 저널》(*Design Management Journal*)과 같은 일류 전문지에 소개된 바 있다. 그는 《제품 혁신 경영 저널》에서 최고 논문상을 받았고, 랠리 경영대학원의 우수 교수상을 수상한 바 있다.

1장 — 근본적 혁신의 정의

Radical Innovation

"가장 근본적인 혁신은 주로 중소기업에서 시작된다. 대기업은 근본적 혁신을 이룩하기가 매우 어렵다"는 말을 수없이 들어보았을 것이다.[1] 보스턴가 128번지의 실리콘 밸리에 흩어져 있는 벤처기업들, 근본적 혁신을 통해서 등장하여 뿌리를 내린 신생 기업들의 성공 사례는 그와 같이 널리 퍼져 있는 믿음을 생생하게 뒷받침해 주고 있다. 현재 인터넷과 전자상거래(AOL, 아마존, 야후!), 퍼스널 컴퓨팅(인텔, 마이크로소프트, 델), 생명공학(지넨테크, 바이오젠) 부문을 지배하는 신기술과 비즈니스 모델을 선도적으로 개척한 신흥 벤처기업들을 생각해 보자. 혁신을 주도적으로 도입하지 못하는 경우 기존 대기업들은 경쟁에서 신생 기업들에게 밀려나게 된다. 기존 대기업들이 신생 기업들을 이기는 방법을 알아낼 수 있다면 어떻게 될까?

기존 대기업의 리더들은 근본적 혁신이야말로 장기적 성장과 발전에 중요하다는 것을 알고 있다.[2] 오늘날 기업 경영자들은 수많은 컨설턴트들과 전문 경영학자들의 글을 통해서 기업의 성장과 혁신 사이의 관계를 어느 정도 이해하고 있다.[3] 그러나 기업 경영자들은 조직의 군살을 빼고 점진적 혁신을 계속하면 기존 제품군만으로도 경쟁력을 가질 수 있다는 식으로 기업의 성장과 혁신 사이의 관계를 잘못 이해하고 있다.

그러나 경쟁구도를 뒤바꿀 수 있는 것은 오직 근본적 혁신뿐이다. 근본적 혁신은 고객과 공급자 사이의 관계를 변화시키고, 시장구도를 재편하고, 유행하는 제품을 뒤바꾸며, 완전히 새로운 제품군을 탄생시키기도 한다. 근본적 혁신은 기업 리더들이 절실히 원하는 장기적 성장 기반을 제공한다. 그러나 아쉽게도 근본적 혁신의 중요성을 인식하는 것과, 근본적 혁신을 성공적으로 이룩하여 사업으로 연결하는 것은 전혀 별개의 문제이다.[4]

점진적 혁신은 기존 대기업들에게 근본적 혁신만큼이나 중요한 문제는 아니다. 1980년대에 미국과 유럽의 기업들은 여러 업종에서 아시아 기업들과 경쟁해야 했다. 미국과 유럽의 기업들은 메모리 반도체, 사무 자동화, 공장 자동화, 소비자 가전, 자동차 부문에서 아시아 기업들에게 시장을 잠식당했다.[5] 미국과 유럽의 대기업들이 새로운 경쟁 기업들과의 경쟁에서 참패하는 일이 다반사로 벌어졌다. 코닥의 홈무비 사업은 비디오 캠코더 때문에 엉망이 되었고, 복사기 사업부문에서 제록스가 차지하고 있던 독점적 지위는 캐논, 샤프 등의 약진으로 무너지고 말았다. 모토롤라, 제니스, RCA 등이 주도하던 소비자 가전 부문의 경우 소니, 파나소닉, 도시바가 주도권을 빼앗았다. 자동차 부문에서는 도요타, 혼다, 닛산이 북미 시장을 잠식하여 품질과 신뢰도 면에서 우수한 평가를 받았다. 이러한 아시아 기업들이 성공할 수 있었던 것은 점진적 혁신을 효과적으로 추진하고 경영 효율을 극적으로 개선한 덕분이었다.

이러한 추세에 대응하여 미국 기업들은 기존 제품과 비즈니스 프로세스를 점진적으로 혁신하여 역량을 키우는 동시에 비용절감과 품질개선에 역점을 두었다.[6] 전문 경영자들과 학자들은 점진적 혁신에 대한 폭넓은 연구를 통해서 제조부문의 식스 시그마 품질관리, 동시공학, 사이클 타임 축소, 적시 재고관리, 페이스—게이트(phase-gate) 제품개발 시스템 같은 처방을 내놓았다. 이러한 처방들은 널리 채택되었고 많은 미국 기업들이 세계 시장에서 경쟁력을 회복하는 데 도움이 되었다.

그러나 미국 대기업들은 점진적 혁신에만 관심을 가졌던 탓에 진정으로 근본적인 혁신을 이룩할 수 있는 능력을 잃고 말았다. 전통적으로 근본적 혁신 아이디어들을 제시했던 중앙 R&D 연구소들은 사업부문들에 당장 필요한 것들만을 제공하는 방향으로 선회했다. 단기적으로 재무 상태를 개선시켜야 한다는 압력에 시달리던 연구소들은 리스크가 높은 장기적인 프로젝트에 투자하기를 꺼렸고 기존 제품과 기술의 점진적 개선에 역점을 두었다.

많은 전문 경영학자들이 점진적 혁신에 지나치게 무게 중심을 두는 것이 어떤 부정적 결과를 낳는지 알고 있었다. 특히 제임스 어터백과 클레이턴 크리스텐슨은 한 세대의 기술을 지배하던 기업들이 차세대 기술의 주도권을 어떤 식으로 빼앗기곤 하는지 계속 지적해 왔다.[7] 기업 경영자들은 기존 기술의 우위성에 대한 과신 때문에 또는 영감이나 능력의 부족으로 좀더 효과적인 기술 — 크리스텐슨은 이를 "단절 기술"(disruptive technologies)이라고 부른다 — 이 등장할 때조차 자기 기업을 성공으로 이끈 기존 기술에만 지속적으로 투자한다. 미국의 대형 철강회사들은 누코(Nucor)가 압연강 연속주조 설비를 가동하면서 이와 같은 뼈아픈 교훈을 얻었다. 누코의 압연강 연속주조 기술은 대형 철강회사들도 알고 있던 혁신적인 기술이었다. 그러나 대다수 대형 철강회사들은 압연강 연속 주조 기술을 진지하게 검토하지 않았다. 조지 이스트먼이 설립한 이래 필름식 사진 부문을 지배해 왔던 코닥은 디지털 이미지 방식의 차세대 사진촬영 기술을 앞세운 업체들과 경쟁하는 처지로 내몰렸다. 한 가지 기술에 기반한 제품들이 근본적으로 새로운 기술에 의해 밀려나는 일이 다반사로 벌어졌다. 기존 기술을 점진적으로 개선해 봐야 시장에서 밀려나는 시기만 늦췄을 뿐이다.

현대 기업들의 번창과 몰락에 대한 연구들은 점진적 혁신의 긍정적인 측면을 보여 주기도 한다. 기업은 점진적 혁신을 통해서 고객의 변화하는 욕구에 대응할 수 있고 현금흐름을 건전하게 유지할 수 있다. 그러나 점진적 혁신은 근본적 혁신과 주기적으로 결합되어야 한다.

물론 모든 기업이 근본적 혁신을 통해서 새로운 시장과 고객을 획득해야 한다고 느끼는 것은 아니다. 어떤 기업들은 그런 행동에는 리스크가 따르며 좋은 결과가 나오리라는 보장도 없다고 말할 것이다. 이런 주장은 두 가지 측면에서는 맞는 말이기는 하다. 근본적 혁신을 위한 시도는 성공보다는 실패로 이어지는 경우가 많으며, 언제 어떤 수준의 결과를 얻을 수 있을까 하는 것도 예측하기가 매우 어렵다.

이러한 두 가지 부정적인 요인 때문에 경영자들은 기존 방식의 고수, 기업 인수를 통한 혁신적 기술 획득, "신속한 유행 추종자"가 되는 것 같은 방법들을 사용하여 성장하려고 한다. 이것은 그리 놀라운 일이 아니다. 이러한 전략들은 장점이 있지만, 지난 반세기 동안 실질적인 혁신에 대한 대안으로서 그러한 전략들을 채택한 대기업은 거의 없었다. 코닝, GE의 의료 시스템 사업부문, 휴렛 패커드, 모토롤라, 3M과 같이 장기적으로 성공한 기업들은 점진적 혁신을 진행하면서 근본적 혁신을 중간중간 결합시키는 방식으로 대응해 왔다.[8]

이 책은 기존 대기업들의 근본적 혁신이라는 해결하기 어려운 문제를 다루고 있으며, 많은 경영진들과 R&D 인력들도 이와 같은 문제를 공유하고 있다. 철저한 경영자들은 근본적 혁신의 중요성을 알고 있기는 하지만, 근본적 혁신을 실현하는 과정에 대해서는 거의 모른다. 그결과 근본적 혁신은 소수—R&D 그룹과 그 주변—만이 진정으로 이해하는 방식으로 이루어지는 경우가 많다. 제대로 이해하지도 못하면서 효과적으로 관리할 수는 없는 노릇이다.

1995년에서 2000년까지 우리 연구팀은 에어 프로덕츠 앤드 케미컬스, 아날로그 디바이스, 듀폰, GE, GM, IBM, 노텔 네트웍스, 폴라로이드, 텍사스 인스트루먼트, 유나이티드 테크놀로지 코포레이션(오티스 엘리베이터 사업부문)과 같은 10개 기존 대기업들의 12가지 근본적 혁신 프로젝트들의 수행 과정과 상용화 과정을 추적해 왔다. 이 책의 목적은 경영진, R&D 관리자, 신사업 개발 책임자, 근본적 혁신 프로젝트 책임자, 혁신 활동에 관여하고 있는 여러 책임자들이 근본적 혁신 패턴을 인식하고 일반적으로 오랫동안 우여곡절을 겪으면서 이루어지는 혁신 과정을 좀더 짧고 좀더 생산적인 과정으로 변화시키는 데 필요한 경영진의 역량을 파악하는 데 도움을 주는 것이다.

근본적 혁신이란 무엇인가?

학자들은 오랫동안 근본적 혁신과 점진적 혁신을 구별해 왔다. 물론 언제나 근본적 혁신과 점진적 혁신이라는 단어로 혁신을 구분해 왔던 것은 아니다. 예를 들어, 제임스 마치는 기존 기술의 확장(exploitation)과 신기술 탐색(exploration)을 구별했다.[9] 확장은 기존 제품이나 공정을 개선하거나 확장하는 것과 관계가 있는 반면, 탐색은 신제품이나 신공정같이 근본적으로 새로운 것과 관련되어 있다.[10]

점진적 혁신은 대체로 비용절감이나 제품과 서비스의 개선을 강조하며, 확장 능력에 좌우된다. 이와는 대조적으로 근본적 혁신은 새로운 아이디어나 신기술 또는 상당한 비용절감에 기초하여 경제성을 향상시킨다.[11] 따라서 탐색 능력[12]이 요구되는 신사업이나 새로운 제품군을 개발하는 것과 관련이 있다. 다른 연구자들도 우리와 비슷한 방식으로 근본적 혁신과 점진적 혁신을 구분한다.[13]

다른 연구자들의 이론적 작업이 혁신 과정을 정의하는 데 유용하기는 하지만, 필자들은 좀더 실용적인 정의를 모색했다. 필자들은 산업 연구원에서 파견된 업종별 연구자들에게 근본적 혁신에 대한 실용적 정의를 개발하게 했다. 이러한 작업은 필자들의 업종별 파트너들이 '근본적'인 것으로 간주했던 프로젝트들의 중요한 측면들을 포착하여 근본적 혁신 프로젝트는 상용화에 초점을 맞추어야 한다는 요건에서 출발했다(즉, 근본적 혁신 프로젝트는 단순히 탐색 차원의 연구 프로젝트여서는 안 된다는 것에서 출발했다). 따라서, 필자들은 충분한 예산과 조직이 확보된 공식적 프로젝트만을 검토하기로 합의했다. 그 결과 필자들은 다음과 같은 정의에 도달했다.

근본적 혁신 프로젝트는 다음과 같은 결과들 가운데 한 가지 이상의 결과를 낳을 수 있는 프로젝트이다.

- 완전히 새로운 성능
- 기존 성능의 5배 이상 개선
- 30% 이상의 비용절감

다시 정의하면 근본적 혁신은 획기적인 성능향상이나 비용절감의 가능성을 제공하는 전례 없는 성능이나 특징을 갖고 있는 제품 또는 공정이나 서비스를 말한다. 근본적 혁신은 제품, 공정 또는 서비스를 극적으로 변화시켜 기존 시장이나 업종을 변화시키거나 완전히 새로운 시장이나 업종을 탄생시킨다. 이러한 정의에 따르면 근본적인 혁신에는 의료 진단 부문의 컴퓨터 단층촬영(CT)과 자기공명 영상진단(MRI), 컴퓨팅 부문의 PC, 이동통신 부문의 무선호출기와 이동전화가 포함된다. 이러한 기술들이 이후에 보여준 점진적인 개선은 근본적 혁신에 포함되지 않는다. 필자들은 기술의 신기함이나 기업의 새로운 특징보다는 시장에 부가된 새로운 가치에 기초해 근본적 혁신을 정의했다.

나아가 필자들은 기업의 기존 사업들과 관련하여 근본적 혁신의 유형들을 구분했다. 여러 가지 근본적 혁신 프로젝트들을 좀더 면밀하게 검토하면 다음 세 가지 유형으로 구분할 수 있다.[14]

- 기존 사업부문의 기술 · 시장 영역 혁신 이러한 종류의 근본적 혁신 프로젝트들은 기본적으로 동일한 고객과 동일한 시장을 겨냥하여 기존 기술을 교체하려고 한다. 예를 들어, GE의 자기공명 영상진단 기술의 개발 및 상용화는 근본적 혁신이었지만, 자기공명 영상

진단 기술은 이미 GE의 의료 시스템 사업부문(GEMS)이 응용하고 있었다. 이러한 종류의 근본적 혁신은 기존 시장에서 기업의 지위를 강화한다. 기존 고객들을 겨냥한 근본적 혁신 프로젝트 아이디어는 아이디어가 성숙하고 상용화될 준비가 된 경우에 구체적으로 실현된다. 따라서, 그러한 아이디어가 발전함에 따라 사업부문과 근본적 혁신 프로젝트 사이의 건설적 관계가 확립될 수 있으며, 그 결과 조직의 불확실성이 줄어든다. 고객과 접촉하고, 시장을 이해하고, 혁신을 이룩하기 위한 기본 구조는 기존 사업부문 내에서 이루어지는 근본적 혁신을 올바르게 이해한 구조이다. 또한 이런 종류의 혁신에서는 기존 사업의 해체, 개발 및 생산부문의 기술적 불확실성이 중요한 경영 관련 문제로 대두된다.

- 기업의 기존 사업들 사이의 '틈새' 혁신 기존 사업들 사이의 틈새를 메우는 혁신적인 신제품은 새로운 사업부문으로 이전되거나 사업 범위를 확대하는 기존 사업부문으로 이전된다. 이러한 혁신적 제품들이 판매되는 시장은 해당 기업에게는 완전히 새로운 시장이다. 그러나 기업이 현재 갖고 있는 전략의 범위에서 벗어나는 것은 아니다. 예를 들어, IBM PC는 IBM의 컴퓨팅 전략 범위에 포함되는 것이지만 새로운 고객들의 욕구를 새로운 방식으로 충족시켜 주는 것이었다.

- 기업이 현재 갖고 있는 전략 범위 외부에서 이루어지는 혁신 이러한 종류의 혁신은 낯선 새로운 시장을 열어 준다. 예를 들어, 아날로그 디바이스의 가속도계 칩은 자동차 산업에서 사용되었다. 사실 자동차 산업은 아날로그 디바이스의 전략 범위에 포함되지 않는

업종이다. 자동차 산업과 관련 응용부문들은 아날로그 디바이스에게는 완전히 새로운 것이었다. 이러한 세 번째 범주의 혁신은 조직적 불안정성이 가장 높다. 이러한 혁신이 전개될 경우, 기업의 전략 범위를 다시 설정해야 하거나[15] 혁신 부문을 별도의 벤처 기업으로 '분사' 해야 한다.

경영진이 직면하는 문제

모든 기업 리더는 근본적 혁신으로 이어지는 프로젝트를 실행하기 위해서 노력해야 한다. R&D 연구소가 성능이 5배 향상되거나 좀더 나아진 제품, 또는 새로운 기능을 갖고 있는 완전히 새로운 제품, 또는 기존 제품이나 공정의 비용을 30% 이상 절감하는 새로운 제품을 대량으로 꾸준히 만들어 낼 수 있다면, 성장과 기업 생존에 대한 걱정은 사라질 것이다. 그러나 대다수가 알고 있는 것처럼, 그리고 필자들의 업계 파트너들이 확인해 주었던 것처럼, 근본적 혁신은 실행하기가 매우 어려운 과제이다. 필자들은 근본적 혁신 능력을 창조하고 유지하려는 성숙한 기업들이 직면하는 7가지 중요한 문제를 표 1-1에 정리해 놓았다.

이 책은 경영진이 부닥치는 이러한 7가지 문제를 논의하고 그 문제들을 극복하는 데 필요한 역량을 개발하기 위한 실질적인 조언을 제공할 목적으로 씌어졌다. 구체적으로 2장에서는 근본적 혁신 현상의 본질을 설명하고 근본적 혁신 프로젝트가 성공하기 위해서 줄여야 하는 네 가지 불안정 요소를 제시했다. 3장~9장에서는 표 1-1에 정의된 7가지 문제를 주로 다루면서 그러한 문제들 하나하나에 효과적으로 대처하기 위한 방법을 다루었다. 마지막으로 10장에서는 필자들의 결론을 요약하고, 기존 대기업들이 근본적 혁신을 창출하고 유지할 수 있는 방법에 대해 비전을 제시했다.

표 1-1 | 근본적 혁신에 따르는 7가지 문제

경영진이 직면하는 문제	문제를 처리하기 위해 필요한 역량
'혼란스러운 상황'에서 근본적 아이디어 포착	좋은 아이디어 생성 혁신을 통해서 제공된 기회에 대한 인식 효과적인 초기 평가 방법의 개발과 실행
근본적 혁신 프로젝트 관리	비전의 결합 불확실성 파악 능력 학습 계획의 수립 및 학습 계획 실행 능력 우수 인재 충원 조직 인터페이스의 효과적 관리
근본적 혁신을 위해 시장에서 교훈 습득	여러 가지 시장조사 설문 실시 새로운 방법으로 시장조사를 수행할 의지
비즈니스 모델의 불확실성 해결	기업이 무엇을 아웃소싱해야 하는지 그리고 어떤 새로운 역량을 개발해야 하는지 이해 학습에 기초한 비즈니스 모델 적용
자원과 역량의 간극 메우기	자원 획득 내부 및 외부 파트너십의 확립과 관리
근본적 혁신 프로젝트 실행 촉진	프로젝트 실행 및 해당 부서에 대한 정확한 평가 성공적 프로젝트 실행을 위한 인력, 방법 및 구조 개발 조직 단위들을 연결하는 고리 구축 능력
개인적 리더십 발휘	경영진, 중요 개인, 프로젝트팀의 역할을 효과적으로 정의할 수 있는 능력 적절한 보수 체계와 경력 개발 과정 수립 정보 네트워크 권장

앞에서 언급한 것처럼, 이 책의 내용은 산업연구원과 협력하고 슬로운 재단의 후원으로 5년 동안 진행된 연구에 기초해 있다. 필자들이 연구한 기업들과 프로젝트들은 다음과 같다.

- 에어 프로덕츠 앤드 케미컬스 코포레이션은 산소를 공기와 분리시키는 이온운반막(ITM)을 개발한 후 세 가지 응용부문에 필요한 요소를 충족할 수 있는 시스템을 개발하고 있었다. 에어 프로덕츠가 개발한 비즈니스 모델은 기업 고객들에게 30%의 비용절감 효과를 제공하는 것을 목표로 하고 있다.

- 아날로그 디바이스는 속도 변화를 감지할 수 있는 소형 마이크로 칩인 마이크로 전기기기 시스템(MEMS) 가속도계를 개발했다. 가속도계의 초기 응용부문은 저비용으로 전자동 자동차 에어백 작동 장치를 대체하는 것이다.

- 듀폰은 두 가지 프로젝트를 실시했다. 첫 번째 프로젝트를 통해서 듀폰은 전자 디스플레이 기기에 사용할 수 있는 전자방출 소재를 개발했다. 두 번째 프로젝트를 통해서 듀폰은 재생과 분해가 되는 환경친화성 폴리에스테르 필름을 개발했다.

- GE는 자사 제품도 포함된 기존 필름식 X-레이 시스템과 경쟁하기 위해 디지털 X-레이 촬영 시스템을 개발했다. 디지털 시스템은 필름 현상 작업이 필요 없고 이미지를 데이터로 변환하여 원격 진단 전문가에게 전송하는 것도 가능하다. 디지털 X-레이 촬영 시스템은 여러 부문에서 다양하게 응용될 것이다.

- GM은 전세계 자동차 제조업체들과 마찬가지로 전기 엔진과 구형 엔진 모두로부터 동력을 끌어올 수 있는 하이브리드카를 개발하

고 있었다. GM은 하이브리드 엔진 기술과 다른 기술을 결합하여 우수한 주행 연비(갤런당 50~80마일)를 달성하고 공해 물질 배출량을 줄이는 것을 목표로 했다.

· IBM도 두 가지 프로젝트를 실시했다. 첫 번째 프로젝트는 실리콘 게르마늄(SiGe)을 이용하여 차세대 통신칩을 개발하는 것이었다. 이러한 혁신적 제품은 스위칭 속도를 향상시키고 소비 전력을 크게 줄이는 것을 목표로 했다. 두 번째 프로젝트는 디스플레이 기술, 메모리 기술, 배터리 기술을 개발하고 통합하여 '전자책'을 만드는 것이었다.

· 노텔 네트웍스(와 여기서 분사한 넷액티브)는 디지털 컨텐츠를 소비자와 넷액티브 사이의 인터넷 연결을 통해서 공급하는 신제품과 서비스를 개발했다.

· 폴라로이드는 기존 제품에 사용되던 매우 혁신적인 기술을 저가의 고성능 컴퓨터 메모리 저장 장치를 개발하는 데 적용했다.

· 텍사스 인스트루먼트는 1평방인치 크기의 칩에 집적된 130만 개의 초소형 양방향 거울에 빛을 투사하여 스크린 이미지를 만들어 낼 수 있는 DMD(Digital Micromirror Device)[16] 소자를 개발했다. 텍사스 인스트루먼트는 DMD를 하드 카피, 가정용 비디오 프로젝션 시스템, 기업의 회의용 프로젝션 시스템, 대화면 극장 시장 등에 응용하려고 했다.

· 유나이티드 테크놀로지의 오티스 엘리베이터 사업부문은 초고층 빌딩 내의 이동 문제를 해결하고 엘리베이터 샤프트의 공간 점유율을 극소화하기 위해서 양방향 엘리베이터를 개발했다.

2장 — 근본적 혁신 과정

Radical Innovation

　2장에서는 근본적 혁신의 과정과 극복해야 하는 불확실성 요소들을 검토하고 있다. 필자들이 연구한 근본적 혁신 프로젝트는 각각 다르지만, 필자들은 근본적 혁신이 상용화로 전환되는 패턴—점진적 혁신 프로젝트의 패턴과는 다른—을 발견하려고 했다. 좀더 일반적인 점진적 혁신 프로젝트와 덜 일반적인 근본적 혁신 프로젝트의 패턴과 차이를 이해하는 것은 실천적인 의미가 있다. 이러한 패턴과 차이를 이해하는 것은 근본적 혁신 과정을 단축하고, 근본적 혁신에 필요한 시간과 비용을 줄이고 확실성을 높일 수 있는 경영 활동을 파악하기 위한 출발점이다.

　불확실성은 근본적 혁신 프로젝트를 어려움에 빠뜨리고 근본적 혁신 프로젝트의 전개 과정에 흔적을 남긴다. 불확실성에는 기술적 불확실성과, 누가 구매할까 그리고 어떤 용도로 사용될 수 있을까 하는 시장 불확실성이 있다. 그러나 훨씬 더 불안하게 만드는 요소들은 다음과 같은 조직과 자원의 불확실성이다. 조직의 저항을 어떻게 잠재울 수 있을까? 조직이 적절한 수준의 기대치를 갖게 하고 적절한 척도를 받아들이게 하는 방법은 무엇인가? 전략 변경으로 근본적 혁신 프로젝트가 손상되는 사태를 방지하기 위해서 무엇을 할 수 있을까?

이러한 불확실성 요소들은 주류 조직과 근본적 혁신을 수행하는 조직 사이의 갈등을 분명히 보여 준다. 근본적 혁신 프로젝트는 불연속성, 간극, 중요한 전환, 지지점이라는 특징을 갖고 있다. 이러한 요인들을 이해하면 근본적 혁신 프로젝트의 성공 가능성을 높일 수 있는 경영 활동, 조직 방법, 역량, 자원을 파악할 수 있다.

듀폰이 개발한 생분해성 폴리에스테르 소재인 바이오맥스(Biomax)[1]의 사례는 근본적 혁신 프로젝트의 일반적인 과정을 보여 준다. 바이오맥스는 아이디어 제출에서 상용화에 이르기까지 멀고 험난한 과정을 겪었다. 모든 근본적 혁신 프로젝트와 마찬가지로 바이오맥스 프로젝트의 미래는 많은 불확실성 요소들을 해결하는 것에 좌우되었다. 모든 혁신 프로젝트는 세부적인 면에서 독특함을 지니고 있지만, 바이오맥스의 사례는 근본적 혁신 프로젝트에서 나타나는 활동과 전환의 일반적 패턴을 보여 준다.

듀폰의 바이오맥스 : 상업용 응용제품 발굴

재생과 분해가 가능한 폴리에스테르 소재 바이오맥스는 정상적인 상용 조건에서는 제품 규격에 표시된 기간 동안 변질되지 않는다. 바이오맥스 자체는 섬유, 필름 또는 수지로 변환될 수 있으며 제초제 용기,

제초 필름, 종자 매트, 화분, 일회용 식기, 투명 포장, 야외용 쓰레기 주머니, 일회용 냅킨, 꽃병, 사출 성형 제품, 코팅지 제품 같은 수많은 농업용, 공업용 및 소비자 제품에 사용될 수 있다. 가구당 연평균 3톤 정도의 일회용 물품 쓰레기를 배출하고 있는 미국의 경우 바이오맥스의 잠재적 용도는 헤아릴 수 없을 정도로 많다. 바이오맥스의 개발은 듀폰에게 성장성이 풍부한 사업 기회를 제공했으며 선진국의 고형물 쓰레기 문제에 대한 획기적인 해결책으로 보였다.

1989년에 바이오맥스 프로젝트를 시작하면서 듀폰의 경영진은 연구 조직들에게 상용화 가능한 신제품을 개발하라고 압력을 가했다. 연구조직들은 회사를 적자 상태에서 벗어날 수 있게 할 '방법을 찾으라' 는 압력을 받은 것이나 다름없었다. 마침내 연구조직 가운데 하나가 새로운 '급냉 응고' 탄력재를 개발했고 사업개발 조직인 석세스 그룹을 통해서 상용화를 모색했다. 초기에 목표로 한 응용부문은 당시 엘라스탄 섬유라는 좀더 비싼 듀폰 라이크라[2]로 만들어지고 있던 일회용 기저귀에 사용되는 테이프 대체재였다. 이 프로젝트는 첫 번째 장벽에 부닥쳤다.

석세스 그룹의 연구 부장 레이 티츠는 이 신소재의 분해 특성을 지적했다. "이 소재를 이용하여 만든 섬유가 갖고 있던 문제들 가운데 하나는 물에 넣고 끓이면 모두 분해된다는 것이었다. 이것은 이 소재에 포함된 술폰산염 때문이었다. 그렇다면 술폰산염을 함유한 폴리에스테르를 만들 경우 빨리 가수분해될 것이며 심지어 생분해될 수도 있을 것이다."[3] 바이오맥스 프로젝트팀은 생분해성을 중요한 장점으로 내세울 고객을 찾기 시작했다. 당연히 목표는 일회용 기저귀 생산업체인 P&G였다.

P&G는 1961년에 최초로 일회용 기저귀를 선보였으며 1989년에는 일회용 기저귀를 거대 사업으로 발전시켰다. 그러나 일회용 기저귀 사업이 성공하는 동안 환경 문제에 대한 의식도 높아졌다. P&G는 정부가 일회용 기저귀 제품 사용을 금지하거나 크게 제한하는 규제를 부과하지 않을까 걱정했으며 그리하여 석세스 그룹의 제안에 관심을 갖게 되었다. P&G는 생분해성 이외에도 디자인 문제를 제기했고 바이오맥스팀에게 신소재 개발 작업을 수행하라고 독려했다.

바이오맥스팀은 디자인 문제에 대한 P&G의 의견을 수용했고 P&G의 디자인 목표를 달성할 수 있는 소재를 개발하기 위해서 노력했다. 나중에 티츠는 "우리는 분해성 폴리머를 개발하는 연구에 많은 노력을 투여했으며 이것은 매우 어려운 작업이었다"고 회고했다. 수개월에 걸친 연구 끝에 새로운 적층형 소재가 개발되었고 티츠와 석세스 그룹 사람들은 이것이 P&G의 욕구를 충족하기에 충분할 것으로 판단했다. 그러나 상황은 그들 편이 아니었다. 정부의 규제 압력은 커져 갔고, 비용을 의식한 소비자들이 생분해성 소재에 프리미엄을 지불하지 않을 것이라고 판단한 P&G는 개발 중인 소재에 대한 관심을 끊어 버렸다.

바이오맥스 프로젝트팀은 두 번째 장벽에 부닥쳤던 것이다. 게다가, 환경 기준이 더욱 엄격해지고 있었다. 분해성(즉, 분해 가능 물질)은 낡은 기준이 되었으며 생분해성이 새로운 기준으로 대두되었다. 생분해성이 검증되지 않은 제품은 모두 일정 기간 안에 사라져야 했다. 바이오맥스 프로젝트에 2년 동안 공을 들인 1991년이 되어서도 듀폰의 신소재가 생분해성 소재로 인정받을 수 있을지는 어느 누구도 확신하지 못했다. 이 때 프로젝트 관리자가 교체되었다.

생분해성 문제에 대한 확실성은 시장에서 제품이 판매되기 위한 필수 요소였다. 그래서 바이오맥스 프로젝트팀은 바이오맥스로 등록된 소재를 시험하고 시험 데이터의 신뢰성을 확인하기 위해서 두터운 신망을 받는 회사 연구원을 비상임 연구원으로 합류시켰다. 헨 킬크슨은 생분해 부문에서 경력을 쌓은 듀폰 연구원이었다. 헨 킬크슨은 신소재의 생분해성을 평가하는 시스템을 설계하고 구현하는 업무를 담당했다. 그러나 유럽과 미국에서 실시된 초기 시험을 통해서 분해율은 파악했지만 생분해성을 결정적으로 확보하지는 못했다. 미국의 시립 퇴비 설비를 이용한 3차 시험을 하고서야 마침내 긍정적 결과를 확보했다. 쓰레기를 담는 데 사용된 망사 주머니는 빨리 분해되었을 뿐 아니라 생물학적으로 분해되었다. 그러나 아쉽게도 바이오맥스를 실제로 구매할 고객들은 여전히 없었다.

1992년경 석세스 그룹은 해체되었으며, 바이오맥스는 상용화되지 못할 운명인 것으로 보였다. 그러나 듀폰의 신사업 개발 조직 책임자 테리 페이덤은 바이오맥스에 주목했고 상용화를 시도해볼 만한 가치가 있다고 생각했다. 바이오맥스를 실제로 구매하는 고객은 없었지만 새로운 폴리머 소재 바이오맥스는 두 가지 중요한 특징을 갖고 있었다. 첫째, 양산하기 위한 자본 투자가 필요하지 않았다. 둘째, 넘쳐나는 합성 소재 제품들을 대신할 생분해성 제품 소재의 잠재적 시장이 매우 컸다. 적어도 추상적으로는 그랬다. 다행히도 바이오맥스에 유리한 상황이 빨리 전개되었다. 그러나 이것은 페이덤이나 다른 어느 누구도 예측하지 못한 곳에서 시작되었다. 그것은 바로 코스타리카의 바나나 농장이었다.

스티브 글레이치는 듀폰의 농업용 제품 연구부에서 근무하는 수석 기술 연구원이었다. 그는 바이오맥스 프로젝트를 알고 있었고 코나그라(ConAgra)와 듀폰의 합작회사가 수행한 생분해 제품 연구도 상세히 알고 있었다. 어느 날 한 포장 기술자가 글레이치에게 이렇게 말했다. "코스타리카의 바나나 봉지 문제를 해결한다면 영웅 대접을 받게 될 겁니다." 바나나 봉지 문제라고? 글레이치는 그가 무슨 말을 하는지 이해하지 못했다. 포장 기술자는 서랍에서 저밀도 폴리에틸렌 봉지를 꺼내면서 이렇게 말했다. "바나나 농장에서는 이 봉지를 아주 많이 사용하지요. 이 봉지로 바나나를 싸놓거든요. 살충제를 넣기 위해 사용하기도 하지만 보통 바나나를 숙성시키고 흠집이 나는 것을 막기 위해 작은 보온 주머니로 쓰지요."

이 얘기를 들은 글레이치는 마음을 고쳐먹었다. 분해되지 않는 수많은 폴리에틸렌은 바나나 재배 농가에 대량의 쓰레기 처리 문제를 안겨주었다. 봉지 소재를 적시에 분해되도록, 그것도 생분해되도록 만들 수 있다면 바나나 재배 농가는 인건비와 쓰레기 처리 비용을 줄일 수 있을 것이라고 생각했다.

페이덤의 개발 조직에서 담당자들과 협력하면서 글레이치는 바이오맥스를 이용하여 50개의 봉지를 만들어 델몬트의 코스타리카 바나나 사업부문과 제휴한 판매 대리점에 보냈다. 이 봉지들로 바나나를 싸놓고 3~4개월 동안 관찰했다. 바나나를 수확할 때가 되자, 봉지들은 모두 약해져서 갈갈이 찢어졌고 땅에 떨어진 봉지들을 쉽게 갈퀴로 긁어모

아 퇴비로 만들 수 있었다. 그런데 처음 시험한 이 봉지들은 너무 빨리 약해져서 바나나에 흠집이 생겼다. 그러자 글레이치는 다시 봉지를 만들어 달라고 요청했다. 이번에는 약간 더 두껍고 적시에 찢어질 수 있도록 만들어 달라고 했다. 그런데 바나나 농장의 현장 관리자가 본사의 담당자와 불화를 일으켜 새로 만든 바나나 봉지를 사용하기를 거부하는 사건이 벌어졌다. 그리하여 아쉽게도 바나나 봉지 개발 노력은 좌절되었다.

다른 농업용 응용제품들도 등장했지만 초기에 이러한 응용제품을 채택한 사람들이 좋지 않은 결과를 얻거나 내부의 추진 인원들이 없어짐에 따라 좌절되었다. 신사업 개발 총책임자 페이덤은 자기 손으로 잠재적으로 중요한 근본적 혁신을 이루었다고 여전히 확신했지만 바이오맥스 프로젝트가 시작된 지 7년이 지난 이후에도 바이오맥스로 수익을 창출할 전망은 여전히 없어 보였다.

1996년 페이덤은 경영진을 설득하여 바이오맥스 광고에 수백만 달러를 투자하고 잠재적 고객을 발굴했다. 고객들이 매우 좋은 반응을 보임에 따라 바이오맥스는 개발 부서에서 듀폰의 폴리에스테르 수지 및 중간재 사업부문으로 이관되었다. 물론 페이덤의 개발 조직도 여전히 여기에 참여하고 있었다. 2000년 중반 두 번째 제품 관리자가 바이오맥스 프로젝트를 담당하게 되었지만 응용제품 개발은 여전히 문제였으며 수익은 계속 제한된 수준에 머물렀다. 그러나 바이오맥스 프로젝트팀은 고비를 넘기고 있다고 믿고 있었다.

그림 2—1 | 바이오맥스 프로젝트 단계표

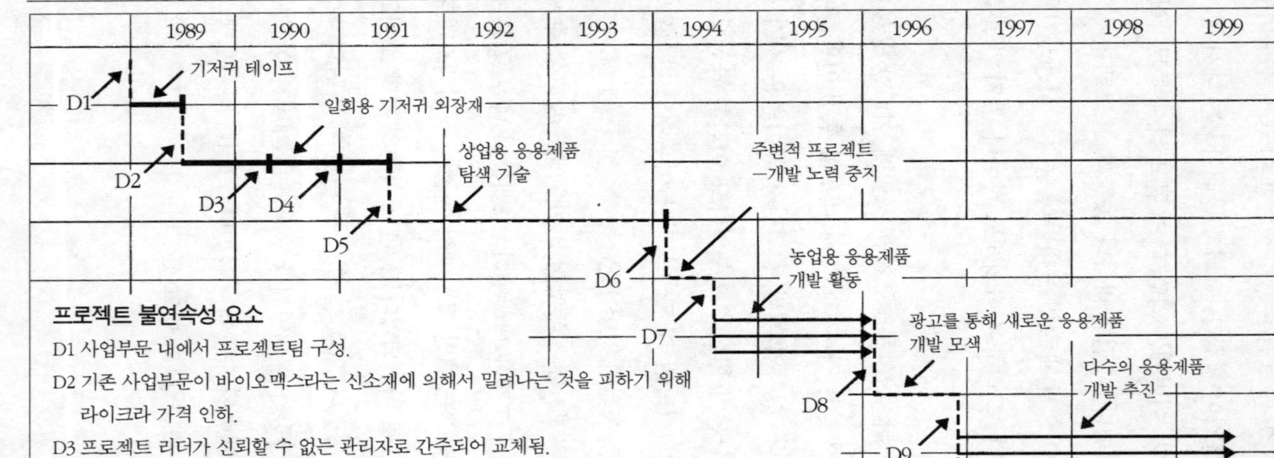

프로젝트 불연속성 요소

D1 사업부문 내에서 프로젝트팀 구성.

D2 기존 사업부문이 바이오맥스라는 신소재에 의해서 밀려나는 것을 피하기 위해
라이크라 가격 인하.

D3 프로젝트 리더가 신뢰할 수 없는 관리자로 간주되어 교체됨.

D4 신뢰도를 향상시키고 생분해성을 연구하기 위해 듀폰 연구원 충원.

D5 P&G가 관심 철회. 재정 곤란에 직면. 자금지원 축소.

D6 프로젝트팀 해체. 35개의 개발 계약 취소. 특허 포트폴리오 완성 쪽으로 초점 이동.

D7 내외부에서 농업용 응용제품개발에 대한 문의 폭주.

D8 회사에서 자금을 지원받아 광고를 함.

D9 프로젝트 상용화.

주: 자금지원의 변화는 선의 두께 변화로 표시되어 있다. 가는 선은 자금지원이 적음을 뜻하고 두꺼운 선은 충분한 자금지원을 뜻한다. 각 선은 새로운 응용제품개발 노력을 보여 준다. 수직으로 꺾이는 부분들('D' 로 표시된)은 프로젝트 과정의 중요한 변화나 전환을 표시한다.

근본적 혁신 프로젝트의 과정

듀폰의 바이오맥스 사례는 불연속성, 응용제품 개발에 수반되는 난관의 우회적 극복, 관심과 자금조달의 불연속성, 추진 주체 교체, 중지와 재개, 궁극적으로 계속 혼란스러운 상용화라는 특징을 보여 준다. 근본적 혁신 프로젝트가 해체된 사업부문의 연구실에서 사업개발부를 거쳐 궁극적으로 듀폰의 사업부문 가운데 하나로 이전되는 데 무려 8년이나 걸렸다. 시작된 지 10년이나 지났지만 바이오맥스 프로젝트의 시장 성공 가능성은 여전히 불확실하다.

　이러한 경로는 그림 2-1의 바이오맥스 프로젝트 단계표에 나와 있다. 그림에 나타난 바이오맥스 프로젝트의 불연속성은 바이오맥스 프로젝트 과정이 관리 가능한 일상적인 불확실성의 기간들을 거치면서 혼돈을 겪은 듯한 인상을 준다. 불연속성은 프로젝트 자금조달, 인원 편성, 과제, 관리 요구 사항, 좀더 커다란 조직과의 관계에 영향을 주었다. 예를 들어, 가장 유망한 농업용 응용제품 가운데 하나가 고객의 조직 내분 때문에 사라졌다. 그 결과 바이오맥스 프로젝트는 상시 프로젝트에서 짬을 내서 활동하는 최소한의 인원들에게 이전되었다. 바이오맥스 프로젝트팀은 그 다음 시장기회를 찾기 위해서 필사적으로 노력했지만 프로젝트를 유지할 만한 수준의 최소한의 자금지원을 통해서 겨우 명맥을 유지했다. 프로젝트 관리면에서 이러한 불연속성이 갖는 의미는 4장에서 좀더 자세히 설명할 것이다.

근본적 혁신 프로젝트 과정의 특징

필자들이 연구한 12개 프로젝트 각각의 전개 과정은 불확실성 요소들과 각각의 특성은 크게 달랐지만 프로젝트팀들과 기업들이 이러한 불확실성 요소들에 대해 보였던 대응 방식과 비슷한 패턴을 보여 주었다.[4] 이를 통해서 필자들은 근본적 혁신 프로젝트의 전개 과정이 갖는 다음과 같은 일반적 특징들을 도출했다.

- 장기—종종 10년 이상.
- 매우 불확실하고 예측이 불가능함.
- 산발적—불연속성, 중단과 재개.
- 비선형적 — 불연속성과 후퇴에 대응하여 활동을 재개하는 것을 비롯해 모든 주요 근본적 혁신 프로젝트 관리 역량을 지속적으로 응용해야 함.
- 확률적—핵심 추진 주체들의 변동, 우선순위 변화, 외생적 사건이 중요.
- 환경 요인에 좌우됨— 역사, 경험, 기업 문화, 개성, 비공식적 관계가 중요하며 이것들이 가속 요인과 지연 요인을 창출.

점진적 혁신 경험은 이와는 매우 다른 특징을 보여 준다. 기존 제품의 판매를 향상시킬 수 있는 기능 개선은 그것의 가치를 증명하거나 반증하기 위해서 명확하게 규정되고, 시간의 검증을 거치는 과정을 빨리 겪는다. 일반적으로 6개월에서 2년 정도 걸리는 이러한 과정은 조직적으로 후원되고 자금을 지원받으며 개발팀이 할당된다. 개발과 상용화는 공식적이고 질서정연한 스테이지 게이트(Stage-gate) 과정을 따라서 진행된다.[5] 필자들이 연구한 근본적 혁신 프로젝트들 중에서 이 렇게 질서정연한 과정으로 설명될 수 있는 프로젝트는 하나도 없었다. 근본적 혁신의 전개 과정에도 점진적 혁신과 동일한 종류의 활동과 결정점이 많이 포함되어 있지만, 근본적 혁신 프로젝트와 점진적 혁신 프로젝트는 프로젝트 전개 과정을 관리하는 면에서 커다란 차이를 보

표 2-1 | 점진적 혁신과 근본적 혁신 비교

	점진적 혁신	근본적 혁신
프로젝트 기간	단기—6개월에서 2년	장기—대체로 10년 이상
진행 경로	개념화에서 지정된 단계를 거쳐 상용화에 이르는 선형적이고 연속적인 경로이다.	진행 경로는 중간을 메워야 하는 다수의 불연속성 요소나 간극을 보여 준다. 프로젝트 전개 과정은 중단과 재개 등으로 점철되며 산발적이라는 특징을 갖고 있다. 진행 경로가 예측하지 못한 사건, 결과 및 발견에 의해서 변화한다.
아이디어 생성과 기회 인식	직접적으로 아이디어가 생성되고 기회가 인식된다. 중요 사건이 대체로 예측된다.	프로젝트 기간에, 때로는 프로젝트 진행 경로의 불연속성 요소(자금지원, 인원, 기술, 시장)에 대응하여 산발적으로 아이디어가 생성되고 기회가 인식된다
과정	공식적이고 승인된 과정을 거쳐 아이디어가 개발 및 상용화로 이어진다.	자금지원을 확보하기 위한 공식적 과정이 있으며, 참가자들은 이러한 과정을 때로는 게임으로 간주하기도 한다. 불확실성이 너무 높아 진행 과정의 적절성을 확보하지 못한다. 공식적 과정은 프로젝트가 나중에 개발 단계에 진입하는 경우에만 가치가 있다.
사업화 사례	비교적 낮은 수준의 불확실성 때문에 처음부터 완벽하고 세부적인 계획을 수립할 수 있다.	비즈니스 모델이 발견에 기초한 기술적 학습과 시장학습을 통해서 발전하며 사업 계획도 불확실성의 감소에 따라 실행된다.

	점진적 혁신	근본적 혁신
추진 주체	교차업무팀에 배정된 팀원들이 각자의 전문 영역 범위 안에서 명확하게 규정된 책임을 갖고 있다.	프로젝트 기간 초기에 핵심 추진 주체들이 바뀐다. 점진적 혁신 프로젝트를 중심으로 성장하는 비공식적 네트워크에 소속되는 경우가 많다. 핵심 추진 주체들이 '교차업무' 수행자들인 경우가 많다.
조직구조	일반적으로 교차업무 프로젝트팀이 사업부문 내에서 활동한다.	프로젝트가 R&D에서 시작되는 경우가 있으며, 모종의 인큐베이팅 조직으로 흡수되고 목표 중심적 프로젝트 조직으로 전환되기도 한다.
자원과 역량	프로젝트팀이 프로젝트 과정을 완료하기 위한 역량을 모두 갖고 있다. 프로젝트는 점진적 혁신 프로젝트를 위한 표준 자원 배분 과정을 거친다.	자원과 역량을 획득—다양한 내외부 원천으로부터—하는 데 필요한 창의력과 스킬이 프로젝트의 생존과 성공에 중요하다.
상용화 사업부문	상용화 사업부문들이 처음부터 참여한다.	상용화 부서의 비공식적 참여가 중요하지만 상용화 사업부문이 너무 일찍 프로젝트 권한을 가져서는 안 된다.

인다. 점진적 혁신과 멀고도 험난한 과정을 거치는 근본적 혁신의 중요한 차이점들은 표 2-1에 나와 있다.

다차원적 불확실성

근본적 혁신을 정의하는 데 공통적으로 사용하는 방법은 해결되어야 하는 기술적 불확실성 요소와 시장 불확실성 요소의 양에 주목하는 것이다.[6] 기술적 불확실성 요소에는 기초적인 과학 지식의 완벽함과 올바름, 제품과 기술 규격, 생산, 유지보수성 등과 관련된 문제들이 포함된다. 시장 불확실성 요소에는 고객과 제품 사이에 형성된 기존의 또는 잠재적인 상호작용 형태, 판매와 유통 방법, 경쟁사 제품과의 관계 같은 고객 욕구와 관련된 문제들이 포함되어 있다. 근본적 혁신 프로젝트에는 두 가지 형태의 높은 수준의 불확실성이 포함되어 있다. 점진적 혁신 프로젝트는 일반적으로 이러한 두 가지 리스크가 낮은 편이다.

필자들은 기술적 불확실성 요소와 시장 불확실성 요소라는 두 가지 차원만으로는 근본적 혁신 프로젝트를 둘러싸고 있는 복잡하고 역동적이며 변화하는 불확실성 요소들을 포착하지 못한다는 것을 발견했다. 프로젝트팀들은 기술적 불확실성 요소와 시장 불확실성 요소들과 싸워야 했을 뿐 아니라 조직적 불확실성 요소들과 자원 불확실성 요소들과도 싸워야 했다.[7] 이러한 불확실성 요소들은 대부분 주류 조직과 근본적 혁신팀 사이의 근본적 갈등에서 비롯한다. 다음은 필자들이 연구한 프로젝트팀들이 맞서야 했던 조직적 불확실성 요소들 가운데 일부이다.

- 프로젝트팀이 어떤 능력을 구현해야 하는가?
- 프로젝트팀을 누가 이끌어야 하며 누가 추가로 참여해야 하는가? 이러한 사람들을 어떻게 말썽 없이 충원할 수 있는가?
- 나머지 조직, 즉 사업부문, 중앙 R&D 조직, 기업 경영진과의 관계를 어떻게 정의할 것인가?
- 경영진의 일관되고 연속적인 지원을 어떻게 확보할 것인가?

- 경영진의 기대와 상용화 사업부문의 기대에 어떻게 대처할 것인 가?

점진적 혁신 프로젝트팀들은 이러한 문제들에 거의 관심을 갖지 않는다. 주기적으로 근본적 혁신 프로젝트에 곤란을 안겨 주는 자원 불확실성 요소들도 마찬가지이다.

- 프로젝트 과제를 완수하기 위해서 어느 수준의 자금지원과 역량이 필요한가?
- 현재 어느 수준의 자금지원과 역량을 이용할 수 있는가?
- 부족한 자원과 역량을 어떻게 획득해야 하는가? 내부 개발을 통해서 획득해야 하는가 아니면 파트너를 통해서 획득해야 하는가?
- 누가 잠재적 파트너이며 어떻게 파트너십을 형성할 것인가?
- 이러한 관계를 관리하기 위해서 사용할 수 있는 가장 좋은 방법은 무엇인가?

추가적인 두 가지 불확실성—조직과 자원—은 프로젝트를 관리하는 데 예상치 못한 문제를 제기했다. 신제품 개발 방법을 미리 생각해 두고 근본적 혁신 프로젝트에 참여한 사람들은 기존 프로젝트 관리방법이 적절하지 않다는 것을 발견했다.[8] 필자들이 인터뷰한 대다수 사람들은 그러한 어려움에 대응할 준비가 되어 있지 않았다. 다음은 바이오맥스팀이 이러한 불확실성 요소들을 어떤 식으로 경험했는지 보여 준다.

- **조직적 불확실성 요소** 바이오맥스 프로젝트는 뚜렷한 차이를 보이는 세 가지 발상에 기초해 있었으며 연구원, 기술자, 프로젝트 추진자의 손을 거쳤다.

- 자원 불확실성 요소 프로젝트가 진행되는 동안 내부에서 자금이 일관되게 지원되지 않았다.
- 기술적 불확실성 요소 분해성, 생분해성, 적절한 분해 특성을 얻기 위한 제조법, 소재와 최종 제품의 제조 가능성과 관련된 문제들이 있었다.
- 시장 불확실성 요소 바이오맥스 프로젝트는 응용제품 수, 잠재적인 내외부 고객들의 행동, 정부기관의 환경 규제 결정과 관련된 시장 불확실성 요소들이 많았다.

필자들이 연구한 근본적 혁신 프로젝트들은 이러한 네 가지 범주의 불확실성에 대응해야 했다. 물론 각 범주의 불확실성 수준은 시간이 지남에 따라 예측 불가능한 방식으로 변화했다. 프로젝트가 전개되려면, 이러한 네 가지 범주의 불확실성이 모두 감소해야 한다. 그러나 필자들이 연구한 근본적 혁신 프로젝트들의 경우, 각 범주의 불확실성은 일반적으로 프로젝트가 실행됨에 따라 크게 변화했다. 필자들이 조사한 프로젝트 관리자들은 때로는 특정 범주의 불확실성 요소, 특히 가장 부담스럽게 느꼈던 불확실성 요소들을 무시하는 경향을 보였다. 물론 그러한 요소들은 근본적 혁신 프로젝트를 망칠 수도 있었다. 특히, 프로젝트 관리자들은 시장, 자원 및 조직과 관련된 불확실성 요소들보다도 기술적 불확실성 요소들에 대응하는 것을 좀더 편하게 여기는 듯했다.

다차원의 불확실성 문제는 불확실성 요소들이 상호 작용한다는 사실 때문에 복잡해진다. 예를 들어, 초기 시제품을 사용하는 고객의 반응이 기술적 방향 전환을 유발할 수 있는 것과 마찬가지로, 기술적 불

표 2-2 | 프로젝트 방해 요인의 유형

불확실성의 범주	방해 요소
기술	기술개발 미비, 응용제품 개발 미흡 또는 제조공정 개발 미흡
시장	특정 응용부문의 매력에 대한 가정이 잘못된 것으로 판정 시제품의 시장시험이 실패하거나 실망스러운 결과를 낳음 적절한 리드 유저와의 관계 개발에 실패
조직	핵심 인력 부재(영구적 또는 일시적) 사업부문의 태도 변화 프로젝트 관리자의 교체 감독 책임을 프로젝트에 반대하는 관리자에게 이전 제휴 실패 기술개발이나 생산분야 파트너의 실패 대체하기 어려운 핵심 팀원 상실 경영진이나 회사의 전략 변화 SBU 관리진의 변경 프로젝트 단계의 전환 관련 상용화 사업부문으로 프로젝트의 이전이나 분사
자금	기업 실적의 악화나 경영진의 교체로 자금지원 중단

확실성을 해결하면 시장에 새로운 가치를 제시할 수 있는 안목을 가질 수 있다. 바이오맥스팀은 초기에 기술적 목표를 기저귀에 응용할 수 있는 제품을 개발하는 것으로 정했다. 이러한 기술적 목표는 응용 대상이 농업용 제품으로 변경되었을 때 바뀌어야 했다.

불확실성의 각 범주에는 한 가지 이상의 "방해 요소," 즉 근본적 혁신 프로젝트를 중단시킬 수 있는 사건이나 발견이 포함된다.[9] 이러한 요소들을 적절히 다루고 해결하지 않으면, 근본적 혁신 프로젝트는 실패한다. GM의 하이브리드카 프로젝트의 경우, 파트너들의 낮은 기술 수준 때문에 프로젝트가 중단되었다. 폴라로이드의 경우에는 자금이 부족하여 프로젝트가 중단되었다. 오티스 엘리베이터의 양방향 엘리베이터의 경우, 리드 유저의 초기 구매 주문 지연 — 1990년대 말 아시아의 경제 위기로 — 으로 프로젝트가 중단되었다. 표 2-2는 필자들이 12개 근본적 혁신 프로젝트에서 관찰한 잠재적인 방해 요소들을 보여준다. 연구부문에 종사하는 사람들은 이러한 방해 요소들을 잘 알고 있을 것이다. 근본적 혁신이 성공하려면 팀장과 팀원들이 팀 내부에서 배양하거나 또는 조직의 다른 부분이나 전략적 파트너로부터 획득한 역량을 이용하여 여러 가지 문제들에 대처할 준비가 되어 있어야 한다.

이제 근본적 혁신가들이 직면해야 하는 경영상의 문제 일곱 가지와 이러한 문제를 극복하기 위해서 근본적 혁신가들에게 필요한 역량에 대해서 살펴보기로 하자. 3장에서는 방향성이 모호한 혁신의 초기 단계 — 유망한 아이디어가 기회 인식과 평가를 통해서 근본적 혁신 프로젝트의 실행으로 결정되는 과정 — 에 관련된 활동들을 검토할 것이다.

3장 — 아이디어 포착

Radical Innovation

기술집약형 대기업들은 일반적으로 자신들이 갖고 있는 풍부한 기술적 지식을 이용하는 데 어려움을 겪는다. 기업의 지식 기반과 근본적 혁신 프로젝트 사이에는 간극이 있다. 필자들이 실시한 인터뷰, 워크숍, 세미나에서 혁신 업무 수행자들은 이러한 전환 간격(conversion gap)[1]을 메우기 위한 노력의 비효율성에 대한 실망감을 되풀이해서 보여 주었다. 이러한 문제를 극복 — 이것이 3장의 주제이다 — 하려면 근본적 혁신 아이디어를 제시하고, 그 아이디어들에 기초한 유망한 사업 기회를 파악하고, 그러한 기회들을 추구할 수 있는 프로젝트들을 창출해야 한다.

필자들이 연구한 대다수 기업들은 임시방편식의 간헐적 방법들을 사용하여 근본적 혁신 아이디어를 자극하고 포착했다. 그리하여 근본적 혁신 프로젝트는 예측 불가능한 방식으로 간헐적으로 실시되었다. 그러나 비록 소수지만 역동적이고 비전을 갖춘 선도적 기업들이 수준 높은 아이디어들이 풍부하게 제시될 수 있는 문화를 창출하기 시작했다. 이러한 기업들은 근본적 혁신에 대한 조직적 관점을 정립했다. 필자들은 이러한 조직적 관점을 '혁신 허브'라고 규정해 왔다.

허브는 기업의 중심적이고 경험 많은 근본적 혁신가들의 근거지 역할을 한다. 허브는 근본적 혁신 기술의 개발과 상용화를 위한 구심점이며 근본적 혁신 프로젝트의 성공률을 높이기 위한 실천 방법을 제공한다. 허브는 근본적 혁신 과정에서 경영진이 직면하는 일곱 가지 문제에 하나하나 대처하는 경험이 축적되는 저장고 역할을 한다. 3장에서 필자들은 허브가 근본적 혁신 아이디어를 포착하는 메커니즘—듀폰의 사업개발 담당 이사 테리 페이덤의 말에 따르면 "매일 아이디어 포착하기"—을 어떻게 구현할 수 있는지 그 방법을 제시했다.

초기 단계에서 방향성의 모호함 줄이기

아이디어 생성, 기회 인식, 초기 기회 평가는 기업들이 풍부한 기술적 지식과 근본적 혁신 프로젝트의 수립 사이에 존재하는 간극을 메우기 위해서 사용하는 세 가지 활동이다. 이러한 역동적 활동—각각 프로젝트가 실시되기 전에 이루어져야 하는—은 방향성이 모호한 근본적 혁신 과정 초기 단계에서 수행된다.[2]

- 아이디어 생성 아이디어 제시는 점진적 혁신과 근본적 혁신 모두의 출발점이다. 점진적 혁신의 경우, 아이디어는 일반적으로 기업과 고객 사이의 지속적인 상호작용에서 비롯한다. 그러나 근본적 혁신으로 이어지는 아이디어는 여러 기술 정보의 단편들로부터

얻는 새롭고 모호한 통찰을 종합하면서 생성될 가능성이 훨씬 더 높다. 근본적 혁신이 하나의 기술적 아이디어나 여러 기술적 아이디어에서 출발하는 경우도 있다. 아이디어는 과학자나 기술자의 자연스러운 호기심에서 나올 수도 있고 어려운 문제에 부딪혀 자극될 수도 있다. 기술적 아이디어는 중요한 기술의 발견이나 지나간 문제에 대한 새로운 통찰, 또는 기존 기술들을 연결하는 새로운 방법이라는 형태를 취할 수도 있다. 근본적 혁신은 시장의 욕구나 사업상의 '가장 중요한 과제' (해결되지 않는 커다란 문제) 또는 기업 경영진의 전략적 비전에 뿌리를 두는 경우도 있다. 이러한 요인들은 선도적 위치를 차지할 수 있는 기술 아이디어 개발을 촉진할 수 있다. 아이디어의 원천은 매우 많기 때문에, 그 원천을 파악하는 것은 어렵다. 많은 아이디어들이 신중하게 귀를 기울이는 사람이 없어서 묻혀 버리곤 한다.

- 기회 인식 근본적 혁신 아이디어가 발전하려면 누군가 그것이 갖는 사업성을 인식해야 한다. 다시 말해서 누군가 새로운 기술적 해결책과 시장의 욕구를 연결해 주어야 한다. 그러나 아이디어를 갖고 있는 과학자가 기회의 본질을 파악할 정도로 시장을 깊이 이해하지 못하는 경우도 있을 수도 있다. 효과적으로 기회를 인식하려면 기술적 지식, 근본적 혁신 아이디어의 사업성을 파악할 수 있는 사업 감각과 시장 감각을 갖고 있어야 한다.

- 초기 평가 기회 인식은 초기 평가, 즉 기업들이 아이디어 발전에 필요한 자원을 투여할지 그 여부를 결정하는 실사 과정을 수반한다. 초기 평가에는 기술 발전 방향, 시장의 향방, 조직이 그러한

기회에 대응하는 방식 같은 요소들이 포함된다.

필자들의 연구에서 발견되는 두 가지 대조적인 사례들은 방향성이 모호한 근본적 혁신의 초기 단계에서 어떤 상황이 벌어질 수 있는지 보여 준다. 필자들이 아날로그 디바이스에서 관찰한 프로젝트는 근본적 혁신 프로젝트의 일반적 패턴과 마찬가지로 개인의 이니셔티브에 주로 의존했다. 노텔 네트웍스의 두 번째 사례는 대안적이면서도 좀더 체계적인 방법을 보여 준다. 노텔 네트웍스는 공식적인 사내 벤처 육성 프로그램을 통해서 근본적 혁신 허브 — 근본적 혁신을 포착하는 사람들과 체계의 기반—를 세웠다. 혁신 허브는 노텔 네트웍스 프로젝트를 계획하고 전개하는 과정에서 중추적 역할을 했다.

아날로그 디바이스

1979년에 스티브 셔먼은 아날로그 디바이스가 후원하는 비공식적인 점심 미팅을 가졌다. 칩 설계자인 셔먼은 미팅에 초청된 보스턴 대학교 교수의 연구 내용을 경청했다. 그 교수는 칩 설계에 기계 소자를 통합시킨 칩 — 현재 MEMS 소자로 알려진 — 제조에 대한 논문을 썼다. 점심 미팅에서 가진 토론을 통해서 셔먼은 그 교수가 제시한 설계 방법을 연구소에서 실험하기로 결심했다.

1980년대 초 셔먼은 MEMS 개념을 연구했다. 물론 그는 그것을 어떻게 적용할 수 있을지는 알지 못했다. 셔먼이 생각하고 있던 소자는 아날로그 디바이스가 이전에 설계하거나 생산한 소자와는 전혀 다른 것이었다. 당시에 아날로그 디바이스의 주요 수익원은 기계용으로 설계된 소용량 집적 칩이었다. 셔먼은 기계장치를 내장한 칩을 설계할 수 있다고 확신했다. 그러나 그러한 칩을 생산할 수 있을지 그리고 그것을 회로 기판에 어떻게 실장할지 분명히 알지는 못했다.

서먼은 실장 및 설계 전문가인 칼 로버츠에게 이런 문제들에 대해 의견을 구했다. 그는 로버츠에게 다음과 같이 말했다. "언젠가 이러한 이동 광선들이 중심에 배치되는 회로가 사용될 것입니다. 이동 광선을 시스템에 통합시키는 방법을 알아내야 합니다." 또한 서먼은 창의력과 탁월한 사업개발 능력을 갖고 있는 것으로 평가되는 R&D 관리자 겸 아날로그 디바이스 연구원인 리치 페인에게 접근했다. 페인은 아날로그 디바이스 안팎에 든든한 인맥을 갖고 있었고 아이디어를 응용제품과 연결시키는 방법을 이해하고 있었다.

이 프로젝트에 대한 평가 과정은 페인이 CEO 제리 피시먼에게 서먼에 대한 이야기를 전하면서 시작되었다. 공식적인 평가 기준과 평가 팀을 사용하는 대신에, 아날로그 디바이스는 현직에 있는 창업자 레이 스테이터의 경험과 CEO의 판단에 의존했다. 피시먼은 비공식적인 기술 전문가 및 시장 전문가 네트워크를 활용하여 서먼의 연구와 그 상용화 가능성을 평가했다.

CEO 피시먼은 세 가지 요소, 즉 서먼이 주도한 기술개발, 자동차 산업이 이 기술의 매력적인 신시장이 될 것이라는 확신, 프로젝트 챔피언인 리치 페인의 참여 가능성에 주목했다. 서먼의 연구는 센서 소자(가속도계라고 하는)에 새로운 칩을 사용할 수 있는 가능성을 보여 주었다. 또 다른 아날로그 디바이스 사원은 새로운 칩이 자동차 산업에서 광범위하게 응용될 수 있다 — 예를 들어, 대시보드 에어백 작동 — 고 확신했다. 피시맨은 자동차 기술이 갈수록 전자공학과 결합되는 추세에 있다는 것을 알았으며, 아날로그 디바이스가 가속도계 기술을 자동차 기술에 적용할 수 있다고 믿었다. 1988년 초 셔먼과 페인은 피시먼으로부터 프로젝트의 공식적 승인을 얻었으며, 50만 달러 가량의 예산과 MEMS 소자 연구팀을 배정받았다. 당시에 페인은 유능한 프로세스 개발 엔지니어 밥 창을 영입했다. 가속도계 출시를 통해서 아날로그 디바이스는 새로운 거대 시장을 얻게 되었다.

이 사례에서 스티브 셔먼은 아이디어 생성자였고, 리치 페인은 기회 인식자이자 챔피언의 역할을 수행했다. 페인은 CEO에게 사업 기회를 분명히 인식시켰고, CEO는 팀과 예산을 배정하여 프로젝트를 공식적으로 출범시켰다. 셔먼과 연구팀은 방향성이 모호한 초기 단계를 극복했으며 9년 만에 프로젝트를 완수했다.

노텔 네트웍스의 넷액티브

1996년 노텔 네트웍스의 일반 가입자용 광대역 통신 서비스 사업부문의 경영진은 주택 소유자들을 겨냥한 자사의 새로운 광대역 통신 서비스 수요를 자극하려 했다. 경영진은 다용도인 광대역 통신 서비스가 대규모 가입자를 유치할 수 있을 것이라고 생각했다. 그래서 광대역 통신의 잠재적 응용부문을 파악하기 위해 광대역 연결이 필요한 신제품과 새로운 서비스에 대한 아이디어를 조사한다는 분명한 과제를 설정하고 '아이디어 그룹'을 구성했다. 9개월 뒤 일반 가입자용 광대역 통신 서비스 사업부문 경영진은 제프 다지를 아이디어 그룹에 파견하여 연구결과를 수집하게 했다.

다지는 기업 경영자의 자질을 갖고 있었고 컴퓨터 공학 지식을 갖춘 노텔 네트웍스의 엔지니어였다. 그는 소규모 기술팀이 제시한 아이디어들을 검토하고 상용화 가능성이 있는 아이디어들을 파악하여 실행하는 업무를 담당했다. 다지에게 가장 매력적인 아이디어는 인터넷을 통한 소프트웨어 임대라는 개념이었다. 일회 서비스나 수시 서비스(예를 들어, 세액 계산, 여행 계획 또는 게임)를 이용하기 위해서 소비자들은 소프트웨어를 구입하기보다는 임대하는 것을 선호할 것이다.

다지가 자기 업무를 수행하는 동안 또 다른 노텔 네트웍스의 직원 조운 하일랜드가 노텔 네트웍스 R&D 부문 내에 벤처 육성 부서를 설치하고 있었다. 조운이 이끄는 팀이 제안 요청서를 작성하자 다지는 그의 임대 소프트웨어 — 현재 넷액티브라고 하는 — 개념을 제출하여 평가해 줄 것을 요청했다.

하일랜드 팀은 많은 제안서를 검토할 준비가 되어 있었다. 하일랜드 팀은 주목할 아이디어를 결정하기 위한 신속한 평가 프로세스를 개발했다. 다지의 개념은 좋은 평가를 받아 소액의 지원을 받게 되었고 사업 제안서를 벤처 투자 자문위원회에 제출할 수 있게 되었다. 다지의 개념은 평가에 합격했다. 1997년 1월 벤처 투자 자문위원회는 넷액티브 사업 제안서를 승인했고, 그리하여 공식 개발팀이 구성되고 상당한 액수의 자금이 지원되었다. 넷액티브 프로젝트는 방향성이 모호한 초기 단계를 극복하여 마침내 실행되기에 이르렀다.

넷액티브 프로젝트는 2장에서 설명한 수많은 불확실성 요소들과 불연속성 요소들, 즉 기업 전략 상황의 주요한 변화, 팀 구성의 변동, 자금 위기, 수많은 사업 모델과 같은 문제들을 겪었다. 1999년 6월 중요한 외부 자금조달 거래가 성사되어 넷액티브 벤처사업부는 마침내 분사하기에 이르렀다. 노텔 네트웍스는 넷액티브의 지분 45%를 소유한 대주주로 남아 있었고 넷액티브의 이사회에 3인의 대표를 두었다.

이 사례는 아이디어 그룹의 창의적인 엔지니어들이 근본적 혁신 아이디어를 생성했음을 보여 준다. 제프 다지는 기회 인식자의 역할을 했으며, 노텔 네트웍스의 근본적 혁신 허브인 조운 하일랜드가 주도한 신벤처 사업 프로그램은 소프트웨어 임대 개념에 대한 초기 평가를 이끌어 냈다. 벤처 육성 부서는 아이디어를 체계적으로 수집하고 아이디어 생성자들과 협력하여 기회의 본질을 분명하게 밝혀 내는 메커니즘을 확립했다.

아날로그 디바이스와 노텔 네트웍스의 사례는 근본적 혁신 프로젝트를 주도하는 활동, 즉 아이디어 생성, 기회 인식, 초기 평가에 접근하는 방법을 보여 준다. 지금부터는 이러한 활동들을 효과적으로 수행하는 데 따르는 문제들을 살펴보고 혁신 아이디어들을 검토할 것이다.

근본적 혁신 아이디어의 생성과 포착

시험되지 않은 미가공 아이디어가 상용화가 가능하다고 판정될 확률은 추측하기 어렵고 회사나 업종별로 다를 것이다. 그 비율이 3000:1이라고 보는 사람들도 있지만[3] 그러한 비율은 핵심을 정확히 파악하지 못하게 하기도 한다. 미가공 아이디어란 무엇인가? 기술력이 우수한 기업의 경영자들은 연구소가 혁신적인 기술 아이디어들로 넘쳐날 것이라고 가정한다. 그러나 P&G의 사내 벤처사업 프로그램 담당 이사 크레이그 와이넷은 다음과 같이 말하고 있다. "나는 경영자들에게 좋은 아이디어가 얼마나 많은지가 아니라 아이디어가 얼마나 많은지 얘기하는 것은 아닌지 생각해 보라고 충고한다." 와이넷의 관점에서 보면, 좋은 아이디어는 기업에 중요한 새로운 사업 기회를 제공할 수 있는 근본적 혁신으로 이어지는 아이디어를 말한다. 필자들의 연구에서 추출한 데이터는 이러한 주장을 뒷받침해 준다. 필자들이 연구한 R&D 집약형 기업들을 보면 아이디어를 많이 갖고 있었지만, 진정으로 혁신적인 아이디어는 거의 없었다.

근본적 혁신으로 이어지는 아이디어를 생성하기가 어려운 이유를 이해하려면 근본적 혁신과 점진적 혁신 사이의 차이를 상기할 필요가 있다. 점진적 혁신의 경우 목표가 구체적이고 명확하며, 새로운 아이디어를 접목할 제품군이 지정되고 누구나 아이디어의 원천(영업사원, 고객, 경쟁사)을 알고 있다. 이 경우에 아이디어 생성은 주력 사업의 성과 향상을 목표로 하고 있다. 또한, 이러한 종류의 아이디어에 대응하는 시스템도 체계적으로 수립되어 있다.

근본적 혁신 아이디어의 경우는 사정이 완전히 다르다. 근본적 혁신을 주도하는 창의적 개인들은 사물을 새로운 각도로 바라보고 사물들을 특별한 방식으로 연관시킨다. 이러한 개인들은 일반적으로 "틀에 얽매이지 않는 생각을 하는 사람들"이며, 소수의 기술직 사원들이 대부분이다. 어떤 수석 기술자는 필자들에게 이렇게 말했다. "연구원들 중에서 틀에 얽매이지 않고 생각할 수 있는 사람들은 3%도 안 된다." 기업 입장에서 보면 이 소수의 사람들과 그들의 사고방식을 지지하고 격려하는 것이 중요하다.[4]

근본적 혁신 아이디어 갈고 닦기

뜻하지 않게 발견되는 혁신적 아이디어들도 있다. 그러나 대다수 혁신적 아이디어들은 심층적인 기술 지식을 축적하기 위한 노력과 아이디어를 강화하여 실천하려는 임기응변적 방법을 통해서 생성된다. 완성된 생각이나 "놀라운" 경험을 통해서 아이디어가 생성되는 경우는 거의 없다. 순간적인 생각이 바로 아이디어의 출발점이다.

유나이티드 테크놀로지의 오티스 엘리베이터 사업부문의 제품 전략 담당 부사장 조 비타는 오티스 엘리베이터 사업부문의 사장 루이가 소집한 월간 직원 회의에서 사장과 다른 상급 경영자들이 제기한 문제에 대해서 일주일 동안 집중적으로 생각했다. 루이가 제기한 문제는 "초고층 빌딩 문제를 해결하는 것"이었다. 이러한 문제를 해결하는 것은 엘리베이터 업종의 궁극적 목적이라 할 수 있는 것이다. 50여 년 전에 프랭크 로이드 라이트는 당시에 사용할 수 있는 자재와 기술을 이용하여 건축될 수 있는 최고층 빌딩을 설계했다. 그러나 사람을 이동시키는 문제가 해결되기 전까지는 이러한 초고층 빌딩은 건축될 수 없었다. 엘리베이터 샤프트를 하나만 사용하는 것은 케이블의 무게 때문에 해결책이 되지 못했다. 복수의 샤프트를 사용하면 건물의 전용 면적이 크게 줄어드는 문제가 있었다. 비타는 여러 가지 해결책을 놓고 고심하던 중에 "놀라운" 경험을 했다. 물론 그 방법도 너무 많은 비용이 들어가는 것으로 보였다. 엘리베이터 캡을 샤프트에서 분리하여 두 번째 샤프트로 수평으로 이동하게 하면 어떨까? 이렇게 하면 이전의 해결책들보다 샤프트나 엘리베이터카에 필요한 공간이 훨씬 더 많이 줄어들 것이다. 월요일 아침에 비타는 "10명의 최우수

엔지니어"들과 함께 이틀 동안 합숙하면서 자신의 아이디어를 다듬고 자신의 아이디어가 적절한지 시험한 다음 좀더 높은 수준으로 발전시켰다. 합숙이 끝난 다음 비타의 아이디어는 수평 및 수직 승강기에 적용될 수 있는 수준으로 발전했다. 그들은 "문제를 확장"했고, 비타에 따르면 2년 뒤에도 "특허 담당 변호사는 아직도 특허 신청서를 작성하고 있었다."

이 사례는 아이디어가 진화한다는 것을 보여 준다. 물론 아이디어는 예측 가능한 방식으로 진화하지는 않는다. 심리학자들은 아이디어의 발전과 관련된 모든 활동을 "느슨한 연합적 사고" 과정이라고 부른다.[5] 연합적 논리는 순차적이지 않으며 급격히 도약하는 특성을 갖고 있다. 따라서 한동안 불확실성을 유지하는 것이 중요하다. 생각을 중단하면 아이디어는 죽는다. 죽은 아이디어는 "대답"에 도달하기 위해서 연합적 사고를 방해한다. 아이디어를 발전시키는 과정 초기에 불확실성을 이용하고 평가하는 것은 강력한 아이디어를 발전시키는 데 중요하다.

근본적 혁신 아이디어는 심도 있는 기술 지식을 갖고 있고 회사 사업의 제약 요소들에 얽매이지 않고 생각하는 오티스 엘리베이터의 비타 같은 창조적인 사람들한테서 나온다. 창조적인 사람들은 호기심, 기업 경영진이 제기하는 문제 또는 기업이 자신들을 격려하고 지원하기 위해서 사용하는 특정 기법들에 의해서 고무된다. 창조적인 사람들은 회사 안팎의 기술 지식을 풍부하게 활용한다.

근본적 혁신 아이디어 생성을 자극하는 방법은 일반적으로 동기를 유발시키는 방법과 전략적 의도를 행동으로 전환시키기 위해 조직적 메커니즘을 사용하는 방법으로 구분된다.

근본적 혁신 아이디어 생성을 위한 동기 유발. 전략적 의도는 경영진이 아이디어 생성 동기를 유발하기 위해서 사용하는 주요 수단이다. 게리 해멀과 프라할라드가 설명한 바에 따르면 이러한 개념은 "현재 갖고 있는 자원과 기업의 열망 사이의 불일치"를 포함하고 있다.[6] 경영진은 새로운 기회를 추구하라고 적극적으로 권장하면서 아이디어 생성에 동기를 부여한다. 필자들이 연구한 프로젝트들에서 일부 근본적 혁신 아이디어들은 전반적인 성장에 대한 요구에 부응하여 경쟁 압력을 상쇄하거나 회사의 재무 상태를 개선하기 위해서 제시되었다. 예를 들어, 텍사스 인스트루먼트의 CEO는 사원들에게 기존 사업부문들의 "틈새에서 새로운 사업을 찾으라"고 호소했다. 듀폰 연구원들은 회사가 어려운 재정 상태를 "벗어나는 방법을 만들어 내는" 데 도와 달라는 요구를 받았다.

다른 사례들은 기업을 기존 고객, 기존 비즈니스 모델, 기존 기술의 한계로부터 벗어나게 하는 것이 목적이었음을 보여 주었다.[7] 이러한 사례들에서 사원들은 다음을 수행하기 위해 새로운 방향으로 성장할 방안을 모색하라는 요구를 받았다.

- 새로운 업종 진출(아날로그 디바이스의 경우 자동차 산업)
- 차세대의 산업 변화를 선도할 혁신을 주도(에어 프로덕츠의 가스 분리 기술)
- 또한, 업종 "최고 수준"(오티스 엘리베이터의 경우 초고층 빌딩에서 사람을 상하로 이동시키는 방법)의 추구

경영진은 전략적 의도를 결합시켜 근본적 혁신 아이디어를 모색하

는 활동을 금지하거나 확장시킬 수 있다.[8] 일부 경영자들은 훈련된 방식으로 미래에 대해서 생각하고 자신들의 비전을 관리자들과 부하 직원들에게 전달하는 데 능숙하다. 심도 있는 기술 지식을 갖고 있고, 해당 업종에 오랫동안 몸담은 경험에서 비롯하는 지혜를 활용하는 경영자들은 다른 사람들에게 과감한 사고방식을 가질 수 있도록 영향을 줄 수 있다. 최근에 코닝의 R&D 담당 부사장으로 퇴직한 제리 마일링도 이러한 비전 제공자 가운데 하나였다. 1980년대 말 그는 과학의 두 가지 영역 즉 재료학(코닝의 전문 분야)과 분자생물학의 결합을 예측했고, 그것이 코닝의 미래에 어떤 결과를 가져올지 깊이 생각했다. 퇴직할 때쯤에 그는 인간 유전학을 전공한 과학자들을 고용하고 투자에 영향을 줌으로써 새로운 기회의 "땅"에 발을 디디려 했다.

아이디어 생성을 위한 조직 메커니즘. 경영자들은 전략적 의도를 행동으로 전환시키기 위한 여러 가지 조직적 메커니즘을 갖고 있다. 물론 새로운 것은 별로 없다. 이러한 메커니즘들은 아이디어 생성자들이 일상에서 벗어나 아이디어를 새로운 지식과 연결시키게 하는 것을 목표로 하고 있다. 이러한 메커니즘에는 싱크탱크, 전사적 제안 요청, 기술 예측, 휴가, 주기적인 인력 배치, 과학 지식의 상호 교류를 위한 기술 포럼 등이 포함된다. IBM에서 근무하던 스티브 데프는 디스플레이, 컴퓨터 메모리, 전력 사용 효율이라는 세 가지 핵심 기술의 발전 방향을 예측하라는 요청을 받았다. 이러한 세 가지 기술과 향후 예상되는 발전 경로에 대한 자신의 생각을 체계적으로 정리한 데프는 그러한 세 가지 기술이 텍스트와 그래픽을 저장하고 표시하고 조작하기 위한 새로운 포맷인 '전자책' 형태로 수렴될 것이라고 생각했다. 데프는 그러한 장치를 여러 가지로 응용할 수 있다고 믿었다. 현재 '전자책' 이라는 개념은 널리 퍼져 있으며 일부 상용화 제품들도 출시되어 있다. 그러나 데프는 이미 1980년대에 전자책을 생각해 냈고 마침내 그의 생각은 필자들이 연구한 프로젝트로 이어졌다.

아이디어 생성자를 새로운 지식의 외부 원천과 연결시켜도 아이디어 생성을 자극할 수 있다. 필자들이 관찰한 일부 기법에는 아이디어 생성자를 기술 회의에 파견하는 것, 고객과 공급자의 제안에 주목하게 하는 것, 다른 업종의 제품 혁신을 파악하게 하는 것, 대학과 연방 연구소, 심지어 타기업 연구소에서 외부 전문가를 초빙하여 R&D 담당자들과 교류하게 하는 것이 포함된다. 이러한 메커니즘들은 아이디어 생성을 자극하고 아이디어 생성자들에게 전문가들을 통해 자신의 아이디어를 검증할 기회를 제공하는 데 매우 유용했다.

좋은 아이디어 수용

근본적 혁신 아이디어를 포착하기 위한 체계적 접근법을 갖지 못한 기업들은 관망하는 태도로 일관한다. 그러한 기업들은 창조적인 사람들은 통제할 수 없으며 그들은 개인적인 열정과 노력으로 아이디어를 인식시키려 한다고 믿고 있다. 실제로 IBM의 초고속 실리콘 게르마늄 칩 개발에 참여한 버니 메이어슨은 자신의 아이디어가 기존의 기술 지식과 모순되고 당시 IBM의 전략적 범위를 벗어나 조직에서 상당한 저항을 받았는데도 자신의 아이디어를 포기하지 않았다. 자신의 아이디어를 인식시키려는 메이어슨의 노력은 그의 말에 따르면 비록 출혈은 컸지만 열정과 인내력으로 밀어붙여 마침내 결실을 맺었다.

　이와는 대조적으로 GE의 디지털 X-레이 프로젝트에 대한 초기 아이디어는 항공기용 디스플레이 기술개발을 담당한 소규모 과학자 그룹의 관리자였던 잭 킹슬리가 제시했다. 킹슬리는 우주항공 디스플레이 기술이 영상진단에도 적용될 수 있다고 생각했다. 자기 팀에서 활동하는 다른 과학자들과 상의한 끝에 킹슬리는 GE의 의료 시스템 사업부문(GEMS)의 기술진 가운데 한 사람과 접촉했다. 그러나 그는 킹슬리의 아이디어에 대해서 매우 부정적인 생각을 갖고 있었다. 킹슬리에 따르면, "우리는 다른 연구를 하느라 정신이 없었기 때문에, 그 일을 더 이상 추진하지 못했다. 그 일을 좀더 열심히 추진했다면 결과가 어떠했을지 알 수 없다."

　그 아이디어는 4년 뒤에 다시 제기되었다. 이번에 킹슬리는 상사인 브루스 그리핑의 협조를 얻어 자신의 아이디어를 GEMS에 제시했다. 그리핑은 열정적인 챔피언이었다. GEMS가 그리핑에게 주목한 이유를 묻자, 그는 다음과 같이 대답했다. "그 아이디어는 상황을 변화시킬 잠재력을 갖고 있었다. 그래서 나는 킹슬리보다 더 열심히 그 일을 추진했다."

　일부 아이디어 생성자들은 탐색 연구에 초점을 맞추었으며, 시간을 끌 것으로 보이는 사업개발 과정에 참여하는 것을 피했다. 어떤 기업에서는 사업부문의 경영자가 자기 사업부문을 성장시킬 수 있는 아이디어를 정기적으로 발굴하려 했다. 처음에 연구원들은 경영자가 관심을 보이는 것에 기뻐하며 아이디어를 내놓았다. 그러나 그들은 유망한 아이디어로 기술적 문제를 해결하고 아이디어를 제조 가능한 상품으로 전환시켜야 한다는 집중적인 압력을 받게 되었다는 것을 금세 깨달았다. 상용화보다는 과학적인 탐색에 좀더 관심을 가졌던 연구원들은 제품개발이라는 귀찮은 일에 관여하지 않으려 했고 향후 그 사업부문 경영자와 협상하는 데 신중하게 대처하는 법을 배웠다. 이러한 상황은 아이디어를 수용하여 현실화할 수 있는 능력을 기업 내부에서 개발할 필요가 있음을 보여 준다.

근본적 혁신 아이디어 생성의 열쇠

누구나 여기서 설명한 메커니즘의 중요성을 인정하지만, 기업들은 여전히 아이디어를 실행하기 위해서 노력하고 있다. 요약하면, 아이디어 생성을 위해 필자들은 다음과 같이 권고한다.

- 근본적 혁신을 위한 전략적 모멘텀의 창출과 유지
- 근본적 혁신을 연구소 밖으로 유인하여 상용화 프로젝트로 실행하기 위한 조직적 메커니즘의 적극적 구현
- 근본적 혁신 아이디어 '수용' 능력을 개발하여 창조적인 사람들이 자신들의 아이디어를 제시할 수 있는 여지를 창출

여기서 마지막 권고 사항은 기회 인식과 관련되어 있다. 어떤 응답자는 다음과 같이 말했다. "우리 회사는 아이디어를 기회로 인식하기 위한 시스템이 없다. 연구 프로젝트를 수용하려는 사업부문이 없으면, 아이디어는 결국 사장되어 버린다."

기회 인식

아이디어 생성자들에게는 아이디어를 제시할 곳이 필요하다. 그래야만 아이디어를 종합적으로 평가하고, 생각을 확장하거나 다른 방향으로 생각하여 아이디어를 다듬고, 아이디어의 잠재력을 명확하게 제시하는 데 도움을 얻을 수 있다.[9] 근본적 혁신 아이디어를 추진하기 위해서 아이디어 수용자들은 기회 인식에 능해야 한다. 혁신과 관련하여 좋은 아이디어는 유망한 사업 기회를 인식하는 것과 동일하게 취급된다. 아이디어와 기회 사이의 간극이 좁은 점진적 혁신의 경우 더욱 그렇다. 그러나 근본적 혁신은 기술적 불확실성 요소들과 시장 불확실성 요소들과 연관되어 있기 때문에 아이디어 생성자들이 잠재적인 사업 기회를 인식하기가 어렵다. 근본적 혁신을 위한 기회 인식은 특수한 스킬과 재능을 요구한다. 필자들이 연구한 12개 사례 가운데 10개는 아이디어를 생성한 사람들이 기회를 인식하지 못했음을 보여 준다. 결국 다른 사람들이 기회를 인식했던 것이다.

포착자이자 수집자로서 기회 인식자

근본적 혁신 아이디어를 제시하는 사람들은 대체로 응용부문에 대해 모호한 아이디어만을 갖고 있다. 그들은 시장에 대해서 충분한 지식을 갖고 있지 못하기 때문에 기회에 초점을 맞추는 데 필요한 수준에서 이해하고 판단할 뿐이다. 한편, 기회 인식자는 시장에 대해 충분한 지식을 갖고 있고 조직에서 아이디어를 응용 가능성과 연결시킬 수 있는 지위를 갖고 있다. 기회 인식자는 여러 가지 과학부문 사이의 잠재적 연관성과 사회의 동향, 시장 및 고객에 대해서 폭넓게 생각할 수 있다. 기회 인식자는 다른 사람들이 보지 못하는 기회를 인식하거나 다른 사람들보다 먼저 기회를 발견한다. 필자들의 사례연구에서 기회 인식자는 대체로 중하위직 연구 관리자들이었다. 중하위직 연구 관리자들은 책상물림만 하는 과학자들이나 일반적인 기업 경영자들과는 전혀 다른 관점에서 연구 활동을 바라보았다. 이러한 면에서 보면, 중하위직 연구 관리자들은 아이디어 생성과 초기 기회 평가 사이의 중요한 연결고리 역할을 했던 셈이다.

기회 인식은 일상적인 관행과 절차보다는 개인의 이니셔티브에 크게 좌우된다. 기회 인식은 반작용적인 것이거나 적극적인 것일 수 있다. 한편, 개인은 유망한 아이디어에 민감하게 반응할 수도 있다. 이러한 사람들이 근본적 혁신 아이디어의 '수집자' 이다. 또한, 개인들은 사업성 있는 아이디어들을 적극적으로 모색할 수도 있다. 이러한 기회 추구자들은 '포착자' 이다.[10]

수집자들은 기술적인 창의적 활동의 흐름에 통합된다. 수집자들은 지속적으로 뒤에서 수군대는 소리에 귀를 기울이고 그것이 고조되는 것을 관찰한다. 그리고 수집자들은 조직에서 누군가가 그러한 연속성을 깨는 근본적 혁신 아이디어를 제시할 때 천둥이 치고 번갯불이 작렬하는 것과 같은 상황을 보게 된다. 수집자들은 그것을 창의적 활동의 연속적인 흐름에서 이탈하는 것으로 보는 것이 아니라 근본적으로 새로운 것을 창조할 수 있는 기회로 본다. 사실, 수집자들은 아이디어 생성자가 아이디어를 심화시키기 위해 필요한 자원에 접근하는 것을 도와주는 것이 자신들의 책임이라고 생각한다.

　수집자들은 R&D 활동이나 다른 원천에서 생성되는 아이디어들에 민감하게 대응할 수 있는 경험, 스킬, 판단력, 동기를 갖고 있다. 유능한 수집자들의 경우 자신들이 직면하는 상황을 평가할 수 있는 기술적 지식도 갖고 있다. 그리고 수집자들은 경험을 통해 코스모폴리타니즘—시장과 사회 동향, 과학 동향에 대한 인식—을 갖고 있다. 필자들의 사례연구를 보면 대체로 최일선 연구 관리자들과 중간 연구 관리자들, 그리고 고위직 과학자들이 수집자의 역할을 했음을 알 수 있다.

　아날로그 디바이스의 경우, 연구원 스티브 셔먼은 마이크로 액추에이터 일체형 칩을 성공적으로 개발할 수 있음을 보여 주는 최초의 징후들을 통해서 자신이 뭔가 중요한 것을 발견했다고 확신하게 되었다. 셔먼은 아날로그 디바이스의 모든 칩 설계자들과 마찬가지로 그러한 아이디어의 사업적 의미를 검토했다. 페인은 사업 기회를 인식하고 회사의 관심을 유도함으로써 근본적 혁신 아이디어의 수집자 역할을 했다.

　포착자들은 아이디어 인식에 대해 좀더 적극적인 태도를 취하며 사업성이 있는 아이디어를 추구한다. 포착자들은 틀에 박힌 생각을 탈피한 사람들이 있는 조직에 들어가서 사장된 아이디어를 찾아내기 위해 질문하고, 사람과 프로그램과 아이디어 사이에 연관관계를 형성한다. 이러한 연관관계는 포착자들의 개입이 없다면 형성될 수 없을 것이다. 포착자들은 근본적 혁신 아이디어 생성의 촉매 역할을 한다.

　수집자들과 마찬가지로 포착자들도 기술 교육을 받지만, 마케팅이나 사업개발 부문에서 경험을 쌓을 가능성이 더 높다. 중요한 것은 성공적인 포착자는 경영진의 관심을 유도할 수 있는 조건에서 기회를 분명히 제시하는—책상물림 과학자들은 이것에 별로 능숙하지 않다

―방법을 알고 있다는 점이다. 어떤 IBM 기회 포착자는 자기 역할을 다음과 같이 설명했다.

나는 우리 연구조직을 관찰하면서 내가 상용화할 수 있는 지적 재산을 찾기 시작했다. 적극적으로 관찰한 결과 어떤 과학자가 지난 2~3년 동안 기술 전파에 힘써 왔다는 사실을 알았다. 그러나 그는 그러한 기술의 중요성을 인식시켜 자금을 지원받을 수 있는 상황을 만들지 못했다. 그는 전세계에서 가장 똑똑한 연구원 가운데 한 명이었지만, 그러한 기술을 부각시켜 관심을 유도할 수 있는 능력은 없었다.

기회 인식의 연쇄 반응

수집자나 포착자가 기회를 인식한다고 해서 반드시 평가가 시작되는 것은 아니다. 아이디어 생성은 한 번의 '이해'만으로는 부족하고, 대체로 연쇄 반응이 필요하다.

근본적 혁신과 관련된 높은 불확실성을 감안하면, 최일선의 기회 인식자가 기회를 경영진에게 분명하게 제시할 능력이 없을 수도 있다. 기회 인식자가 다른 사람들이 자기 의견을 표현하기 전에 공연히 문제를 일으키는 것은 아닌가 하고 불안해 하는 상황이 있을 수도 있다. 또한, 기회 인식자가 조직의 관심을 유도할 수 있는 영향력을 가지고 있지 못할 수도 있다. 따라서, 다른 사람들은 아이디어와 사업 기회 사이의 동일한 연관성을 확보할 필요가 있다.

듀폰의 경우 평가 과정은 연구원 돈 코우츠의 기술적 발견이 갖는 잠재력을 몇몇 사람들이 인정한 뒤에야 비로소 평가가 시작되었다. 코우츠는 복합적 응용 시험을 하던 섬유 소재에 예상치 못한 특성이 있음을 발견했다. 어떤 경우에 그 섬유 소재는 전자를 방출하기도 했다. 고위직 기술자 한 사람은 그것을 전자 디스플레이 부문에 응용할 수 있음을 인식하고 사업개발 담당 이사 테리 페이덤을 비공식 시연 및 평가에 초청했다. 페이덤은 이렇게 회상했다. "나는 여기서 기술 검토가 이루어지고 있음을 매일 보고받고 있지만 누군가 말해 주지 않으면 무엇이 진행되는지 알 수 없을 정도로 다른 할 일들이 많다." 페이덤은 기술 검토에 참석하여 깊은 인상을 받았고 상용화를 추진할 경우 프로젝트를 계승할 부서인 전자 소재 사업부문 총책임자 존 하지슨과 접촉했다. 페이덤은 20년 이상 하지슨과 알고 지내 왔으며 이전에 하지슨 밑에서 일하기도 했다. 페이덤을 신뢰한 하지슨은 그 섬유 소재를 검토하고 코우츠의 발견이 갖고 있는 잠재력을 인정했다. 하지슨은 경쟁 기술에 대해서도 잘 알고 있었기 때문에 그 섬유 소재의 상용화 가능성을 내다볼 수 있었다. 페이덤과 하지슨은 의기투합하여 향후 발생할 문제들을 극복하기 위한 방안을 모색했다.

이 사례에서 코우츠는 아이디어 생성자였다. 프로젝트의 공식 평가와 발족으로 이어진 일련의 기회 인식 상황들은 코우츠의 동료 기술자(이 경우 수집자)로부터 시작되었고 그것을 지원할 수 있는 지위에 있었던 페이덤과 하지슨에게 확장되었다.

테리 페이덤은 적절한 지위를 갖고 있었고 또한 적절한 훈련을 받았기 때문에 전형적인 기회 인식자라고 할 수 있다. 그러나 페이덤은 회사의 공식적 평가를 즉시 이끌어 내지는 못했다. 기술과 관련된 불확실성 요소들 때문에 페이덤은 먼저 자신의 비공식적 네트워크를 통해서 아이디어를 시험했다. 그는 필자들에게 다음과 같이 말했다. "경영자들이 양성되는 풍토 때문에 언제나 이러한 내부 네트워크가 있게 마련이다. 나는 그것을 활용한다. 즉 내가 다른 사람에게 연락하면 그가 또 다른 사람에게 연락하는 식이다." 이 사례는 대다수의 다른 사례와 마찬가지로 기회 인식 능력을 갖고 있는 개인들의 비공식 네트워크가 아이디어 생성과 초기 결정 사이의 간극을 메우는 역할을 했음을 보여 준다. 포착자와 수집자는 모든 기회 인식 시스템에서 중요한 요소이다.

기회 인식 능력을 향상시키는 요인

경영진의 근본적 혁신 노력은 기회 인식자와 아이디어 수집자 모두에게 중요하다. 경영진의 가시적인 노력이 있을 때 모두가 사업성 있는 아이디어를 민감하게 인식하고 신속하게 대응할 수 있다. 그러나 이것만으로는 부족하다. 필자들이 현장 조사를 실시해 본 결과 기회 인식 능력을 향상시키기 위해서는 다음과 같은 요소들이 필요했다.

- 경영진은 기회 인식을 자극하고 기회 인식의 방향성을 제공할 기업의 비전과 목표를 수립해야 한다.
- R&D 조직은 고위직 과학자들과 중하위직 연구 관리자들을 독려하여 근본적 혁신 아이디어 생성자 역할을 맡게 해야 한다.
- 회사에 사업개발부가 있을 경우, 사업개발부 근무자들은 근본적 혁신 아이디어의 포착자 역할을 해야 한다.
- 포착자와 수집자는 아이디어를 파악하고 초기 평가 내용을 시험할 수 있는 비공식 네트워크를 가져야 한다.
- 기회 인식자는 한 개 이상의 근본적 혁신 허브와 관계를 맺어야

한다. 근본적 혁신에 주력하는 광범위한 포착자와 수집자 네트워크에 참여하지 않는 포착자와 수집자는 아웃사이더로 간주된다.

• 마지막으로, 근본적 혁신 허브는 평가 과정을 주도해야 한다.

초기 평가

초기 평가는 혁신 상황의 세 번째 요소이며 따라서 '방향성이 모호한' 평가일 수밖에 없다. 경영진은 근본적 혁신을 평가하는 방법에 대해서 얘기하면서 본능에 대해 말하는 경우가 있다. 퇴직한 어떤 휴렛 패커드 경영자는 훈련에 기초한 근본적 혁신 평가 과정이라는 아이디어에 대해 화를 내면서 다음과 같이 말했다. "우리에게 필요한 것은 빌(휴렛)과 데이브(패커드)이다." 그 경영자의 경험이 독특한 것은 아니다. 아날로그 디바이스의 경우, 가속도계 프로젝트에 대한 초기 평가는 회사 설립자인 레이 스테이터와 CEO인 제리 피시먼의 통찰과 판단에 의존했다. 가속도계 프로젝트가 출범한 지 10년이 지난 지금도 아날로그 디바이스는 가속도계 관련 사업 기회를 추구할 것인지 여부에 대한 결정을 설립자 레이 스테이터에게 의존하고 있다.

기술 기업의 설립자와 초기 리더들 — 여전히 현업에 있기도 한 — 은 기회 인식과 평가에 강력한 영향을 미치는 세력일 수도 있다. 그들은 근본적 혁신에 대한 직접적 경험을 갖고 있고 사원들의 커다란 신뢰도 얻고 있다. 그들이 근본적 혁신 프로젝트를 지원하면 프로젝트가 더욱 발전할 수 있다. 아쉽게도 기존 기술 대기업들의 설립자들 대부분이 근본적 혁신의 잠재력을 깊이 통찰할 수 있는 능력을 가진 채로 세상을 떠나고 있다. 근본적 혁신을 평가할 때 기존 대기업들은 우수한 인재 한 사람의 본능이나 점진적 혁신을 평가하기 위한 엄격한 평가 기준들에 의존할 수도 없고 그래서도 안 된다. 그러기 위해서는 새로운 시스템과 새로운 척도가 필요하다.[11]

평가 작업의 적임자 선택

근본적 혁신 아이디어를 효과적으로 평가할 팀을 구성하는 것은 중요한 문제이다. 경영진은 자연스럽게 평가팀에 참여하는 경향이 있지만, 평가팀 구성에는 본질적인 갈등 요인이 있다. 한편, 기업과 사업부문의 경영자들이 전략적 비전을 갖고 있고 조직에서 신뢰를 얻고 있으며 기업의 비즈니스 모델을 심층적으로 이해하고 있는 경우도 있다. 그러나, 일반적으로 경영자들의 경험은 주로 기존 사업에 한정되어 있다. 그들 가운데 불확실성이 높은 근본적 혁신 프로젝트에 대한 경험을 갖고 있는 사람은 거의 없다. 게다가 그들의 판단은 평가 대상인 혁신적 제품으로 교체될 수도 있는 제품을 담당하는 기존 사업부문 내부의 활동에 영향을 받을 수도 있다. 따라서, 기존 대기업이 근본적 혁신에 대한 경험이 거의 없거나 아예 없는 경영자들로 구성된 평가단을 구성할 경우, 평가 과정에서 실패를 회피하려는 노력만 할 수도 있다.

근본적 혁신 평가단에는 프로젝트의 근본적 개념을 평가하면서 신뢰와 지혜를 모을 수 있는 능력을 가진 사람들이 참여해야 한다. 또한, 평가단에는 대상 기술과 잠재적 응용부문 시장에 대한 전문지식을 갖고 있는 사람들이 포함되어야 한다. 이것은 평가단 구성이 근본적 혁신의 전개 과정에서 변화할 수도 있음을 뜻한다. 초기 평가단에는 다음과 같은 구성원들이 참여해야 한다.

- 전략적 비전을 갖고 있고, 기업의 비즈니스 모델을 심층적으로 이해하고 있으며, 조직 내부에서 신뢰를 받고 있고 기업이 현재 갖고 있는 전략적 비전과 비즈니스 모델의 한계를 볼 수 있는 용기도 겸비한 고위 경영자들과 사업부문 리더
- 지혜로운 사업개발 관리자
- 신망이 두터운 고위직 기술자(관련 기술 영역에 대해 심층 지식을 갖고 있는 연구원)
- 과거에 근본적 혁신 프로젝트를 수행한 경험이 있는 사람들

기업의 전문 영역 이외의 영역에 대한 전문적 지식과 경험을 갖고 있는 외부인들은 평가단에 중요한 이점을 제공할 수 있다. 필자들이 조사한 몇 개의 프로젝트는 소규모 첨단 기술 기업의 경영자, 대학 연구원, 컨설팅 회사가 중요한 역할을 했음을 보여 준다. 예를 들어, 인텔은 사외 벤처에 대한 병행 투자 프로그램을 통해서 외부 벤처 캐피털리스트 네트워크를 확보했다. 인텔은 평가단을 구성할 때 이 네트워크에서 구성원을 선발할 수 있었다. 마찬가지로 텍사스 인스트루먼트도 근본적 혁신 평가단을 구성할 때 벤처 캐피털 파트너인 함브레히트 앤드 퀴스트와의 관계를 활용했다. 물론, 특정 기업이 평가 과정에 외부인을 참여시킬 경우, 고유 정보를 보호하기 위한 메커니즘을 마련해야 한다.

외부인을 평가단에 포함시키는 것은 평가단 구성원들이 리스크가 크면서도 잠재적으로 혁신적인 기회들을 주의 깊게 평가하게 하고 기

업이 그들의 결정에 적절하게 대응하도록 신뢰와 권위를 갖게 하는 데 목적이 있다.

올바른 기준 선택

근본적 혁신 프로젝트에 대한 최초의 공식 평가는 프로젝트가 자금지원을 요청할 때 이루어진다. 그런데 평가자들은 좀더 익숙하고 불확실성이 적은 점진적 혁신 프로젝트를 평가하기 위해서 사용하는 잣대를 이용하여 근본적 혁신 프로젝트를 평가하곤 한다. 이러한 상황이 벌어지면, 근본적 혁신 아이디어는 '방해' 에 직면한다.

- 기존 시장의 방해 "현재 고객들은 이것을 좋아하지 않는다."
- 기존 비즈니스 모델의 방해 "이것은 우리가 익히 알고 있는 수익 창출 모형에 어울리지 않는다."
- 기존 전략의 방해 "우리는 그런 사업을 하지 않는다."
- 기존 조직구조의 방해 "이 기술을 어떤 사업부문도 채택하지 않으면 우리는 그것을 관리할 수 없다."
- 자의적으로 실적 장벽을 세우는 것의 방해 "3~5년 이내에 2억 5000만 달러의 수익을 창출할 수 없다면, 거기에 시간을 투여할 필요가 없다."
- 언어를 통한 방해 "이것은 우리에게 무의미한 사업이다." (과학자들과 연구 관리자들은 과학의 언어를 사용하기 때문에 언제나 자신의 주장을 고위 경영진 평가위원회에 명확하게 제시할 수는 없다.)

필자들이 연구한 프로젝트의 대다수 경영자는 근본적 혁신 개념을 평가하기 위한 기준이 점진적 혁신을 평가하는 기준과 달라야 한다는 것을 인정했다. 그러나 현실에서 공식 평가단의 구성원들은 근본적 혁신 프로젝트를 주력 사업의 관점에서 평가한다. 그 결과, 그들은 특정 프로젝트 목표, 새로운 특징에 대한 초기 시장조사 결과, 세부적인 추정 수익을 가시적으로 보기를 기대한다. 근본적 혁신과 관련된 높은 불확실성 때문에 그들은 초조해 하고 훨씬 더 엄격한 분석을 요구하며 전통적인 평가 방법과 기준을 좀더 신중하게 적용할 것을 요구한다. 일반적으로 이러한 방법들은 부적절하고 생산성을 떨어뜨린다. 그들은 보안에 대해 그릇된 생각을 갖고 있거나 유망한 아이디어를 미리 거부한다. '구체적 데이터'가 없는 경우에 "아니오" 하고 말하거나 좀더 자세한 정보를 요구하는 것이 자금투자 결정을 옹호하는 것보다 쉽다.

근본적 혁신 프로젝트팀이 초기 평가 과정에서 전통적 기준을 적용할 경우 결과는 뻔하다. 즉 의심스러운 가정에 기초한 '과장된' 수치가 제시된다. 한 가지 사례를 보자. 어떤 프로젝트 관리자는 자금지원 제안서를 작성하여 회사의 신규사업 개발위원회에 제출했다. 이 제안서에는 제품 규격을 가정하고 매출, 제조원가, 판매관리비, R&D 및 제품 기획비 등 모든 항목을 세부적으로 명시한 손익계산서가 포함되어 있었다. 신규 사업 담당 부서는 제품가격표 작성을 도와주고 시기별 판매량을 추정했다.

그 프로젝트 관리자에 따르면, "우리 목표는 손익분기점에 도달하는 것이었다. …… 〔그러나〕 이것을 신규사업 개발위원회에 제출하자 '그리 좋은 사업 제안이 아닙니다. 수익성이 없어요.' 하는 대답이 돌아왔다." 이 첫 번째 사업 제안은 해당 응용제품의 시장 규모를 25억 달러로 추정했는데 단기적으로 충분한 이익을 낼 수 없는 금액이었다. 그 프로젝트 관리자는 계속해서 다음과 같이 말했다. "따라서 우리는 그 제안서를 수정했다." 좀더 낙관적인 가정을 사용하여, 프로젝트팀은 신규사업 개발위원회의 기대치를 충족하는 수치를 제시했다. 그 프로젝트 관리자는 "이것이 현실적인 사업 제안이라고는 말할 수 없다"고 시인했다. "다른 한편으로 그것은 논리적인 사업 제안이었다." 참여를 강요하는 규정을 비합리적이고 부적절한 것으로 간주하는 기술 챔피언들은 그러한 규정들을 위반하여 평가의 목적을 훼손하기도 한다.

초기 평가의 목적은 특정 아이디어가 다음 단계로 발전할 가능성이 있는지 파악하여 중요 가정을 시험하고 기회를 모색할 소수팀에게 투여되는 자원을 제한하는 데 있다.[12] 따라서, 초기 평가는 이러한 혁신과 관련하여 어떤 기술적 '성공'을 거두었는가, 시장 규모는 충분한가 하는 간단한 기술적 질문과 시장 질문들에 대답해야 한다.

어떤 기술적 성공을 거두었는가? 기술 평가는 혁신과 기존 기술의 차이, 그리고 그러한 차이의 수혜자에 초점을 맞춘다. 듀폰의 폭약 사업부문에 근무하는 과학자 돈 코우츠는 어떤 잡지에서 뉴멕시코주의 샌디아 국립 연구소가 섬유에 다이아몬드를 코팅하여 섬유 강도를 높이는 기술을 개발했다는 기사를 읽었다. 코우츠는 샌디아 국립 연구소의 해당 연구원을 알고 있었고 그와 함께 그 프로젝트를 수행할 결심을 했다. 그리하여 코우츠는 듀폰과 샌디아 국립 연구소 사이의 공동 연구개발 협정을 체결할 것을 제안했다. 마침내 그 제안은 승인되었고 코우츠는 샌디아 연구소의 동료와 함께 복합 소재의 강도를 높이는 문제를 연구했다. 해당 전문가들의 회의에서 그 샌디아 연구원은 전자를 방출하는 다이아몬드 코팅 섬유에 대해서 알게 되었고, 연구실로 돌아오자마자 다이아몬드 코팅 섬유의 전자방출 속성을 시험했다. 샌디아 연구소와 듀폰에서 각각 실시한 시험을 통해서 탄소 섬유가 다른 어떤 소재보다 더 빠른 속도로 전자를 방출한다는 것이 밝혀졌다. 그들은 자신들이 시험한 소재가 복합 강도 향상 소재보다 훨씬 더 나은 전자방출 소재라는 것을 알게 되었다.

듀폰의 테리 페이덤은 다음과 같이 회상했다. "당시에 우리는 이러한 '신기한 현상'이 일어나기 전까지는 탄소 섬유의 전자방출 속성을 연구하려 하지도 않았고 그러한 연구에 관심도 없었다. 우리는 356호 회의실에 앉아 있었고 …… 우리 가운데 몇 명이 그 발표 내용을 듣고 있었다. 갑자기 우리는 전자방출이 필요한 평판 디스플레이와 다른 것들을 만들 수 있다는 확신이 생겼다."

IBM의 경우 기술적 성공은 일반적으로 알려진 실리콘의 산화 속성이 잘못 이해되고 있다는 버니 메이어슨의 발견 덕분이었다. 이러한 통찰을 통해서 제조 공정이 완전히 달라지고 좀더 효율적으로 바뀌었다. 또한, 그러한 제조 공정을 통해서 실리콘 게르마늄은 차세대 칩용 고성능 소재로 탈바꿈할 수 있었다.

일반적으로 프로젝트팀과 그 지지자들은 프로젝트의 가치를 판단하기 위해서 다음과 같은 기술적 질문들을 사용했다.

- 이러한 기술이 어떤 결과를 가져올 것인가? 새로운 가치를 창조하는가?
- 어떤 부문에 응용될 수 있는가?
- 인간의 삶에 어떤 영향을 줄 수 있는가?
- 기술적 타당성을 제시할 수 있는가? (필자들이 연구한 프로젝트들

은 연구소 내에서 수학적 분석 실험과 다른 종류의 기술적 타당성 분석을 이용하여 기술적 성공을 거두고 해당 기술의 상대적 이점에 대해 자신감을 갖게 되었다.)[13]

고객 가치 계산의 요소인 비용은 자연스럽게 수반되는 문제이다. 신기술이 기존 기술보다 우월한 것으로 간주되더라도, 현재의 사용자를 전환시킬 수 있는 수준의 비용으로 신기술을 개발할 수 있을까? 필자들이 연구한 두 개의 프로젝트가 이러한 문제에 직면했다. 하이브리드카의 초기 개발을 담당한 GM팀은 그러한 혁신적 기술이 기존의 내연기관 자동차와 비교하여 기능과 경제성 면에서 경쟁력이 있는지 판단해야 했다. 에어 프로덕츠의 프로젝트팀은 생산 공장에서 새로운 산소 생산 방법을 개발하기 위해서 노력하고 있었다. 공업용 산소 시장의 규모와 공업용 산소 가격은 모두 공개되어 있었다. 에어 프로덕츠의 프로젝트팀은 효율적이고 고객을 신기술로 유도할 수 있는 수준의 가격에서 산소를 발생시키는 현장 산소 발생 장치를 설계하고 제작할 수 있을지 판단해야 했다. 그들은 에어 프로덕츠의 역사와 공업용 산소 시장에 대한 정보를 통해서 기존 고객을 신기술로 유도하려면 최소한 30%의 비용절감이 필요하다는 것을 알아냈다.

위와 같은 기술적 질문들에 언제나 미리 대답을 제시할 수 있는 것은 아니다. 연구팀은 명확한 해답을 얻기 전에 먼저 개발 과정—심지어 실패 과정—을 거쳐야 한다. 따라서 지속적인 평가가 필요하다. 어떤 과학자는 필자들에게 다음과 같이 말했다. "결국 그 프로그램을 통해서 시작한 모든 일은 실수였다. 그 기술을 비판적으로 검토한 결과 경쟁 우위가 없음을 알게 되었다." 결국 실패했던 것이다.

시장 규모가 충분한가? 프로젝트 구성원들과 평가자들이 대답해야 하는 또 하나의 질문은 시장 규모가 기술개발 투자를 정당화할 만큼 충분한가 하는 것이다.[14] 상용화를 목적으로 하는 프로젝트의 초기 단계에서 제시되는 반대 의견과 상용화에 도달하는 비용을 감안하면, 대규모 시장은 필수 요소이다. 대규모 시장이 없는데도 경영진이 허가하는 장기 프로젝트는 거의 없다. 어떤 과학자는 필자들에게 다음과 같이 말했다. "잠재적 시장 규모가 2억 5000만 달러가 되지 않으면 프로젝트를 시작할 수 없다." 최근에 퇴직한 휴렛 패커드의 선임 과학자 조엘 번봄은 3억 달러는 "유사한" 사업과 관련된 혁신의 최저 한계 수치라고 말했다. P&G의 CTO인 고든 브루너는 미국 시장에서는 1억 달러가 최저 한계 수치이지만 전세계적인 영업망을 가진 P&G의 경우 수익 수치를 5억 달러로 설정해야 한다고 지적했다.

처음부터 대규모 시장을 상대하고 있다는 것을 알고 시장 규모 질문에 대답할 필요를 느끼지 않는 연구원들도 있다. 예를 들어, 누코 코포레이션은 입증되지 않은 압연강 연속주조 기술에 기초하여 새로운 제철소를 건설하기로 결정하면서 철강산업의 주도권을 쥐려고 했다. 이러한 신기술이 성공을 거둘 경우 누코 코포레이션이 최고의 원가 경쟁력을 갖게 된다는 것은 의심할 여지가 없었다. 오티스 엘리베이터의 사장 루이는 자회사의 기술이 가진 130층의 한계를 돌파하면 어떤 재정적 결과가 발생할 것인가 하는 질문을 시장조사 요원들과 컴퓨터에 물어볼 필요가 없었다. 관계자들은 모두 130층 한계를 돌파하면 매우 커다란 이익을 얻을 것임을 알고 있었다.

마찬가지로 연구원들도 기존 기술의 한계를 극복할 수 있는 혁신적인 기술을 개발하는 동안 시장 규모가 충분한가 하는 것을 질문하는 데 많은 시간을 쏟을 필요가 없다.

그러나 시장 불확실성이 높을 경우 시장 규모 문제는 매우 중요하다. 평가단이 시장 규모나 추정 수익의 한계치를 엄격하게 적용하여 프로젝트가 우여곡절 끝에 예상치를 달성한 경우도 있었다. 프로젝트 팀들은 자금을 지원받기 위해서 시장 규모를 어느 정도 과장하여 제시하고 평가단의 엄격한 기준을 충족하기 위해서 수치들을 조작했다. 뒷얘기에 따르면, 프로젝트팀들은 경영진에게 제시한 수치에 대해서 자신감이 거의 없었다고 한다. 그러나, 프로젝트팀들은 초기에 사용된 숫자들은 어떤 경우에도 정확하지 않다는 것을 이해함으로써 자신들의 책략을 합리화했다. 따라서 필자들이 초기 단계에서 근본적 혁신 제품의 시장 규모를 실질적으로 입증하는 체계적 과정을 볼 수 없었던 것도 그리 놀라운 일은 아니다. 평가단의 기준과 프로젝트의 사업화 논거 사이에 근본적 모순이 있었던 것이다.

프로젝트팀이 공식적 평가 과정을 중심으로 활동하고 다른 곳에서 자금지원을 얻어낸 경우, 대체로 고위 경영자가 자금을 지원했다. 이러한 경우에 평가 과정은 공식 평가단이 사용한 평가 과정과 달랐다. 흥미롭게도 혁신가들과 그들의 후원자인 고위 경영 간부들은 전문적 마케터들이 제기하는 다음과 같은 질문을 거의 하지 않았다.

- 시장이 얼마나 빨리 성장하고 있는가?
- 시장개척에서 기업은 어떤 역할을 해야 하는가?
- 어떤 특징이 고객에게 가장 호소력을 갖는가?
- 시장이 어떤 수준의 가격을 수용할 수 있는가?

- 언제 이익이 발생하는가?

- 제품을 어떻게 포지셔닝해야 하는가?

- 가장 좋은 유통 방법은 무엇인가?

- 얼마나 빨리 수익을 창출할 수 있는가?

- 경쟁사는 무엇을 하고 있고 어떻게 대응할 것인가? (사실, '경쟁
  사'라는 말은 초기 단계의 연구원들과 평가자들의 대화에는 거의 등
  장하지 않는다.)

프로젝트 관리자의 자신감을 뒷받침했던 것은 매력적인 수많은 응
용부문의 잠재력과 우수한 기술력에 대한 믿음이었다. '빅 마켓' ─충
분히 커다란 규모의 시장─에 대한 본능적인 지향으로 프로젝트 관
리자는 대담하게도 리스크를 감수하고 프로젝트를 지원했다. 여기서
설명한 듀폰의 전자방출 소재 사례의 경우, 주도적 과학자 커트 핀처
는 다음과 같이 말했다. "디스플레이 시장 규모는 현재 80억 달러에
불과하지만 2000년에는 200억 달러 규모로 성장해 있을 것이다. 앞으
로 상황이 어떻게 될지는 아무도 모르지만, 디스플레이는 기술을 중심
으로 크게 성장할 서너 가지 유망 사업부문 가운데 하나일 것이다. 이
것에 참여하는 것이야말로 진정 흥분되는 일이다."

효과적인 초기 평가의 열쇠

다음은 근본적 혁신 아이디어에 대한 초기 평가의 중요 단계들이다.

- 고위직 경영자, 사업개발 관리자, 근본적 혁신 프로젝트의 베테랑,
  가능하면 외부 전문가까지 포함하는 평가팀을 구성한다.

- 다음 단계로 나아가는 데 필요한 인적 자원과 자금의 투입에 초점

을 맞추고 평가자들이 상황에 만족한다고 가정한다. 대부분의 경우, 다음 단계는 초기 평가 과정에서 드러난 가장 중요한 불확실성 요소, 문제, 가정을 제거하는 것이다. 노텔 네트웍스의 조운 하일랜드에 따르면, 초기 평가는 리스크를 인식하고 줄이는 것을 통해서 효과가 향상될 수 있다.

- 근본적 혁신 평가에 적합한 평가 규칙을 수립한다. 성장 기회에 대한 초기 결정은 현금흐름, 시장점유율 또는 점진적 혁신 프로젝트에 일반적으로 적용되는 조치들에 기초해서는 안 된다. 오히려, 기술이 제공할 수 있는 이점 — 얼마나 풍부하고 확실한 이점인지 — 과 신기술을 통해서 얻을 것으로 예상되는 이점이 실제로 제공될 경우 시장 규모가 얼마나 '커질' 것인가 하는 것에 초점을 맞춰야 한다. 초기 평가에서는 이러한 질문들 가운데 어떤 것에도 해답을 제공할 수 없을 것이며 대답보다 더 많은 질문이 제기될 것이다. 경영진은 당연히 불안해 할 것이다. 그러나 평가 과정은 근본적 혁신과 이것을 통해 예상되는 사업 기회의 장단점을 밝혀내는 데 맞추어져야 한다.

아이디어 포착에 대한 체계적인 관점

풍부한 아이디어를 생성하고, 실질적으로 사업성이 있는 소수의 아이디어를 인식하고, 현실적인 초기 평가를 실시하는 능력은 모든 기업이 근본적 혁신의 이점을 취하려 하는 경우 필요한 세 가지 역량이다. 각각의 역량은 서로 무관하게 더 나은 결과에 이바지한다. 그러나 이러한 역량들은 한데 어우러져서 조직에서 체화되는 경우에 가장 효과가 크다.

아이디어 생성 역량, 아이디어 인식 역량, 아이디어 평가 역량—그리고 관련 활동—은 근본적 혁신 허브 구조 안으로 통합되어야 한다. 대기업에는 허브 네트워크가 필요할 것이다. 근본적 혁신 허브는 아이디어를 가진 사람들을 포착자와 수집자, 기회 평가자, 회사 중요 업무 담당자 및 부서의 핵심 인력과 연결시켜 준다. 그림 3-1은 근본적 혁신 허브와 그 연결관계를 보여 준다. 이 그림에서 기회 수집자는 사업부문 A와 B 그리고 R&D 부문에 있다. (물론 그들은 근본적 혁신 아이디어의 원천일 수도 있는 다른 부서—심지어 제휴 파트너—에 있을 수도 있다.) 기회 수집자들은 근본적 혁신 아이디어 생성자들에게 반응할 준비가 되어 있는 능력 있는 청중과 같다. 근본적 혁신 허브에는 유망 아이디어를 적극적으로 모색하는 한 명 이상의 기회 포착자를 임명할 수도 있다. 그림에서 기회 포착자는 사업부문 A와 R&D 부문의 아이디어 생성자들을 추적하고 있다. 또한, 포착자들을 다른 부서에 파견하여 새로운 아이디어를 발굴하게 할 수도 있다. 근본적 혁신을 포착하는 것과 관련하여, 근본적 혁신 허브는 '근본적 혁신 허브'라는 글 상자에 기술된 다수의 중요한 기능을 수행한다. 이러한 기능에는 평가단을 소집하여 한 가지 이상의 근본적 혁신 아이디어를 검토하는 기능도 포함된다. 평가 과정에 따라 나올 수 있는 네 가지 결과도 그림에 나와 있다.

왜 허브가 필요한가? GE의 디지털 X-레이 프로젝트가 첫 단추를 바로 끼우지 못한 것에 대해 필자들의 논의한 바와 같이, 비공식적이고 임시방편식의 시스템은 너무 많은 기회를 사라지게 만든다.[15] 비공식 적 네트워크는 핵심 인원이 보직이 변경되거나 퇴사하는 경우 붕괴된 다. 다음 두 가지 사례를 살펴보자.

- 필자들이 연구한 회사들 가운데 하나는 신사업 개발 담당 관리자 —다양한 경험을 갖고 있는—로 한 사람만 지정하여 중앙 R&D 조직에 배치했다. 거기서 그는 포착자이자 수집자의 역할을 하면 서 여러 프로젝트를 맡았다. 마침내 그는 특정 프로젝트에 매달리 게 되어 상근 팀원으로 참여하게 되었다. 이것 때문에 유망한 아 이디어를 추구하며 광범위하게 활동하는 포착자로서 그가 갖는 유용성은 사실상 사라지게 되었다. 그 회사는 그가 갖고 있는 경 험을 통해서 어떤 이점도 누리지 못하게 되었고 따라서 무경험자 를 데려다가 처음부터 다시 시작하게 해야 했다. 그 회사는 신사 업 개발 담당 관리자라는 직위를, 서로 강화하고 지원하고 배울 수 있으며 조직의 기회 인식 역량을 구축할 수 있는 경험 많고 유 능한 사람들로 구성된 네트워크의 일부가 아니라 순환 보직 정도 로 간주했다.

- 또 다른 회사는 기회 인식과 초기 평가와 관련하여 두 명의 R&D 관리자와 한 사람의 연구 엔지니어에게 지나치게 의존했다. 그들 세 사람은 점심 시간에 정기적으로 만나 회사 외부에서 제시되는 기술 아이디어에 대해 토론했다. 그 세 사람이 회사를 그만두면서 그들이 수행했던 기능도 사실상 사라졌다.

이러한 비공식적 방법들과 달리, 허브 구조는 혼란스러운 상황을 개척하는 역할을 맡는다. 허브 구조는 무계획적 활동들에 연속성과 체계를 부여한다. 허브팀은 아이디어 생성자, 포착자, 수집자로 구성된 네트워크를 만들어 내고 그들의 스킬을 적극적으로 개발한다. 테리 페이

그림 3—1 | 근본적 혁신 허브

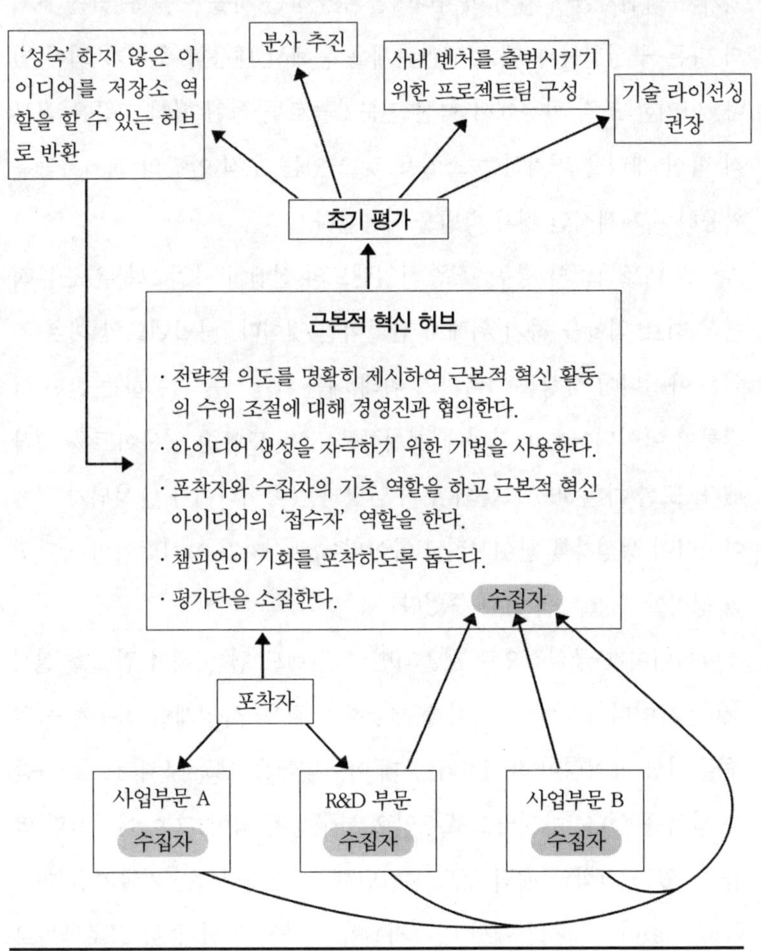

덤 같은 사람들과 노텔 네트웍스의 프로그램 같은 사내 벤처 프로그램은 정보를 수집하고 평가하고 핵심 인물에게 정보를 전달하는 중요한 정보 노드의 역할을 한다. 대다수 기업들은 아이디어 수집 노드를 공식적으로 만들어 놓지 않고 있다.

각 허브는 아이디어 수집자 역할을 한다. 허브는 신속하고 은밀한 평가와 혁신자들이 자기 아이디어를 추구하는 것을 도울 수 있는 조직의 다른 구성원들과 맺은 연관관계를 통해서 대응할 준비가 되어 있다. 이러한 조직 환경에서 혁신 전문가들로 구성된 핵심 그룹은 근본적 혁신 개념을 평가하는 스킬을 갖고 있는 조직 안팎의 적임자들을 활용하여 체계적인 평가 방법을 사용한다.

노텔 네트웍스의 경우, 조운 하일랜드의 신벤처 사업 그룹은 근본적 혁신 허브 역할을 하기 위해서 만들어진 것이다. 하일랜드의 허브 조직은 아이디어 생성을 자극하기 위해 제안 요청서를 활용하는 한편 사원들이 아이디어를 명확하게 제시하는 것을 도와줄 웹사이트를 제작했다. 또한 하일랜드 그룹의 초기 담당자는 아이디어가 완성되기 전에 아이디어 생성자를 참여시키고 아이디어 생성자가 아이디어의 장단점을 정리할 수 있도록 도와 주었다.

아이디어가 공식적으로 제출되면, 하일랜드 팀은 예비 검토를 실시했다. 아이디어가 좋은 기회를 제공하는 경우, 사업개발 전문가는 일주일 이상 아이디어 생성자와 함께 아이디어를 더욱 구체적으로 다듬는 작업을 했다. 마지막으로, 3인으로 구성된 팀이 그 아이디어로 얻을 수 있는 기회의 매력 정도를 판단했고, 하일랜드는 자금지원 여부를 결정했다. 그 시점에서 자금지원을 한다고 해서 공식 프로젝트로 허가되는 것은 아니었다. 자금지원은 경영진이 평가할 수 있는 사업 논거를 개발하기 위한 것이었다. 이러한 자원 투입은 몇 주에서 몇 개월에 걸쳐 이루어졌다. 하일랜드는 다음과 같이 말했다. "팀으로서 우리가 샀던 전체적인 역량은 기술을 채택하여 중요한 사업적 가정으로 전환시킬 수 있는 능력이었다."

사업 논거에 대한 평가를 통해서 프로젝트가 승인되면, 벤처 육성 부서가 사업 인큐베이션 서비스를 제공했다. 하일랜드는 다음과 같이 설명했다.

성공적인 결과를 낳기 위해서는 사업개발, 마케팅, 재무관리 등 스킬이 중요하다. 또한 팀을 하나로 묶는 것의 의미, 적임자를 배치하는 것의 의미, 팀이 직접 모든 일을 할 수 있는 능력을 개발하도록 도와 주기 위해서 필요한 코치 역할의 의미를 이해하는 것도 중요하다. 우리는 팀에게 잔소리를 하지 않는다. 또한 무엇을 어떻게 하라고 말하지도 않는다. 우리는 팀을 코치하고 팀의 성공을 지원할 뿐이다.

듀폰의 혁신 허브는 노텔 네트웍스의 혁신 허브와 비교하면 덜 공식적으로 운영되었지만, 거의 동일한 기능을 수행했다. 이 허브는 포착자와 수집자로 구성된 매우 활기 있는 시스템을 갖고 있었다. 신사업 개발 담당 이사 테리 페이덤은 R&D 그룹 핵심부의 소수 인원을 통해서 활동했다. 페이덤은 듀폰에서 20년 이상 여러 사업부문에서 사업개발 업무를 담당해 왔다. 그가 효과적인 활동을 하는 데 보탬이 된 기술적 토대는 그가 받은 과학 교육과 경험이었다. 이러한 교육과 경험을 통해서 페이덤은 회사의 관련 과학 및 기술 토대를 알게 되었다. 페이덤의 가장 커다란 가치는 그에게 중요한 발전 소식을 전화로 정기적으로 알려 주는 과학자, 영업사원, 사업부문 경영자로 구성된 네트워크를 갖고 있는 데서 찾을 수 있다. 이 네트워크를 통해서 페이덤은 중요한 정보 노드 역할을 했으며 신기술과 시장을 연결하는 고리 역할을 할 수 있었다.

기술과 시장의 동향을 면밀히 관찰하면서 페이덤은 네 개의 칠판에 여러 가지 내용이 적혀 있는 방을 이용했다. 그 칠판에는 다음과 같은 내용이 있었다.

- 듀폰의 중요한 과학 기술 프로젝트
- 듀폰이 진출한 모든 시장과 그 시장들의 잠재적 욕구
- 듀폰이 현재 추구하는 사업 개념들과 지속적 자금조달에 필요한 정보

그는 다음과 같이 결론지었다. "아주 엉망이다. 하지만 많은 가능성이 숨어 있다." 자기 역할을 설명하면서 페이덤은 다음과 같이 말했다. "나는 R&D 조직의 촉매 역할을 했다. 나는 과학자에게 이렇게 말하곤 한다. '나는 당신이 이것을 어제 개발했다는 것을 알고 있습니다. 그러나 나는 이것을 판매할 시장을 생각합니다. 앉아서 같이 얘기해 봅시다.' 회사의 신사업 개발 부서가 실험 단계에 있기 때문에 우리는 날마다 그러한 상호작용을 할 수 있고 '세계가 보는 것' 과 '우리 프로젝트' 의 관계에 대해 인식할 것을 권장할 수 있다."

방향성이 모호한 초기 단계를 넘어서서

초기 평가에서 별다른 문제 없이 등장하는 근본적 혁신 프로젝트는 방향성이 모호한 초기 단계를 극복한 것이다. 그러나 그러한 프로젝트는 불확실한 문제들을 해결하고 초기에 주목을 끌었던 상용화 전망이 허상이 아님을 입증하는 증거를 제시하라는 압력에 시달리게 된다. 불확실성을 줄여 프로젝트를 상용화 단계로 발전시키는 것은 일반적으로 프로젝트 관리자들의 과제이다. 그러나, 기존 프로젝트 관리 방법은 근본적 혁신 환경이라는 혼돈스러운 상황에 대처하기에 역부족이었다. 따라서 새로운 프로젝트 관리 능력이 요구된다. 바로 이것이 4장의 주제이다.

4장 — 근본적 혁신 프로젝트 관리

Radical Innovation

지난 수십 년 동안 전세계 차원의 무자비한 경쟁 때문에 기업
들은 프로젝트 관리 기법을 크게 발전시키게 되었다. 컨설턴트, 연구
원, 혁신 실행가들은 상당한 프로젝트 관리 지식 기반을 구축해 왔
다.[1] 그들은 프로젝트팀이 대규모의 복잡한 과제를 신속하고 효율적
으로 수행할 수 있는 관리 시스템과 도구를 개발했다. 그 결과 선도적
기업들은 기존 제품과 공정에 관련된 지속적 개선과 점진적 혁신에 훨
씬 더 많이 익숙해지게 되었다. 그러나 근본적 혁신 프로젝트를 관리
하는 것은 과학이라기보다는 기예에 가까운 것이다. 근본적 혁신 프로
젝트는 여러 가지 면에서 불확실성이 높기 때문에, 점진적 혁신 환경
에서 효과를 발휘하는 정밀한 관리 도구는 적합하지 않다. 따라서, 새
로운 도구가 필요하다. 4장에서는 기존 프로젝트 관리 조직의 명령 및
통제 구조를 반영하기보다는 근본적 혁신 프로젝트의 불확실성과 복
잡성을 다루는 프로젝트 관리 방법을 탐색할 것이다.

기존의 프로젝트 관리 방법은 자원(인력, 장비, 재료, 자금)의 기획과

통제에 기초해 있다.[2] 또한 기존의 방법은 관리자들이 과거의 경험과 지식에 기초하여 미래의 결과를 예측할 수 있다는 전제에 바탕을 두고 있다. 프로젝트 관리에 사용되는 일반적인 도구로는 시간에 기초하여 활동에 필요한 자원을 할당하는 간트 차트(Gantt chart), 복수의 과제를 설정하고 관련 활동 사이의 관계와 충돌을 파악하는 PERT/ CPM, 프로젝트 과정의 전환점에서 검토 기회와 의사결정 기회를 제공하는 스테이지 게이트 시스템(stage-gate system)이 있다. 불확실성 요소들은 잘 정의된 발전 경로의 예외적인 요소로 간주된다. 프로젝트 관리자는 자원을 적절하게 사용하고, 계획에 따라 과제를 완수하고, 정해진 시간과 예산 범위 안에서 프로젝트의 목적을 달성하는 것에 초점을 맞춘다. 계획에 어긋나는 경우 결과가 나쁜 것으로 간주된다.[3]

근본적 혁신 환경의 복잡한 불확실성 요소들 때문에 '예외적인 관리'는 불가능하다. 근본적 혁신이라는 혼돈에 대처하려면 GE의 디지털 X-레이 프로젝트처럼 전혀 다른 프로젝트 관리 시스템과 역량이 필요하다.

GE의 디지털 X-레이 프로젝트

1993년에 브루스 그리핑은 GE의 디지털 X-레이 프로젝트 관리자 자리를 사임하려고 생각하는 중이었다. 이 프로젝트는 벽에 부딪혔다. GE의 의료 시스템 사업부문(GEMS)은 초기에 프로젝트를 지원했지만, 그 뒤 사업부문장이 방해자 역할을 했다. 그는 효율 향상과 비용절감을 통해 GEMS의 재무 상태를 단기적으로 개선하는 데 중점을 두었고, 디지털 X-레이 프로젝트를 단기적 현금흐름을 악화시키는 주된 원인으로 보았다. 결국 그는 프로젝트에 대한 지원을 철회했다.

GEMS가 자금을 지원받지 못하게 되자, 그리핑은 프로젝트를 계속 추진하기 위해서 노력했다. 디지털 X-레이 시스템은 기술적 타당성이 입증되었지만, 그 프로젝트는 시제품을 제작하여 테스트하기에 충분한 자금을 지원받지 못했다. 그리핑은 전폭적으로 자금이 지원되는 점진적 혁신 프로젝트에서는 필요하지 않을 자원 획득 스킬이 필요했다. 다행스럽게도 그는 GE 중앙 R&D 연구소장 로니 에델헤이트의 지원을 받게 되었다. 에델헤이트는 CEO 잭 웰치에게 디지털 X-레이 프로젝트에 대해서 얘기했고, 잭 웰치는 회사의 특별 자금을 이용하여 그 프로젝트를 지원하는 데 동의했다. 이것은 예외적인 조치였다.

그리핑은 미국방위 고등연구 계획국(DARPA)과 국립 암연구소에서 유방암 연구에 필요한 R&D 자금을 지원받게 되자 기존 프로젝트 관리 절차를 버려야 했다. 그리핑은 기술개발의 방향을 유방 뢴트겐선 조영법에 맞추고 자금을 지원받으려 했다. 그런데 프로젝트가 후기 단계에 있었지만, 프로젝트의 제조 파트너는 생산수율 목표를 달성할 수 없었다. 프로젝트가 아직 상용화 부서로 이전될 단계가 아니었기 때문에, 그리핑은 예외적인 전략을 채택해야 했다. 즉, 그리핑은 GE 중앙 R&D 연구소에 제조 설비를 구축했다.

디지털 X-레이 프로젝트가 점진적 혁신의 일부였다면, GEMS 사업부문장이 지원을 철회한 순간 중단되었을 것이다. 정상적인 예산 집행 절차를 사용했다면 프로젝트는 지속되지 못했을 것이다. GE의 사업부문들에서 성공적으로 개발되고, 발전되고 사용된 스테이지 게이트식의 프로젝트 관리 시스템은 제조 파트너가 일정 수준의 수율을 달성하지 못했을 때 적신호를 보였을 것이다. 기존 프로젝트 관리 방법은 이러한 난관을 헤쳐 나갈 메커니즘을 제공하지 못했다. 그래서 그리핑은 우회 수단을 써야 했다. 기존 프로젝트 관리 방법이 적용되었다면 이러한 예상 밖의 불연속성 요소들 가운데 어느 하나 때문에 프로젝트가 중단되었을 것이다.

디지털 X-레이 프로젝트가 조직적 불확실성과 자원의 불확실성에 직면했지 근본적 혁신 프로젝트 관리자들은 일반적으로 불확실성 요소와 불연속성 요소들을 방해 요소로 보기보다는 기능적인 중심 요소들로 본다. 프로젝트의 불연속성 요소들을 극복하고 불확실성 요소들을 점차 줄이는 것은 근본적 혁신 프로젝트팀과 그 관리자에게 중요한 목표이다. 근본적 혁신 프로젝트팀이 기존 사업부문, 새로운 사업부문 또는 분사한 회사가 프로젝트를 수용하여 상용화할 수 있도록 준비한다면 이는 성공적이다. 그러나 주요 기술과 시장의 불확실성 요소들이 감소하거나 제거되지 않으면 어느 누구도 프로젝트를 수용하지 않을 것이다. 프로젝트 상용화 사업부문은 그러한 기술이 성공을 거둘 것이고 시장에서 원하는 특징을 갖고 있으며, 생산으로 이어질 수 있다고 확신해야 한다. 또한, 고객에게 용도가 충분히 이해되어 판매, 마케팅, 유통이 성공적으로 이루어질 수 있고, 프로젝트를 통해서 수익이 창출될 수 있다는 확신도 가져야 한다.

8장에서 다시 설명하겠지만, 근본적 혁신 프로젝트가 대다수 사업부문들이 프로젝트를 인수하기 이전에 기대하는 수준의 완성도에 도달하는 것은 어렵고도 예외적인 일이다. 대개 좀처럼 해결되지 않지만 반드시 해결해야 하는 불확실성 요소들이 남아 있다. 따라서, '상용화팀'을 활용하여 프로젝트의 속도를 높여서 최종 완성 단계를 빨리 통과하게 해야 한다. 그렇다고 하더라도 상용화팀이 프로젝트를 담당하기 전에, 프로젝트팀이 프로젝트를 이전할 준비를 갖춰야 한다. 프로젝트팀은 신기술이 시장성이 있고 선택한 형태와 응용영역에서 근본적으로 새롭고 중요한 장점을 제공할 것이라고 굳게 확신해야 한다.

복잡한 불확실성 요소들을 더 잘 이해할수록, 프로젝트팀은 더 효과적으로 과제를 수행할 수 있다. 효과적인 프로젝트 관리의 핵심을 이해하기 위해서는 먼저 근본적 혁신 프로젝트 관리자가 직면하는 다음과 같은 혼돈스러운 환경의 본질을 알아야 한다.

- 불확실성 요소는 점진적으로 감소되지도 순차적으로 감소되지도 않는다. 성공적인 프로젝트는 일반적으로 불확실성이 감소하는 추세를 보이지만, 지식의 축적과 예상 밖의 위기 발생으로 네 가지 불확실성의 수준이 프로젝트 과정에서 높아졌다 낮아졌다 한다. 프로젝트는 완성된 수준에 도달한 다음 후퇴하기도 한다. 따라서 근본적 혁신 상황에서 프로젝트 관리자는 작업을 열거하고 위임하고, 혁신 진행 상황을 통제하기보다는 각각의 불확실성 차원에서 프로젝트가 어떤 상황에 있는지 감시하고 어느 시점에서 어떤 불확실성 요소를 공략해야 하는지 의사결정을 하는 것에 주력해야 한다. 대부분의 경우, 프로젝트팀은 언제나 이러한 네 가지 차원 모두에 주의를 기울이지는 않는다. 프로젝트 관리자는 팀이 프로젝트를 지속시키기 위해서 필요한 것에 초점을 맞추게 해야 한다.

- 조직의 불확실성 요소나 자원 불확실성 요소들에 대처하려면 기술

및 시장의 불확실성 요소들에 대처하기 위해서 필요한 프로젝트 관리 능력과는 전혀 다른 능력이 필요하다. 필자들이 연구한 프로젝트 팀들은 일반적으로 R&D 부서에서 활동했고 대체로 R&D 인력으로 구성되어 있었다. 연구원들은 기술적 불확실성 요소들에 대응할 준비가 되어 있었고 시장에서 초기에 지식을 얻을 수 있을 정도의 코스모폴리타니즘을 갖고 있었다. 그러나 그들은 안팎의 다양한 파트너들과의 인터페이스를 관리할 필요성 때문에 발생한 높은 수준의 조직 및 자원 불확실성에 대처할 준비를 제대로 하지 못했다.

- 불확실성 요소들은 양방향성을 갖고 있다. 모든 제품개발 프로젝트의 경우 이것은 사실이다. 그러나 그것은 높은 수준의 불확실성 요소들에 대처해야 하는 근본적 혁신 프로젝트 관리자들에게는 좀더 커다란 문제를 제기한다. 예를 들어, 시제품에 대한 초기 사용자의 반응은 점진적 혁신 제품의 경우 사소한 변경을 낳겠지만, 근본적 혁신의 경우 전개 방향을 크게 바꿔놓을 수도 있다.

- 프로젝트의 불연속성 요소들에 대처하면 불확실성을 감소시키려는 노력을 일시적으로 방해할 수도 있다. 주요 위기는 신속하고 공격적인 대응을 요구한다. 프로젝트팀이 주요 위기들에 빠르고 성공적으로 대응하지 못하면 조직의 지원을 잃을 위험을 감수해야 한다. 오티스 프로젝트는 이러한 사례에 속한다.

오티스 오디세이 엘리베이터 프로젝트

오티스 오디세이 양방향 엘리베이터 프로젝트는 순조롭게 진행되고 있었다. 양방향 엘리베이터 기술은 빠르게 개발되었고, 이미 회사 건물에 시범 시스템이 구축되어 있었다. 아시아 건설회사들이 오티스 엘리베이터 시스템이 사용될 수 있는 초고층 빌딩을 짓는 데 관심을 보였을 때 시장 불확실성도 감소했다. 그러나 아시아 시장이 붕괴하여 양방향 엘리베이터 설치가 유보되었다. 양방향 엘리베이터 프로젝트팀은 대안이 될 수 있는 응용부문을 신속하게 제안할 수 없었고, 마침내 오티스의 CEO는 확정적인 수주를 하기 전까지 오디세이에 대한 추가 투자를 미루기로 결정했다.

근본적 혁신 프로젝트 관리 도구

2장에서 설명했듯이, 불확실성 요소들은 프로젝트마다 그리고 시간이 지남에 따라 특정 프로젝트 범위 안에서 다양하게 구성되고 서로 다른 강도를 보여 준다. 따라서, 근본적 혁신 프로젝트 관리 도구를 알맞게 선택하여 상황에 맞게 변형시켜야 한다. 이것 자체도 프로젝트 관리와 관련된 문제이다. 모든 프로젝트에 모든 프로젝트 관리 도구를 사용할 필요는 없다. 선택된 도구들은 프로젝트팀이 직면하는 특정 상황에 맞게 변형될 필요가 있다. 4장에서 제안하는 도구들은 대표적인 도구들일 뿐이다. 프로젝트 관리자들은 자신들의 상황에 맞는 도구도 있고 맞지 않는 도구도 있다는 것을 알게 될 것이다.

근본적 혁신 팀원의 기대치 설정

기술 발견의 희망에 들뜬 팀원들은 큰 동기를 가지고 근본적 혁신 기술을 개발하는 작업에 참여한다. 그러나, 그들은 정작 근본적 혁신 과정의 본질은 모르는 경우가 있다. 앞에서 지적했듯이, 근본적 혁신 팀원들은 혁신 과정에서 직면할 문제들의 다차원성에 익숙하지 않고 그러한 문제들을 인식하고 대처할 준비가 안 되어 있을 수도 있다. 이러한 준비 부족 때문에 프로젝트가 위기를 맞을 가능성이 커지며 프로젝트 관리가 더욱 어려워진다.

3장에서 설명했듯이, 근본적 혁신 허브와 연관된 프로젝트 관리자들과 근본적 혁신 베테랑들은 근본적 혁신 과정에 대해 팀원들을 교육함으로써 프로젝트를 신속하게 추진할 수 있다. 상황에 맞는 기대치를 설정하는 것—프로젝트 범위 안에서 그리고 나머지 조직 구성원들과의 인터페이스와 관련하여—은 팀원들이 대다수 근본적 혁신 프로젝트의 특징인 모호함을 수용하는 데 도움이 된다. 특히 혼란스러운 상황에서 그렇다. 팀원들에게 기술적 불확실성 요소뿐 아니라 네 가지 유형의 불확실성 요소 모두에 대처해야 한다는 것을 인식시키는 것이야말로 프로젝트팀의 효과를 높이는 데 중요하다. 또한, 이것은 위기에 신속하고 단호하게 대처할 수 있는 집중력과 구심력을 높이는 데도 도움이 된다. 마지막으로, 그러한 기대치 설정은 팀이 그 다음 프로젝트 관리 도구를 사용할 준비를 하는 데 중요한 첫 번째 단계이다.

불확실성 파악과 추적

이것은 모순된 용어처럼 보인다. 프로젝트팀이 불확실성 요소들을 파악하고 정의하고 분류할 수 있다면, 불확실성 요소들이 진정 불확실성 요소들일까? 의심할 여지 없이 근본적 혁신 허브를 갖고 있고 지식을 축적하는 기업은 갈수록 능숙하게 불확실성 요소들을 이해하고 대처할 것이다. 그러나 이러한 프로젝트 관리 도구를 사용하는 것은 가장 선진적인 근본적 혁신 프로젝트팀일지라도 언제나 힘든 문제이다.

필자들이 연구한 프로젝트들은 불확실성을 파악하는 것과 그것을 해결하는 것은 별개의 문제임을 보여 주었다. 예를 들어, 프로젝트팀은 초기 자금이 6개월 만에 바닥날 수 있다는 것을 알 수 있지만 프로젝트를 계속 진행하기 위해서 어디서 자금을 지원받아야 하는지는 모를 수 있다. 마찬가지로, 제조 파트너가 확보되지 않으면 프로젝트가 그 다음 진행 상황 평가에서 나쁜 점수를 받을 것이 분명하지만, 프로젝트팀이 이상적 파트너의 특성에 대해서 확실히 알지 못하여 파트너 후보자들을 선별하지 못했을 수도 있고 또는 상호 인정할 수 있는 제휴 구도를 만들어 내지 못했을 수 있다. 근본적 혁신으로 새로운 시장을 공략하라는 경영진의 요구를 프로젝트팀이 실현할 수도 있지만 시장 및 시장 진출 방법에 대해서 아는 것이 전혀 없거나 거의 없을 수도 있다. 한두 가지 이상의 기술 영역에서 상당한 기술 혁신이 이루어져야 하지만 실제로 기술 혁신 방법은 매우 불확실할 가능성이 크다. 필자들이 연구한 프로젝트들에서도 이러한 사례들이 관찰되었다.[4]

불확실성 요소들을 분류하는 것은 근본적 혁신 프로젝트의 혼돈스러운 상황에 대처하는 첫 번째 단계이다. 이러한 분류 작업은 팀이 불확실성 요소들을 해결하기 위한 대안적 경로들을 모색하고 파악할 수 있는 기초를 제공한다. 프로젝트팀은 중요도 및 시기적 중요성과 관련

하여 불확실성 요소들의 등급을 정한 다음 그러한 불확실성 요소들을
해결하는 데 시간을 할당하고 주의를 집중하는 것에 대해 결정을 내릴
수 있어야 한다. 또한 불확실성의 네 가지 범주—기술, 시장, 자원, 조
직—를 고려해야 한다. 프로젝트팀은 적극적이고 지속적인 감시를 통
해서 각각의 불확실성이 감소되는 수준을 평가하고, 새롭게 등장한 불
확실성을 추가하고, 불확실성 감소 활동의 우선순위를 다시 정할 수 있
어야 한다.

인간은 좀더 대응이 편하다고 생각되는 불확실성 요소들에 먼저 대
처하고 다른 불확실성 요소들은 뒤로 미루는 경향이 있다. 기술적 문
제들에 초점을 맞추는 것을 선호할 수도 있는 과학자나 기술자로만 구
성된 팀에게 이것은 위험한 문제이다. 필자들이 연구한 프로젝트 가운
데 한 팀은 주요 고객 가운데 하나를 시제품의 초기 테스트 대상으로
정하고 협정을 체결했다. 그러나 프로젝트팀은 기술적 타당성에 지나
치게 초점을 맞춘 나머지 비기술적 문제들은 철저히 검토하지 않았고,
어떤 질문을 받게 될지도 생각하지 않았다. 그리하여 프로젝트팀은 초
기 사용자에게 시제품의 성격을 이해시키지도 못했고 자신들이 추구
하는 피드백에 관한 지침도 제공하지 않았다. 그 결과 시제품 테스트
결과는 만족스럽지 못했으며, 혁신 기술개발은 제동이 걸렸다.

기술적 문제들은 의심할 여지 없이 중요하지만 해결해야 하는 문제
들의 일부일 뿐이다. 자원, 마케팅, 조직과 관련된 불확실성 요소들을
인식하고 이에 대처하지 못하면 근본적 혁신 프로젝트를 관리하는 데
어려움이 커지고 이러한 불확실성 요소들 가운데 하나가 프로젝트를
망칠 가능성이 커진다.

유능한 프로젝트 관리자들은 모든 불확실성 요소들에 동시에 대처하는 데 따르는 어려움—대처가 거의 불가능하다는 것—을 잘 알 것이다. 불확실성 요소들을 파악하고 추적함으로써 프로젝트팀은 일부 불확실성 요소들에 대처하는 동안 다른 불확실성 요소들은 뒤로 미루거나, 내부 또는 외부 파트너에게 대처 작업을 위탁할 수 있다. 그러나, 프로젝트팀은 특정 영역에서 일정 기간 동안 학습하지 않는 것을 선택할 경우가 가진 장단점을 이해하고 평가해야 한다. 일반적으로 불확실성 요소들은 상호 작용하기 때문에 선택이 불확실성 요소 해결을 회피하게 할 수도 있다.

필자들이 연구한 프로젝트의 참가자들 가운데 한 명은 근본적 혁신 제품 제조에 초점을 맞추고 시장개척을 파트너에게 아웃소싱하기로 결정했다. 그런데 프로젝트팀이 초기 사용자들과 직접 상호작용한 경험이 없었기 때문에, 시장이 초기 형태의 제품에 대해 반응을 보이지 않았을 때 프로젝트는 비틀거렸다. 프로젝트팀은 문제가 제품 형태 자체에 있는지 아니면 파트너의 시장개척 방식에 있는지 가려 내느라 애를 먹었다. 프로젝트팀이 부족한 능력이나 자원을 보충하기 위해서 파트너를 선택할 때는 파트너들의 경험을 충분히 이해하여 그들이 가진 지식을 흡수하고 통합할 필요가 있다.

우리는 불확실성을 성공적으로 파악하고 추적했던 한두 가지 사례를 제시할 수 있다. 이러한 연구를 하게 된 것은 대다수 프로젝트팀들이 프로젝트에서 나타나는 많은 불확실성 요소들을 무시하는—또는 '잘 모르고 있는'—모습을 관찰했기 때문이다.(아마 이러한 어려움 때문에 "방향성이 모호한 초기 단계"라는 문구가 나왔을 것이다.) 불확실성 요소들을 이해하지 못하면 근본적 혁신 프로젝트에서 흔히 발견되는 임기응변식의 위기 지향적인 관리 관행으로 이어진다.

학습 계획의 수립과 실행

일반적으로 점진적 혁신 프로젝트의 경우, 간트 차트와 스테이지 게이트 의사결정 기준을 이용하며 사업 논거와 프로젝트 계획을 마련한다. 이러한 논거와 계획은 프로젝트팀의 활동을 지도하고 관리하고 진행 상황을 평가하는 데 사용된다. 그러나 근본적 혁신 과정의 초기에 같은 종류의 계획과 사업 논거를 요구하는 것은 불확실성이 높기 때문에 반생산적이다.

필자들이 연구한 프로젝트팀들은 기존 공식 프로젝트 계획의 부적합성에 대처하기 위해서 몇 가지 창조적인 방법을 사용했다. 한 프로젝트팀은 프로젝트 계획 진행 중에 자금지원에 대한 경영진의 요구 사항을 충족하기 위해서 프로젝트 계획의 수익 전망치를 수정했다. 다른 프로젝트 관리자는 용도가 다른 두 가지 계획을 갖고 있었다. 하나는 프로젝트팀이 내부에서만 사용하기 위한 계획이었다. 그 계획에는 확장 목표와 관련 과제에 대해 팀원들이 져야 할 책임이 포함되어 있었다. 두 번째 계획은 경영진과 협의하는 데 사용되었다. 두 번째 계획은 훨씬 더 보수적인 목표를 갖고 있었고, 전망치를 달성하지 못했을 때 팀원들을 보호하기 위해서 과제를 팀원들과 연관시키지 않았다.

학습 계획 ― 일반적 프로젝트 관리 계획 도구에 대한 대안 ― 은 근본적 혁신 프로젝트를 관리하는 데 좀더 적합하고 유용한 도구이다.[5] 학습 계획은 다음과 같은 특징을 갖고 있다.

- 불확실성 분류 결과를 포함하고 있다.
- 각각의 불확실성에 대한 가정을 상세히 제시하고 있다.
- 각각의 가정을 시험하고, 실험과 학습을 통해 중요한 불확실성을 해결하는 방법을 제시한다.
- 가정을 시험하는 업무의 우선순위를 정하고 되도록 신속하고 적은 비용으로 전진할 수 있는 경로를 정한다.
- 프로젝트 이력을 기록하며 프로젝트뿐 아니라 근본적 혁신 허브를 위한 데이터베이스 개발 방향을 제시한다.

불확실성을 파악하고 추적하는 것이 연속적 과정이어야 하는 것과 마찬가지로, 학습 계획은 지속적으로 수정되면서 이미 학습한 내용을 향후 발견될 내용에 반영해야 한다. 이러한 점에서, 이러한 학습 계획은 과제 완수를 엄격하게 감독하고 관리하는 것보다는 프로젝트 진행 상황을 감시하고 지도하기에 알맞다. 이미 시험된 가정들을 확인하여 계획 대비 진행 상황을 점검해야 한다. 프로젝트 진행을 통한 학습, 결정, 학습의 결과로서 발생한 방향 전환은 문서로 기록해 놓아야 한다. 동적 학습 계획이 어떤 아이디어에 기초해 있는가 하는 것은 어떤 프로젝트 팀원의 다음과 같은 애기에 반영되어 있다. "우리는 획득한 기술 성과를 개선하고 비용을 절감하기 위해서 학습 곡선을 통과하고 있다. 기술은 우리가 학습하는 과정에서 다른 방식으로 설계되고 구축된다."

불확실성 요소들을 좀더 명확하게 이해하고 정의하는 가운데 불확실성이 잠시 증가하는 것은 전진이라고 할 수 있다. 응답자들 가운데 한 명은 학습 계획에서 평가는 예산과 일정에 기초한 과제 완수 상황을 추적하기 위한 것이라기보다 "지출된 비용만큼의 학습"이 이루어졌는지 판단하기 위한 것이라고 말했다.[6] 프로젝트팀이 기본적인 불확실성 요소들을 좀더 많이 이해하면 프로젝트가 좀더 빨리 완수될 수 있다. 진행 상황이 이보 전진 일보 후퇴와 같은 불균등성을 보이더라도 마찬가지이다.

필자들의 워크숍에 참여한 기술 담당 고위 간부들과 싱크탱크는 일반적으로 불확실성이 크게 줄어들면, 프로젝트팀이 절대로 확실한 프로젝트 관리 기법을 채택할 수 있다고 말했다. 그러나, 필자들은 근본적 혁신 프로젝트가 상용화 단계로 전환되는 동안 그리고 전환된 이후에도 불확실성이 놀랄 만큼 많이 남아 있다는 것을 발견했다. 프로젝트팀은 학습과 방향 전환을 강력하게 지향하고, 기존 프로젝트 관리 도구에 전적으로 의존하는 것을 확고하게 경계할 필요가 있다. 이것은 반쯤은 직관적인 문제이기 때문에 8장에서는 전체를 할애하여 전환 과정을 관리하는 데 따르는 문제들을 다룰 것이다. 학습 계획은 대부분의 경우 근본적 혁신 과정의 후기 단계에서조차 기존의 프로젝트 계획보다 더 적합하다.

자원 획득 전략 채택

근본적 혁신 프로젝트가 듀폰 바이오맥스 프로젝트의 경우처럼 최소한의 자금으로—특히 근본적 혁신 과정의 초기에—진행되는 경우도 있다. 주류 경영환경에서 사용되는 예산 배정 과정은 근본적 혁신 프로젝트에 알맞지 않다. 프로젝트 관리자들은 예산을 배정받기 위해서 경쟁하기보다는 자원을 획득한다는 사고방식을 가져야 한다.[7] 이러한 사고방식은 독자적인 노력—팀원이 제공하거나 팀원의 공식적 및 비공식적 후원자들이 제공한 제한된 자원을 사용하는 것 — 에서 출발한다. 자원을 획득하려면 프로젝트 관리자는 기대 이상의 관심과 집중도를 보여야 한다. 사용 가능한 자원의 원천을 파악하고, 자원 획득 방법을 생각하고, 자원을 조달하는 것은 근본적 혁신 프로젝트 관리자의 업무 가운데 일부이다. 필자들이 연구한 모든 프로젝트에서, 자원을 기업 외부에서 획득하는 것은 내부 자원을 획득하는 것과 똑같은 중요성을 갖고 있었다. 또한, 이러한 프로젝트 관리 업무는 프로젝트의 생존과 궁극적 성공 — 그 어려움은 일반적으로 지나치게 과소평가되고 있다 — 에 아주 중요하다. 이 주제는 7장에서 상세히 다루고 있다.

주류 조직과의 인터페이스 관리

프로젝트 관리자들은 기술, 시장, 자원의 불확실성 요소들에 대처하는 것말고도 어려운 — 때로는 냉담하고 때로는 적대적인 — 조직 환경에 직면하곤 한다. 근본적 혁신과 주류 활동이 서로 충돌하기 때문에 근본적 혁신 프로젝트를 보호하려면 주류 조직과 격리시켜야 한다는 가정이 널리 퍼져 있다. 대기업을 그만두고 소기업을 선택한 많은 혁신가들은 기존 대기업 내부에서는 근본적 혁신이 불가능하다고 공공연하게 말한다. 이에 동의하여, 혁신 프로젝트를 성공시키려면 주류 조직과 분리시켜야 한다고 권고하는 연구자들도 있다. 새로운 사업이 이전의 사업을 대체하는 근본적 혁신이라면 그렇게 될 수도 있다.[8]

자기 완결적이고 조직적 유효성과 지원을 보장받는 프로젝트들의 경우, 격리는 좋은 선택일 수도 있다. 그러나 이러한 기준에 부합하는 근본적 혁신 프로젝트는 거의 없다. 대다수 프로젝트팀의 경우 지식,

스킬, 자원이 크게 부족하다. 따라서 격리를 하면 프로젝트를 주류 조직 내부의 반생산적 요소들로부터 보호할 수는 있지만, 프로젝트에 중요한 스킬과 자원이 제공되지 못하게 된다. 또한, 기업이 근본적 혁신 프로젝트팀이 성취한 지식과 확장에 동화될 수 있는 기회도 사라진다.[9] 주류 조직과의 갈등에도 불구하고, 필자들이 연구한 프로젝트는 모두 나머지 조직과의 상호작용을 통해서 이점을 얻었다. 상호작용을 통해서 생존하고 성공할 수 있었던 것이다.

대기업은 과학자, 사업부문 경영자, 영업인력, 마케터, 재무 담당자 및 연구인력 관리자를 한데 묶는 비공식적 네트워크를 이용할 수 있는 거대한 지식의 저장고이다.[10] 회사에 근무하는 근본적 혁신가들은 자신들을 지지할 사람들로 구성된 광범위한 비공식적 네트워크를 구축한다. 그 지지자들은 혁신의 중요성을 믿고 있거나 혁신가에 대해 신뢰를 갖고 있는 사람들이다.

필자들이 인터뷰한 모든 관리자가 프로젝트의 불확실성을 줄이고 필요한 능력과 자원을 획득하는 데 도움이 되었던 비공식적 네트워크에 대해서 얘기했다. 어떤 관리자는 다음과 같이 말했다. "회사를 운영하는 비밀스러운 방법이 있다. 관리자들이 회사에서 성장하는 방식 때문에 우리는 이러한 내부 네트워크를 갖고 있다. 바로 이 네트워크가 회사를 움직인다." 다른 회사의 프로젝트 관리자는 R&D 부서 내부에서 자신이 갖고 있는 비공식 네트워크의 중요성을 강조하면서 다음과 같이 말했다. "사실상 우리는 예산이 없다. 그러나 나는 개인적인 네트워크를 이용하여 중앙 R&D 연구소에 근무하는 사람들한테서 도움을 얻을 수 있다. 그들의 도움을 받는 것은 돈이 들어가지 않는 일이다. 돈 한푼 쓰지 않고도 중요한 조력자들을 얻을 수 있다.”

프로젝트가 조직 내부에서(그리고 공개적으로) 운영된다면, 프로젝트 관리자는 주류 조직의 방해 요소로부터 프로젝트를 보호하는 동시에 주류 조직의 자원을 최대한 활용해야 한다. 이것은 꿩 먹고 알 먹으라는 애기처럼 들릴 것이다. 실제로 그런 애기를 하는 것이다. 이것이 가능하려면, 리더가 프로젝트의 위상을 정립하는 스킬을 가지고 있어서 프로젝트가 모회사로부터 아낌없는 지원을 받는 동시에 조직 내부의 저항 때문에 프로젝트가 지연되는 상태를 피할 수 있어야 한다.

성공한 경험이 있는 근본적 혁신 허브는 프로젝트 리더가 프로젝트와 나머지 조직 사이의 인터페이스를 관리하는 데 매우 효과적으로 도움을 줄 수 있다. 한동안 사용된 허브는 프로젝트 리더의 네트워크를 보완할 수 있는 독자적인 비공식 네트워크를 갖게 된다. 허브는 자금, 인력, 충고, 시설, 정당성을 프로젝트에 제공하는—비공식 채널과 공식 채널을 통해서—통로 역할을 할 수 있다.

프로젝트의 정당성 확보

점진적 혁신 프로젝트와 근본적 혁신 프로젝트 사이의 한 가지 중요한 차이는 조직의 입장에서 볼 때 정당성과 관련되어 있다.[11] 점진적 혁신 프로젝트는 조직적 정당성이 높다. 점진적 혁신 프로젝트는 정상적인 예산 배정 과정을 통해서 자금지원을 받으며 회사 재무 상태를 머지않아 개선시킬 활동으로 평가된다. 근본적 혁신 프로젝트는 이러한 정당성이나 그 장점을 누리지 못한다. 그 이유는 쉽게 알 수 있다. 근본적 혁신 프로젝트는 짧은 시일 안에 회사의 재무 상태 개선에 기여하지 못하며, 최우선 과제(Job One) — 현재 활동을 더 적은 비용으로 더 신속하고 더 효율적으로 수행하는 것 — 에 도움이 되지 않는다.

정당성은 중요하다. 왜냐하면 정당성이 확보되면 모든 근본적 혁신 프로젝트에 필요한 자원과 능력을 획득할 수 있기 때문이다. 이것은 브루스 그리핑이 CEO 잭 웰치가 디지털 X-레이 프로젝트에 대해 관심을 보이는 순간을 포착한 것에서 알 수 있다.[12] 다음은 필자들이 연구한 프로젝트 관리자들이 프로젝트의 정당성을 강화하기 위해서 무엇을 했는지 열거한 것이다.

- **커뮤니케이션** 유능한 프로젝트 관리자들은 핵심 지지자들 및 팀원들과 꾸준하게 커뮤니케이션을 한다. 텍사스 인스트루먼트에서는 DLP(Digital Light Processing)[13] 프로젝트가 급속하게 진행됨에 따라 프로젝트팀 내부에서 그리고 프로젝트팀과 나머지 조직 사이에 커뮤니케이션과 관련하여 커다란 문제가 발생했다. 프로젝트 관리자는 외부 업체와 계약을 체결하여 핵심 팀원들이 기술개발 및 사업개발 상황을 알 수 있도록 안전한 내부 커뮤니케이션 시스템을 구축했다. 효과적인 커뮤니케이션은 프로젝트 상태를 보고하는 동시에 학습 과정이 진행됨에 따라 불가피한 후퇴와 작은 실패들을 알려 주고 자그마한 성공 사례도 놓치지 않고 제시한다. 연구원들과 경영자들에게 기술 및 그 잠재적인 응용부문에 대해 알려 주기 위한 내부 포럼도 정당성 확보에 도움이 될 수 있다.

- **다른 혁신가들을 미리 획득하는 것이 바람직하다고 설득** 프로젝트는 대기업이 프로젝트를 중요한 방어 조치라고 확신할 때 — 즉, '이 기회를 놓치면 경쟁사가 그 기회를 잡을 것' 이라는 확신을 갖고

있을 때 정당성을 얻게 된다. 바로 이런 이유 때문에 에어 프로덕
츠는 컨소시엄을 구성하여 에너지성의 제안 요청에 대응했다. 경
쟁사가 에너지성의 자금지원을 얻어 에너지성이 추진하던 세라믹
멤브레인 기술을 개발했다면, 에어 프로덕츠는 주력 사업을 잠식
당했을 것이다.

• 시연 가능한 결과를 추구하여 자금지원의 정당성 확보 IBM의 버니
메이어슨은 "데이터가 이긴다"고 주장하는 것으로 유명했다. 자
기 회사 내부에서 반대 의견을 가진 사람들이 반대의 표시로 팔짱
만 끼고 있자, 그는 구체적인 데이터를 그들 면전에 제시했다. 불
확실성이 감소하면 반대파들은 침묵하고 지지자가 되고자 하는
조직원들은 정당성을 얻게 된다. 마찬가지로, 퇴비 시설에서 실시
한 시험 결과가 듀폰의 바이오맥스의 생분해성을 확증함에 따라
테리 페이덤은 버림받은 바이오맥스 프로젝트를 채택하여 자금을
지원하고 프로젝트를 진행시키려는 의지가 더욱 강해졌다.

초기 단계의 프로젝트는 헌신적인 지원자들로 구성된 소규모
핵심팀을 통해서 독자적으로 추진될 수 있기 때문에, 별로 자원을
소비하지 않고도 결과를 얻는 것으로 보일 수도 있다. IBM의 메
이어슨이 이끄는 프로젝트팀은 시간과 자원을 별도로 할애하여
실리콘 게르마늄 칩 기술개발을 크게 진전시켰다. 그것도 IBM의
전략이 실리콘 게르마늄 칩 기술을 배제하는 기간에 그랬다. CEO
루 거스트너가 기업 전략을 극적으로 수정하여 외부 고객에 대한
칩 판매를 포함시키자, 메이어슨의 프로젝트는 단시일 안에 정당
성을 확보했다. 경영진이 그간의 연구 성과를 보고 좀더 쉽게 공

식적 자금지원을 결정할 수 있었던 것이다.

마지막으로, 기술을 시연 가능한 시제품으로 변환하면 정당성 확립에 도움이 될 수 있다. 텍사스 인스트루먼트에서는 시제품을 "연구소의 여왕"이라고 부른다. 프로젝트 팀원들은 "연구소 여왕을 바깥 세상으로 데리고 나와" 경영진, 잠재적 고객, 마케팅 파트너에게 보여 주곤 했다. 이것은 핵심 지지자들에게 근본적 혁신이 기술적으로 타당성이 있고 따라서 프로젝트의 정당성 확보에 도움이 된다는 것을 확신하게 만드는 데 중요한 역할을 했다. 에어 프로덕츠에서는 초기 시제품을 에어 프로덕츠의 공장 가운데 한 곳에 설치하고 이러한 신기술을 이용하여 산소를 만들어 낼 수 있다는 것을 경영진에게 증명해 보일 수 있었다. 그러한 행동은 자금을 계속 지원하겠다는 조직의 의지를 더욱 강화시켰다.

- 리드 유저의 지원 확보 잠재적 리드 유저의 사용담—특히 그들이 유명하거나 권위 있는 기업인 경우—은 프로젝트에 정당성을 부여하고 시장 불확실성을 줄여 준다. IBM 실리콘 게르마늄 칩 프로젝트의 경우, 전문가 회의에서 초기의 과학적 실험 결과를 발표하자, 메이어슨은 몇몇 기업의 연구원들로부터 주목을 받게 되었다. 예비 토론 이후, 그 기업들의 연구원들은 메이어슨의 연구를 자사의 혁신 활동에 적용할 수 있는지 검토하기 시작했다. 메이어슨은 그들에게 IBM의 경영진에게 영향을 줄 수 있는 체험담을 제공해 달라고 요청했다. 메이어슨의 연구는 당시 IBM의 전략 범위에 포함되지 않는 것이었지만, 권위 있는 기업들이 워낙 적극적인 태도를 보였기 때문에 거스트너도 관심을 갖게 되었고, IBM의 경

영진도 메이어슨이 발견한 것이 IBM의 미래에 어떤 의미를 갖는지 이해하게 되었다.

- **'유명' 파트너와 제휴** 경영진이 인정하는 파트너 조직과 관계를 맺으면 정당성 문제는 반 정도 해결된 것이나 다름없다. "ㅇㅇ사가 이 프로젝트를 진지하게 검토하고 있다면, 우리도 그래야 할 것이다." 파트너가 풍부한 자금력을 갖고 있으면, 훨씬 더 낫다. 텍사스 인스트루먼트의 기술 챔피언들은 회사 밖에서 DLP 기술의 응용 가능성에 대해 기술 검증을 했다. 이 팀은 텍사스 인스트루먼트의 기존 고객과 DLP 기술의 잠재적 사용자와 접촉했고 마침내 검증 작업이 이루어졌다. 이러한 노력의 결과로서 텍사스 인스트루먼트의 한 제품 그룹이 그러한 도전을 받아들였고, 동시에 향후 방향성의 잣대로서 제품 요구 사항들을 설정했다. 그리하여 텍사스 인스트루먼트의 최고 경영진은 DLP 기술의 진행 상황을 평가하지 않을 수 없었다. DLP 기술은 급속하게 발전하여 현재와 같은 성공적인 아키텍처를 갖게 되었다.

- **영향력 있는 자문위원단 구성** '유명한' 사람들로 구성된 자문위원단도 안목과 지원을 제공해서라도 정당성 확보에 도움을 준다. 사업부문의 핵심 관리자들을 포함시키면 '자금지원' 과 자원을 확보하는 데 도움이 된다. 3장에서 설명한 바와 같이, 신뢰할 수 있는 외부 인사를 자문위원단에 보강하면 추가로 정당성이 제공된다. 이러한 방법은 에어 프로덕츠의 프로젝트 관리자 더그 베넷이 사용했다. 베넷은 해당 사업부문과 R&D 연구소의 고위 관리자들, 그리고 에어 프로덕츠의 주요 외부 기술개발 파트너인 세라마텍

의 핵심 경영자를 자문위원단에 포함시켰다.

- 프로젝트의 기술이나 제품을 상용화할 사업부문과 연결 고리 구축 기존 사업부문으로 이전될 가능성이 있는 프로젝트의 경우, 유능한 프로젝트 관리자는 그러한 사업부문과 연결 고리를 구축할 수 있는 효과적인 방법을 찾게 된다. 앞에서 언급한 자문위원단도 그러한 방법들 가운데 하나이다. 연결 고리가 구축되면 기존 사업부문에 자문을 공식적으로 요청하거나 시제품을 시험할 후보자로 적당한 고객을 추천해 달라고 공식적으로 요청할 수도 있다. 금상첨화로, 프로젝트 팀원들은 프로젝트를 상용화 사업부문으로 이전할 때 커다란 자산이 될 수 있는 비공식적 네트워크를 구축하여 좀더 깊은 관계를 발전시킬 수 있다. GE의 디지털 X-레이 프로젝트의 경우—GEMS 사업부문장이 지지자가 아니라 반대파였지만—프로젝트팀은 GEMS 사업부문에서 리드 유저 기업들과 접촉하고 있던 마케팅 및 엔지니어링 담당자들과 광범위한 업무 협력관계를 맺고 있었다.

- '슈퍼스타'를 팀원으로 확보 슈퍼스타는 불가사의한 정당성을 누리며, 때로 그러한 점은 그들이 참가하는 팀에 손해를 보게 할 수도 있다. 바이오맥스의 경우, 신소재가 생분해성 기준을 충족할 것인가 하는 것이 모두가 우려하는 점이었다. 초기의 프로젝트 리더가 회의에 젖어 신뢰도가 부족한 추진자로 평가되자, 신망받는 듀폰 연구원 헨 킬크슨이 프로젝트팀에 영입되었다. 킬크슨 박사는 자기가 설정한 높은 기준이 충족되지 않으면 결코 자기 이름을 걸고 프로젝트를 수행할 사람이 아니라는 것을 모두가 알고 있었다.

적임자 배치

필자들은 프로젝트 관리자가 모든 근본적 혁신 프로젝트를 둘러싼 네 가지 불확실성을 줄이기 위해서 사용할 수 있는 방법을 찾고 있다. 이제 프로젝트 관리자들이 근본적 혁신 프로젝트를 효과적으로 이끄는 데 바탕이 되는 개인적 특성과 능력을 살펴보자.

필자들이 연구한 12개 사례 가운데 8개 사례에서, 초기 단계에서는 기술 챔피언들이 프로젝트 관리자 역할을 맡았다. 기술 챔피언들은 대체로 끓어오르는 에너지, 열정적 낙관주의, 자기 업무에 대한 헌신성, 자신의 비전을 팔 수 있는 놀라운 능력을 갖고 있었다. 이러한 특성들은 모든 프로젝트 관리자의 강력한 자산이지만 그것만으로는 부족하다. 장기간의 프로젝트가 성공하려면 마찬가지로 중요한 다른 특성과 능력이 필요하다. 근본적 혁신 프로젝트 관리자들은 불확실성 때문에 불안해 하지 말아야 하며, 진로를 설정하고 다른 사람들에게 프로젝트 목표를 이해시킬 수 있어야 하며, 프로젝트가 진행됨에 따라 진로를 수정할 수 있을 정도로 충분한 유연성을 갖춰야 한다. 근본적 혁신 프로젝트 관리자들은 통제와 관리보다는 학습과 지도를 자신들의 과제로 여겨야 한다. 효과적인 프로젝트 관리자는 기술적 노하우, 개인적 신뢰, 비공식적 네트워크를 프로젝트로 흡수한다. 조직적 스킬도 열정과 지도력만큼이나 중요하다. 프로젝트 관리자는 조직 게임에 능해야 한다.

프로젝트 관리자들은 근본적 혁신 과정의 동학을 깊이 이해할 필요가 있다. 필자들이 인터뷰한 일부 프로젝트 관리자들은 프로젝트의 중단과 개시 그리고 그들이 경험한 사건의 혼돈스러운 듯한 과정에 대해 분명히 준비가 안 되어 있었다. 많은 프로젝트 관리자들이 자신들이 관리해야 하는 곤경에 직면하자 놀라워 하고, 좌절하고, 혼란스러워 하고 때로는 상황에 압도당했다. 그들은 프로젝트가 진행됨에 따라 학습하려고 노력했다. 교육자로서 필자들은 프로젝트 리더들의 능력이 훈련을 통해서 향상될 수 있다고 생각한다.

효과적인 근본적 혁신 프로젝트 관리

성공의 핵심적인 요소는 필요한 경우 각각의 프로젝트에 3장에서 서술한 프로젝트 관리 도구 가운데 일부 또는 전체를 사용하는 것이다. 필자들은 효과적인 근본적 혁신 프로젝트 관리의 일곱 가지 열쇠를 다음과 같이 정리했다.

- 근본적 혁신 팀원의 기대치 설정 이것은 근본적 혁신팀이 근본적 혁신 프로젝트에 수반되는 어려운 문제들에 대응할 수 있는 기초가 된다.
- 불확실성의 파악과 추적 근본적 혁신 과정을 정밀하게 이해하면, 프로젝트팀은 프로젝트가 직면하는 모든 종류의 불확실성을 파악하고 추적할 수 있으며, 불확실성을 프로젝트의 학습 계획에 통합시킬 수 있다.
- 학습 계획의 수립과 실행 기존 프로젝트 계획은 근본적 혁신 프로젝트 관리에 적합하지 않다. 그것은 불확실성이 제한되어 있고 관리 가능한 명령·통제 상황을 위해서 고안된 것이다. 이와 비교하

여 근본적 혁신 환경은 신속한 비용절감형의 조사·학습 관리 방법을 요구한다. 근본적 혁신에는 학습에 대응하여 적응성을 향상시키는 학습 계획이 좀더 유용하다.

- **자원 획득 전략 채택** 유능한 프로젝트 관리자는 자금과 부족한 역량을 획득하고 확보하는 데—비공식적 및 공식적 내부 원천과 외부 원천으로부터—능숙하다.

- **팀과 주류 조직과 외부 파트너 사이의 인터페이스 관리** 프로젝트 관리자와 팀원들은 프로젝트가 진행됨에 따라 극적으로 변화될 안팎의 파트너와 그들 사이의 관계가 프로젝트의 성공에 중요한 영향을 끼친다는 것을 알게 된다. 프로젝트 관리자와 팀원은 인터페이스 관리—적극적 교류 촉진, 프로젝트를 지연시키거나 중지시킬 수 있는 부정적 요소의 차단이나 억제—에 능숙해야 한다.

- **프로젝트의 정당성 확보** 유능한 프로젝트 관리자는 주류 조직의 입장에서 볼 때 정당성을 구축하여 프로젝트를 보호하고 지원을 확보한다. 정당성 확보는 개인들을 신뢰도가 높은 프로젝트팀에 끌어들이고, 안팎의 파트너들의 신뢰를 얻고, 팀의 성과를 학습 계획 실행 과정에서 홍보하는 것과 같은 여러 가지 방법을 통해서 이루어질 수 있다.

- **적임자 배치** 프로젝트 관리자 역할을 적임자에게 맡기는 것은 매우 중요하다. 적임자가 아무도 나서지 않는 방향성이 모호한 초기 단계에서 프로젝트 관리자의 역할을 맡은 기술 챔피언이건, 아이디어 생성과 기회 인식과 초기 평가를 촉진시켜 프로젝트의 공식 출범에 기여한 근본적 혁신 허브 소속 근무자이건, 아니면 경영진이

파견하여 프로젝트의 후원자 역할을 맡은 사람이건 상관이 없다. 프로젝트 관리 업무가 프로젝트가 진행됨에 따라 변할 수 있다는 점을 감안하면, 프로젝트를 상용화로 이끌고 가기 위해 다른 종류의 스킬이 필요할 때 프로젝트 관리자를 교체하는 것은 매우 중요하다.

이러한 근본적 혁신 프로젝트 관리의 일곱 가지 핵심을 성공적으로 사용하면 프로젝트가 생존하여 전진할 가능성이 커진다. 프로젝트는 대부분 초기에는 기술적 불확실성을 해소하면서 진행된다. 기술적 타당성에 대한 자신감이 커지면, 시장 문제가 중요해진다. 프로젝트팀은 아직 존재하지 않는 시장에 대해서 학습할 수 있는 방법을 찾아야 한다. 기존 시장조사 방법은 이러한 과제를 수행하는 데 적합하지 않다. 따라서 새로운 시장학습 능력이 필요하다. 바로 이것이 5장의 주제이다.

5장 — 근본적 혁신을 위한 시장학습

시장학습은 여러 가지 이유 때문에 프로젝트 초기에 부딪혀
야 하는 과제이다. 첫째, 시장에 대한 안목과 시장 선택은 기술개발 방
향에 영향을 준다. 둘째, 시장을 이해하는 것은 비즈니스 모델을 개발
하는 데, 즉 기업이 혁신을 통해서 이익을 올리려 하는 방식을 결정하
는 데 중요하다. 셋째, 자금지원 문제를 결정하는 사람들은 시장을 모
색하는 기술에 대해 신중한 태도를 취한다. 그들은 유망한 응용 가능
성을 파악하고 진전시킬 수 있는 프로젝트팀을 지원하는 경향이 있다.
넷째, 기존 사업부문 내에 기반을 갖고 있는 프로젝트들의 경우, 시장
을 이해하고 있음을 보여 주면 사업부문의 프로젝트 지원 의지가 강해
진다. 5장은 아직 존재하지 않거나 근본적 혁신을 도입하여 근본적으
로 변화될 시장을 이해하는 문제를 다루고 있다.

유형이 서로 다른 근본적 혁신의 주요한 차이점들과, 혁신과 기존
사업의 관계는 1장에서 설명했다. 근본적 혁신의 유형에는 조직을 현
재의 전략적 범위 밖으로 이끌고 가는 혁신, 기존 사업부문들 사이의

틈새에서 진행되는 혁신, 중요한 기술 발전을 통해서 익숙한 시장에서 기업의 지위를 강화하는 혁신이 있다.

시장학습과 관련하여, 처음 두 가지 유형의 혁신을 수행하는 프로젝트는 매우 비슷하지만, 세 번째 유형의 혁신을 수행하는 프로젝트는 전혀 다른 문제에 부닥친다. 기존 사업을 도약시키는 프로젝트의 경우, 시장의 불확실성은 크게 고려되지 않는다. 비즈니스 모델의 진지한 변경도 전혀 생각하지 않는 것으로 보인다. 이런 유형의 근본적 혁신은 기존 사업부문의 활동과 긴밀히 결합되어 있다. 따라서 고객과 접촉하고, 시장을 이해하고, 가격을 설정하고, 제품을 판매하려는 구조가 잘 형성되어 있다.[1]

시장학습 문제와 관련하여 필자들은 주로 미개척 신시장에 진출하는 기업들이 직면하는 문제 — 앞에서 설명한 처음 두 가지 유형의 혁신 — 에 초점을 맞추었다. 그러나 시장에 대한 독점적 지배나 익숙함 때문에 기업들이 시장학습 활동에서 자기만족을 느끼는 것은 경계해야 한다. 필자들이 연구한 사례들을 보면 프로젝트 팀원들은 기회를 최대한 활용하기 위해서 새로운 시장을 개척해야 한다는 사실을 몇 가지 점에서만 인식했다.

초기의 기회 평가가 진행되고 기술적 타당성이 확보되면, 누가 이러한 발전의 수혜자일까, 시장에 진출하기 전에 어느 정도의 성과와 비용이 필요한가 하는 등의 시장에 관한 수많은 질문들이 제기된다. 이러한 문제들은 기회의 생존 가능성에 대한 신뢰를 구축하고, 내부의 지원을 확보하고, 기술개발 과정에서 사용할 수 있는 수많은 옵션들을 분명히 하기 위해서 검토되어야 한다.

에어 프로덕츠의 사례는 근본적 혁신팀이 새로운 시장에 대해서 학습하는 방식에 요구되는 세 가지 주요 사항을 보여 준다. 첫째, 에어 프로덕츠의 근본적 혁신팀은 최대 시장이 아니라 자신들의 기술로부터 가장 많이 혜택을 입을 것으로 생각되는 시장을 조사하는 것에서 출발했다. 둘째, 기존 시장조사 기법을 사용하지 않았다. 그 대신, 에어 프로덕츠는 인류학적·경험적 기법을 사용하여 신속하게 시장을 차례로 조사했다. 셋째, 에어 프로덕츠는 관찰을 통해서 자사 기술의 여러 가지 응용 가능성을 평가하는 데 도움이 되는 척도들을 만들어 냈다.

에어 프로덕츠 : 새로운 시장 모색

1980년대 중반에, 에어 프로덕츠의 가스 그룹 연구원 마이크 캐롤런은 세라믹 멤브레인 기술을 산소 생산에 적용하면 어떤 영향을 끼칠 것인지 알게 되었다. 캐롤런은 책상에 가득 놓여 있던 수많은 과학 잡지를 읽으면서 이러한 통찰을 얻었다. 세라믹 기술은 대기에서 산소만을 선별해서 분리할 가능성을 제공했다. 에어 프로덕츠의 사업은 상당 부분이 공업용 산소의 대량 생산에서 출발했다. 이 기술을 산업적 차원에서 실용화할 수 있다면, 에어 프로덕츠의 장기적 목표, 즉 톤당 산소 생산 가격을 크게 인하한다는 목표를 달성할 수 있을 것으로 생각되었다.

그것은 분명히 기회였지만, 기술적 경로는 분명하지 않았다. 에어 프로덕츠는 결국 세라믹 연구와 제조부문에서 강점을 가진 소기업 세라마텍과 협정을 체결했다. 세라마텍은 에어 프로덕츠와 비슷한 아이디어를 제시했지만, 전혀 다른 응용부문을 생각하고 있었다. 즉 소규모 사용자를 위한 산소 생산을 생각하고 있었던 것이다. 소규모 사용자를 위한 산소 생산은 전혀 새로운 시장기회였다. 그리고 세라믹 멤브레인 기술이 소규모 사용자에게 제공하는 장점은 대량 산소 사용자가 누릴 핵심적 이점으로 간주된 극적인 비용절감과는 전혀 다른 것이었다. 소규모 사용자의 입장에서 보면, 어떤 작업장에서건 요구하는 즉시 공정에 산소를 제공할 수 있는 휴대용 산소 발생기를 사용하면 무거운 산소 실린더 ― 당시에 사용되던 산업용 설비 ― 를 주문, 배달, 입고, 이동시킬 필요가 없다는 장점이 있다. 또한, 위험을 제거하고 중요한 시기에 실린더가 원활하게 공급되지 못하는 문제를 해결할 수 있다.

따라서, 에어 프로덕츠는 그 기술이 두 가지 서로 다른 시장, 즉 대형 기업 고객과 소규모 사용자의 욕구를 충족할 수 있음을 알게 되었다. 에어 프로덕츠는 각기 다른 프로젝트를 이용하여 두 시장에 접근하기로 했다. 첫 번째 프로젝트인 MEOS(Mixed Electrolyte Oxygen Separation)는 대량 산소 발생기를 산업현장에서 응용하는 것을 추구했다. 두 번째 프로젝트인 SEOS(Solid Electrolyte Oxygen Separation)는 휴대용 소형 산소 발생기에 주력했다. SEOS 응용기기가 좀더 개발하기 쉬워 보였기 때문에, SEOS 응용기기 개발이 먼저 착수되었다. SEOS는 기존 산업 설비를 대체하고 새로운 응용기기 시장의 등장을 촉진할 수 있었다. 그러나 그러한 잠재력을 끌어내기 위해서 혁신팀은 어디에서 출발해야 하는가? 누가 수혜자인가? 어떤 조건이 그 기술의 장점을 극대화할 것인가? 어떤 응용영역이 그러한 특별한 조건을 경험했는가?

에어 프로덕츠의 과학자들이 소형 산소 발생기의 기술적 타당성을 검증하는 동안, 다른 팀원들은 응용 아이디어를 생각해 내기 시작했다. 대부분의 응용 아이디어는 기존의 저장 산소 고객들이 속해 있는 기존 시장과 관련된 것이었다. 이러한 응용부문에는 금속 절단이 필요한 고철 처리장, 금속 절삭장, 병원이 포함되었다. 당시에 에어 프로덕츠와 관계가 없었던 다른 시장(식당 등)도 이 기술의 궁극적 수혜자 목록에 추가되었다.

그 다음 과제는 이러한 기존 시장에서 현재 산소를 사용하는 방식에 대해서 좀더 배우고 SEOS가 제공하는 기존 방식과의 차이가 중요한 것으로 인식될 조건을 평가하는 것이었다. 신입 팀원 제프 노프가 팀에 합류하여 SEOS 기술의 응용부문을 연구했다. 노프는 화학을 전공했지만 영업 및 회계 관리 부서에서 근무했다. 노프는 사용자의 욕구를 이해하고 자신이 가진 기술 지식에 기초하여 고객의 문제를 해결할 수 있는 방법을 성공적으로 고안해 냈다. 또한, 예리한 사업 감각으로 새로운 고객을 계속 발굴했다.

노프는 고철 처리장에 주목했다. 고철 처리장은 상업적 가능성을 보여 주지는 않았지만 노프에게 SEOS 기술의 가치를 이해할 수 있는 기회를 제공했다. 노프는 지역 고철 처리장에서 SEOS를 사용하는 금속 절단 작업자를 관찰하면서 몇 가지 사실을 알아냈다. 첫째, 금속 절단 작업자들은 산소 탱크를 항상 켜 놓지 않고 필요할 때마다 껐다 켰다 했다. 또한, 고철 처리장 이곳저곳으로 산소 탱크를 옮겨 가면서 절단 작업을 했다. SEOS는 산소가 계속 유동하면 필요한 유속을 유지할 수 없다. 산소 탱크를 이리저리 자주 옮기려면 산소 탱크를 꺼야 한다. 노프는 SEOS의 수석 엔지니어 스티브 러섹을 고철 처리장으로 데리고 가서 무엇이 문제인지 그리고 그 문제가 어떤 의미를 갖는지 볼 수 있게 했다. 그들은 고철 시장에서 SEOS가 어떤 가치를 가질 것인지 보여 주는 그래프를 그렸다. 그래프는 SEOS가 시장에서 가치 있는 것으로 평가되기 위해서 필요한 유속과 순도를 세부적으로 기록했다. 이러한 통찰은 혁신 활동 과정에서 고철 처리장 작업자들을 관찰하여 얻은 것이었다.

두 번째로 노프는 금속 절삭장을 조사했다. 금속 절삭장은 좀더 커다란 시장이었으며, 소형 산소 발생기를 항상 켜놓고 사용하는 곳이었다. 노프는 똑같은 조사 방법을 사용했다. 노프는 금속 절삭장을 관찰하는 동시에 작업자들이 새로운 산소 발생기로부터 기대하는 가치에 대해서 그들과 토론했다. 새로운 상용화 개발 인력이 팀에 합류했고 SEOS 기술이 작업자들에게 가치가 있다고 평가되었는지 알기 위해 SEOS 팀이 학습하는 과정에서 비슷한 조사가 이어졌다. 좀더 유망한 응용부문이 규모와 잠재적 시장 가치와 관련하여 분석되었다.

그 후 2년 동안 금속 절삭에서 의료 용도에 이르는 10여 건의 응용 가능 부문이 조사되었다. 조사 기간 동안 SEOS 팀의 기술 부분과 상용화 개발 부분 사이에는 긴밀한 관계가 유지되었다. 기술개발 방향이 시장조사 결과에 크게 의존하고 있었기 때문에, 상용화 개발 담당자들이 현장 활동에서 얻은 모든 통찰은 대체로 과학자들과 함께 토론되었다.

이 사례는 새로운 시장 또는 익숙하지 않은 시장에서 시장학습이 실제로 어떻게 진행되는지 보여 준다. 대규모 고객 표본을 상대로 하는 조사는 전혀 실시되지 않았다. 그 대신 SEOS 팀은 수많은 작은 표본을 신중하게 조사했다. 시장조사 부서는 전혀 관여하지 않았다. 그 대신, 경험 있는 시장 반응 조사자(market listener)와 프로젝트팀에 속한 기술 조사자들이 시장조사 업무를 수행했다. 대규모 시장에 직접 초점을 맞추는 대신에, 프로젝트팀은 소형 산소 발생기라는 혁신적 기술을 높이 평가하는 시장의 특성을 발견하는 데 주력했다. 프로젝트 과정에서 나타나는 이러한 시장학습의 특성은 필자들이 연구한 모든 프로젝트에서 공통적으로 관찰된 패턴이다.

시장학습 : 다른 문제, 다른 방법

근본적 혁신가들은 일반적으로 매우 커다란 그림의 윤곽만을 알고 있다. 점진적 혁신가들은 초기 고객 반응을 활용하지만, 근본적 혁신가들은 어둠 속에서 활동해야 한다. 왜냐하면, 고객이 제품이나 제품의 특징을 이해할 수 있는 상황에 있는 경우가 거의 없기 때문이다. 최종 제품이나 그 용용 제품도 신뢰할 수 있게 묘사할 수 없다. 게다가, 개발 과정에서 혁신가와 기업의 마케팅 전문가들(과 그들의 방법론) 사이에는 대체로 접점이 없다. 연구원들은 유망 고객에게 어떤 질문을 해야 하는지 모르기도 한다. 마케팅 훈련을 받지 않은 기술 프로젝트 팀원은 공식적 방법을 사용하여 시장의 피드백을 얻으려 하지 않는다. 일반적으로 기술 프로젝트 팀원들은 잠재적 응용부문이나 가치에 대해서 피드백을 제공할 수 있는 다른 기술 전문가들에게 의존한다.

근본적 혁신 과정 초기에는 시장조사나 고객 접촉은 거의 이루어지지 않으며, 개념 테스트는 아예 하지도 않는다. 구체적으로 말하자면, 필자들이 관찰한 과정은 좀더 내향적이고 신중하고 창조적이며 유행을 좇고 있었다. 예를 들어, IBM의 스티브 데프는 전자책이 우리 삶을 어떻게 변화시킬 수 있는지 확고한 어조로 설명했다. 데프는 전자책의 가능성에 대해서 풍부하게 설명해 주었으며, 전자책 프로젝트를 계속 추진하기 위한 동기를 유발할 수 있는 근거를 제공했다.

프로젝트팀은 기술의 가치를 증명하기 위해서 노력하는 동안에도 시장조사를 해야 한다. 필자들의 사례연구와 근본적 혁신 프로젝트를 추진하는 다른 기업들에 대한 조사를 통해서, 시장학습—특히 근본적 혁신 과정의 방향성이 모호한 초기 단계에서—은 비전통적 질문들에 기초해 있음이 분명해졌다. 기존의 시장조사는 시장을 분할하고, 제품의 위상을 정하고, 예상 시장 점유율을 추정하고, 전체 시장 성장률을 예측하는 것에 초점을 맞추었다.[2] 이런 방법은 시장이 이미 성숙해 있고 비즈니스 모델이 수립된 점진적 혁신에 적합하다. 이와 비교하여 근본적 혁신은 시장 불확실성이 좀더 높기 때문에 프로젝트 팀원들은 다음 질문들에 초점을 맞추게 된다.

- 잠재적 응용부문은 무엇이며 어떤 것을 먼저 추진해야 하는가?
- 기술적 타당성을 어떻게 확인할 수 있는가? (응답자들은 이것을 시장과 관련된 핵심적인 문제 가운데 하나로 꼽았다.)

- 기술을 어떻게 시연할 수 있는가?
- 근본적 혁신이 제공하는 근본적인 기술적 가치는 무엇인가? 그것이 잠재 고객에게 어떤 혜택을 제공할 수 있는가?
- 잠재적 시장 규모는 어느 정도로 추정되는가? 프로젝트를 계속 추진할 만큼 시장이 큰가?

근본적 혁신 과정이 전개됨에 따라, 기존 시장조사 질문들의 중요성이 커진다. 그렇다고 해도, 근본적 혁신 프로젝트 팀원들은 위에 나와 있는 시장조사 질문들이 시장학습 확대를 위해서 계속 중요했다고 대답했다.

기존 시장을 조사하기 위해서 고안된 조사 방법이 근본적 혁신 프로젝트에서 그다지 자주 사용되지 않는다는 것은 놀라운 일이 아니다. 필자들이 인터뷰한 사람들 가운데 설문지, 개념 테스트, 초점 그룹 또는 2차 조사를 사용하여 시장조사를 했다고 응답한 사람은 거의 없었다. 그 대신 응답자들은 다음과 같은 비전통적 방법을 통해서 시장학습을 추진했다.

- 프로젝트 팀원들은 전시회에 참여하여 자신들의 아이디어와 다른 혁신 기술—특히 차세대 제품으로 소개되는 기술—을 비교했다.
- 전문 기술자 회의에 참여하여 피드백을 제공할 수 있는 다른 회사, 대학, 정부 산하 연구소의 연구원들과 접촉했다.
- 내부 네트워크를 사용하여 회사의 다른 부서에 있는 동료들에게 피드백을 요청했다. 듀폰의 사업개발 담당 이사 테리 페이덤에 따르면, "듀폰은 전세계 거의 모든 제품과 시장에 대해서 알고 있다. 우리는 질문만 하면 된다. 나는 듀폰의 전세계 조직에서 내가 필

요한 지식의 80% 정도를 찾을 수 있다."

- 팀원들은 시장 관련 질문들을 검토하면서 자신의 경험에 의존했다. (이것은 전문지식과 축적된 지식의 저장고로서 근본적 혁신 허브 조직을 창출하는 것이 중요함을 보여 준다.)
- 매우 조잡한 수준이더라도 시제품을 사용하여 기술을 시연했다. (가장 자주 언급한 시장학습 메커니즘)
- 근본적 혁신팀은 잠재적 리드 유저와 개발 파트너십을 구축했다. (두 번째로 자주 언급한 방법. 외부 파트너십의 중요성에 대한 논의는 7장을 참조. 7장에서는 아날로그 디바이스와 BMW의 시장학습 파트너십이 미친 중요한 영향을 보여 주고 있다.)
- 고객과 고객이 사용해 본 기술 사이의 상호작용을 관찰하여 근본적 혁신 기술의 잠재적 시장을 파악했다.

시장학습으로는 시제품 제작이 가장 많이 사용되었다. 이제부터는 필자들이 연구한 기업들이 이러한 방법을 어떻게 사용했고 시제품 제작이 근본적 혁신과 점진적 혁신에서 서로 다르게 나타나는 이유가 무엇인지 살펴보겠다.

시제품 제작의 목적

근본적 혁신의 경우, 시제품은 가장 먼저 사용되는 시장학습 도구이다. 이것은 점진적 혁신가들의 기존 지식, 즉 시제품의 목적은 설계 단계가 끝날 무렵 곤란한 문제를 해결하는 데 있다는 인식과 정반대되는 것이다. 근본적 혁신가들은 시제품을 시장(때로는 회사 내부에 있기도 한)에 기술을 홍보하고 그러한 기술이 해당 응용부문에서 얼마나 가치가 있는지 시장으로부터 학습하기 위한 수단으로 본다.[3] 다음 세 가지 사례를 살펴보자.

- **오티스 엘리베이터**는 북미 사업부문 시연 시설에 엘리베이터 시스템을 구축했다. 시제품을 조립하는 과정에서, 프로젝트팀은 엘리베이터 시스템의 문제를 파악하여 해결할 수 있었다. 그러나 좀더 중요한 것은 시제품 시설이 잠재적 고객들과 상호작용하고 잠재적 고객들로부터 학습할 수 있는 기회를 제공했다는 점이다. 이러한 기회를 통해서 잠재적 고객들은 죄수 호송용 격리 시스템, 도시 계획을 지원하기 위한 도심 교통 혼잡용 솔루션 등과 같은 새로운 기술의 중요한 용도를 이해할 수 있었다.

- **에어 프로덕츠**는 회사 내에 SEOS 기술 시범 장치를 구축했다. 그 목적은 새로운 산소 생성 방법을 경험하고 경영진의 자금지원을 얻는 것이었다.

- **IBM**의 전자책 개발의 경우, 고화질 디스플레이 시제품이 보잉사 건물에 몇 개월 동안 설치되어 유지 보수 매뉴얼 읽기와 같은 응용부문에서 전자책이 갖는 유용성이 평가되었다.

근본적 혁신가들은 점진적 혁신가들과 비교하여 시장학습 도구로서 초기 시제품 — 조잡하더라도 — 을 개발하려는 경향이 훨씬 더 강하다. 이러한 시제품들과 상호 교류하는 잠재 고객은 시제품을 평가하기 어려울 것이다. 이것은 근본적으로 새로운 모든 혁신의 경우 마찬가지로 겪는 어려움이며, 마케터들이 오랫동안 고심해 온 문제이다. 잠재 고객이 기술을 이해하지 못하거나 기술을 이해할 수 있는 기준이 없으면 유용한 피드백을 제공할 수 없을 것이다. 이러한 경우 연구원들은 다음과 같은 학습 장애 요소들에 직면할 수 있다.

- **혼란** 혁신적인 제품이 잠재 고객의 경험이나 제품 분류 체계와 맞지 않는다. 아무도 '거들떠보지' 않는다.

- **관계없는 특징에 대한 관심** 제품개발자들은 잠재 고객이 혁신적인 제품의 핵심 특성에는 관심이 없고 개발자들이 무관하다고 생각하는 특성들에 관심을 가질 때 당황하곤 한다.[4] 어떤 개발 관리자는 다음과 같이 말했다. "신기술에 기초하여 신제품을 개발하는 경우, 제품개발에 참여한 사람들에게는 무관해 보이는 항목이더라도 고객이 그것 때문에 즉시 퇴짜놓을 이유를 만들어 주지 않도록 해야 한다."

- **사용자와 제품의 상호작용 문제** 초기 시제품들은 대체로 조잡하거나 투박하여 사용자 인터페이스에 거의 또는 전혀 주의를 기울이지 않는 경우가 많다. 적절하게 관리하지 않으면, 시제품은 테스트와 피드백을 담당하는 사람들을 곤란하게 만들 수도 있다. 그러나, 고객이 목적을 분명히 알고 있으면 시제품의 가치를 검증할 수 있는 중요한 초기 정보원이 될 수 있다. 예를 들어, 모토롤라가 처음 무선호출기를 개발하고 있을 때, 시제품 장치는 무겁고 사용자의 음성에 잡음이 많이 섞여 전송되었다. 한 병원이 시제품 테스트 장소로 사용되는 데 동의했다. 무선 전파 시설이 아직 구축되지 않았기 때문에 병원 건물에 배선을 하여 신호를 전송하고, 관리자들과 의사들에게 투박한 무선호출기를 60일 동안 사용하게

했다. 모토롤라 팀이 시험이 끝난 후 무선호출 시스템을 회수하려 하자, 병원 관리자들과 의사들이 반대했다. 무선호출기 개념은 이 러한 광범위한 테스트를 통해서 검증되었던 것이다.[5]

쉽게 이해될 수 있는 시제품은 초기 평가의 가치를 크게 향상시킬 수 있다. 고객들은 근본적으로 새로운 제품을 경험한 적이 없기 때문에, 근본적 혁신팀은 두 가지를 선택할 수 있다. 하나는 쉽게 사용할 수 있는 시제품을 설계하기 위해서 노력하는 것이다. 이렇게 하면 시제품이 오용되거나 퇴짜맞을 가능성이 줄어든다. 아쉽게도 시제품에 멋진 사용자 인터페이스를 추가할 자원을 갖고 있는 프로젝트팀은 거의 없다. 혁신을 실행하는 것은 — 몇 가지 서로 다른 응용부문을 위해 — 하나의 커다란 도전이다.

두 번째 대안은 고객의 평가를 받고 싶은 점을 고객이 이해할 수 있게 조건을 조성하는 것이다. 우선 고객에게 설계 인터페이스 문제에 초점을 맞추지 말아 달라고 요청해야 한다. 그 대신, 고객은 신기술의 주요 이점을 파악하고 검증하는 데 관심을 기울여야 한다. 정작 프로젝트팀은 전혀 예상하지 않은 측면인데도 사용자가 가치 있는 것으로 간주하면 가치를 판단하는 또 다른 중요한 기준이 된다. 예를 들어, 오티스 엘리베이터의 오디세이 팀은 자신들이 개발한 솔루션의 전혀 다른 측면이 시장의 관심을 끌 것이라고는 예상하지 못했다. 혁신은 엘리베이터카가 수직 샤프트에서 출발할 것을 요구했기 때문에, 오디세이 팀은 단일 엘리베이터카를 건물 또는 건물들과 터널을 가로질러 이동할 수 있도록 맞춤화했다. 교도소는 그러한 개념을 위험 죄수를 교도소 내에서 이동시키거나 또는 법원으로 호송하기 위한 메커니즘으로 이해했다. 원래 오티스 엘리베이터 기술의 맞춤형 이동 및 보안 요소들은 오디세이 개발팀이 명확하게 검토하지 않은 부분이었다. 시장 접촉을 통하여 오디세이 팀은 그러한 기능의 가치에 주목하게 되었던 것이다.

초기 시장학습은 초기 응용부문에 잠재적 결론으로 이어져 향후 기술개발의 기준을 제공하게 된다. 적절하게만 된다면 시제품 제작은 유망한 초기 응용부문을 찾아내기 위해서 노력하는 프로젝트 팀이 유용한 피드백을 추구할 수 있는 강력한 도구이다.

초기 응용부문 설정

프로젝트팀은 최초의 응용부문을 어떻게 선택할까? 최대 시장을 약속하는 응용부문을 선택하거나 기업이 이미 고객을 확보하고 있는 응용부문을 선택하고 싶은 유혹이 강할 것이다. 그러나 어느 것도 최적의 방법은 아니다.

에어 프로덕츠의 새로운 시장개척 과정을 보면, 제프 노프와 개발팀이 '올바른' 응용부문(즉, 최대 시장을 갖는)을 선택하는 것에는 훨씬 덜 관심을 가졌고, 학습에 도움이 되는 응용부문을 선택하는 것에 훨씬 더 많이 관심을 가졌음을 알 수 있다.[6] 바로 이러한 이유 때문에, 노프는 고철 처리장을 첫 번째 방문 장소로 선택했다. 게다가 노프는 에어 프로덕츠가 수많은 고객을 확보하고 있던 공업용 가스 시장에 초점을 맞추지 않았다.

응용 아이디어의 풍부한 토양은 일반적으로 신기술을 통해 가장 많은 혜택을 볼 수 있는 곳에서 발견된다. 대규모 매스 마켓에는 이러한 토양이 없다. 왜냐하면 초기 형태의 기술은 매스 마켓에 필요한 이점들을 아직 제공하지 못할 수도 있기 때문이다.[7] 전세계 위성 통신에 대한 희망을 불어넣고 모토롤라 주도의 컨소시엄이 후원했지만 결국 실패한 이리듐 프로젝트를 이러한 예로 들 수 있다. 전세계인에게 어느 곳에서든 누구와도 통신할 수 있는 장치를 제공한다는 비전은 진정으로 근본적인 것이었다. 그런데 문제는 어디서 시작할 것인가 하는 것이었다. 당시 언론에서는 다음과 같이 보도한 바 있다. "바다 한가운데 떠 있는 보트에서나 사막 한가운데에서 낙타를 타면서나 지구상의 어느 곳에서든 전화를 걸 수 있다."[8] 이처럼 높은 가치를 갖는 구체적 목표는 매스 마켓을 대상으로 한 이동전화와 달리 시장학습과 궁극적으로 시장개척을 위해 가장 좋은 초기 응용부문일 것이다.

에어 프로덕츠의 제프 노프가 채택한 시장학습법과는 대조적으로, 필자들이 연구한 기업들 가운데 틈새 응용부문을 모색한 기업은 거의 없었다. 그 대신, 시간과 자원의 한계, 좋은 결과를 신속하게 제시해야 한다는 압력 때문에 기업들은 얘기를 듣기 편한 사람들—개인이나 기업이 이미 관계를 맺고 있는 회사들—로부터 응용 아이디어를 찾아내려 했다. 친구들 모임에서 도움을 구하는 것은 사람으로서 당연한 일이다. 그러나 아쉽게도 친구들 모임이 언제나 시장에 대한 통찰력을 얻기에 가장 좋은 것은 아니다. 친구들 모임은 초기 파트너십 선택을 위한 유일한 요소일 뿐이다.[9] 필자들은 최초의 파트너가 두 기업간의 장기적 관계 같은 편의적인 요소에 기초하여 선정되는 사례를 보았다. 어떤 연구 매니저는 이것을 다음과 같이 합리화했다. "연구원으로서 나는 기술이 효과가 있음을 보여 줄 책임이 있다. 마케팅 부서는 응용 부문을 찾아낼 책임이 있다. 나는 많은 응용부문을 모색할 만한 자원 이 없다." 이 사례에서 아쉽게도 마케팅 부서의 파트너는 다른 응용부 문 시장을 개척하려 하지 않았으며, 프로젝트는 결국 흐지부지되고 말 았다.

기술의 위력을 증명하려면 수많은 응용경로를 생성하고 추구하는 것이 중요하다.[10] 에어 프로덕츠는 새로운 산소 분리 기술을 기존 공 업용 가스 시장뿐 아니라 식당, 고철 처리장, 용접소, 의료 장비와 같 이 산소 실린더를 사용하는 시장에서 응용하려 했다. 마찬가지로, 텍 사스 인스트루먼트는 자사의 디지털 광프로세서 기술을 디지털 프린 터, 대화면 프로젝션 시스템, 회의실용 비디오 프로젝터에 응용하려 했다. 또한, 듀폰은 생분해성 폴리머의 잠재 시장이 포장이나 퇴비 제 조 부문이 될 수 있는지 검토했다. 어떤 경우에 듀폰은 30가지의 응용 기회를 모색하기도 했다. 이러한 사례들은 하나의 초기 시장은 소규모 수익만을 제공한다는 것을 보여 준다. 그러나 초기 시장들을 하나로 묶으면 무서운 성장력을 지닌 대규모 시장이 창출된다. 초기 단계의 '핵심 응용부문' 에 대한 요구는 좋은 결과를 낳지 않는다. 수입 증가 보다는 빠른 학습에 초점을 맞추지 않는다면 말이다.

그렇지만 필자들은 R&D 프로젝트팀이 기술의 가치를 한두 가지 응 용부문에서 보여 주는 것을 자기 임무로 생각한다는 것을 알았다. R&D 프로젝트팀은 연구하고 테스트하면서 학습하고 방향을 전환한다. 이것은 그들의 눈으로 보면 논리적이지만, 필자들은 그 연구가 유망한 시장과 연결되지 않았을 때 쉽게 포기하는 사례들을 봐 왔다. 모든 응용부문에서 성공의 정도를 테스트하는 것보다는 여러 가지 응용부문을 창출하고 추구하여 신기술이 유망한 발전 경로를 많이 갖고 있음을 검증하는 것이 중요하다.

누가 시장학습을 담당해야 하는가?

시장학습은 명백히 중요하지만 누가 그것을 담당할 것인가? 기술 연구원들은 이렇게 말하기가 쉽다. "나는 과학자〔또는 엔지니어〕다. 시장 조사는 내 일이 아니다." 그러나 이것은 우리가 현장에서 부딪히는 상황을 반영하지 않고 있다. 근본적 혁신 과정의 초기에, 과학자들은 잠재 고객과 사업부문장들에게 이점을 초기에 검증하라고 얘기한다. 이러한 활동은 분명히 시장학습인데도, 과학자들은 그렇게 생각하지 않는다. 사실 현재 초기 시장학습은 근본적 혁신 프로젝트팀이 해야 한다.[11] 그렇게 하지 않으면, 근본적 혁신은 불가능하다. 시장학습이 전략적 파트너나 컨설턴트에게 아웃소싱된 혁신 프로젝트들은 실망과 후회로 끝나고 말았다.

프로젝트가 기술적 타당성을 보여 주는 단계를 넘어서면, 에어 프로덕츠의 테드 포스터와 제프 노프처럼 한두 사람의 사업개발 담당자가 프로젝트팀에 추가되곤 한다. 사업개발 담당자들은 일반적으로 교육이나 경험을 통해서 기술 지식을 갖고 있을 뿐만 아니라 대부분 회사에서 마케팅과 사업개발 업무를 두루 수행한 경험을 갖고 있다. 그들은 고객 및 사업 부서와 관계를 맺고 있어서 유용한 정보를 쉽게 얻을 수 있다. 그들은 시장조사자들 — 전술적이고 분석적인 — 보다 좀더 전략적인 사고를 하며, 일반 영업사원보다는 컨설턴트에 가깝다. 동료 프로젝트 팀원들은 사업개발 담당자들이 뛰어난 관찰력과 통찰력을 끌어내는 능력을 갖고 있다고 평가했다. 사업개발 담당자들은 연역적인 사고보다는 귀납적인 사고를 한다.

3장에서 시장학습의 리더가 될 수 있는 제3의 원천으로 논의된 근본적 혁신 허브의 경우 또 다른 기회를 제공한다. 예를 들어, 듀폰에서 사업개발 담당 이사 테리 페이덤은 새로 개발한 생분해성 폴리에스테르 소재 바이오맥스에 대한 광고를 시작했다. 광고는 바이오맥스의 특징을 세부적으로 홍보했고, 여러 업종의 잡지들에 실렸다. 광고에는 회신용 엽서와 문의 전화번호가 실려 있어서 바이오맥스의 응용 가능성을 포착한 관심 있는 기업들이 자기 아이디어를 등록할 수 있었다. 광고를 통해서 페이덤은 최소한 30개의 잠재적 응용부문을 파악하고 30개 사가 넘는 파트너를 확보하게 되었다. 텍사스 인스트루먼트도 디지털 마이크로미러 소자 디스플레이 엔진을 두고 비슷한 활동을 했다.

성공적 시장학습의 열쇠

5장에서 필자들은 근본적 혁신가들이 직면하는 시장학습 문제들을 설명했고, 필자들이 연구한 사례들에서 발견되는 다양한 활동을 소개했다. 중심 질문은 기업이 근본적 혁신을 위해서 시장에 대해 어떻게 더 잘 학습할 수 있을까 하는 것이었다. 다음은 좀더 나은 시장학습을 위한 대안적 방법들이다.

- 기존 시장조사에 너무 많은 기대를 걸지 않는다. 기존 시장조사는 가능성과 미래가 아니라 현실만을 말해 준다.

- 연구하고 학습한다. 대기업은 열심히 조사한 다음에야 비로소 어떤 일에 뛰어든다. 이것은 많은 비용이 소모되는 실수를 피하기 위한 좋은 방법이기는 하지만 진정으로 새로운 것을 하지 않기 위한 좋은 방법이기도 하다. 그것은 비용과 시간을 낭비하는 것이다. 이와는 대조적으로 기업가들은 게임에 빨리 뛰어들어, 행동하면서 생각하려 한다. 이것은 새로운 산업의 선두에 있는 기업들에게서 발견되는 패턴이다. 이러한 기업들과 그 사원들은 자신들의 예측이 틀릴 수도 있고, 놀라운 일들이 많이 있을 것이고, 신기술과 그 응용기술이 어느 누구도 상상할 수 없는 방식으로 전개될 것임을 알고 있다. 따라서 더 많은 데이터를 수집하고 분석하기보다는 가끔은 초기 시제품을 이용하기도 하면서 '조사하고 학습' 하는 활동을 통해 기회를 모색한다.[12]

- 학습을 빠르게 극대화할 수 있는 시장에 초점을 맞춘다. '거대 시장이 아니면 안 된다' 는 생각 때문에 더 작은 시장에 대한 관심을 잃어서는 안 된다. 연구할 응용부문을 선택하면서 혁신을 통해서 가장 많은 혜택을 얻을 수 있는 응용부문에 초점을 맞춰야 한다. 이러한 응용부문들 가운데 일부는 기업의 기대에 못 미칠 수도 있지만 그 응용부문의 잠재 고객이 혁신적 기술에 높은 가치를 부여한

다면, 그러한 응용부문은 어느 날 성장하는 대규모 사업을 뒷받침
할 수 있는 시장 진입점이 된다.

프로젝트팀은 리드 유저로부터 가장 많은 것을 배울 것이다. 다른
응용부문은 현재 사업과 너무 동떨어진 것으로 판단되어 경영진이 기
술을 타사에 판매하거나 라이선싱하게 될 수도 있다. 그러나, 많은 사
람들이 결국 후회하고 배운 것처럼, 기존 고객에게 맹목적으로 매달리
는 것은 희망이 없는 전략이다. 제품 차원을 넘어서서 제품 플랫폼을
생각해야 한다.

- **막다른 골목에 도달할 가능성이 있으므로 여러 응용부문을 동시에 테
  스트한다.** 응용부문을 차례로 탐색하는 것은 시간 낭비이며 연구
  원들에게 좌절감을 줄 수 있다. 한꺼번에 여러 가지 응용부문을
  탐색한다. 그렇게 하면 진정한 기회를 포착할 가능성이 높아진다.
  이러한 복수 응용부문 탐색은 많은 제품에 포함될 수 있는 소재
  기반 및 부품 기반 혁신품의 경우 가장 효과가 크다. 근본적 혁신
  프로젝트를 위한 모든 처방과 마찬가지로, 이렇게 한꺼번에 응용
  부분을 탐색하는 것이 좋지 않은 예외도 있다. 예를 들어, 필자들
  이 연구한 기업들 가운데 하나인 GE는 영상진단 기술 프로젝트를
  차례로 연구할 것을 요구했다. 왜냐하면 각각의 연구를 통해서 축
  적된 기술 지식이 그 다음 실험의 기반이 되었기 때문이다.

- **함께 모색할 이유가 충분한 고객 동맹자를 초기에 선택한다.** 예를 들
  어 업종 내에서 3위나 4위를 차지하고 있고 경쟁사를 따라잡으려
  하는 기업들이 최우선 파트너가 될 수 있다. 그들과 협력하여 개념
  이나 시제품 평가에서 그들에게 무엇을 요구하는지 이해시킨다.

- 놀라운 상황에 대비한다. 응용부문의 경우, 프로젝트팀은 완벽한 성공을 이루었다고 생각해서는 안 된다. 스카치 테이프는 원래 냉장 철도 차량을 절연시키기 위해서 개발되었다. 라디오는 지금과 같이 방송에 사용하기 위한 것이 아니라 점대점 통신에 사용하기 위한 것이었다.[13]

필자들이 인터뷰한 어떤 수석 연구원은 자신이 "응용부문 이동"이라고 부른 것을 다음과 같이 설명했다.

우리는 목표로 설정한 이러한 특성을 통해서 우리가 확보할 수 있는 고객들에서 출발하지만, 결국은 누군가 더 많은 다른 용도를 제시하고 마침내 그것을 발전시킨다. 제품을 만들기 위한 소재로서 출발한 것이 결국은 완전히 다른 제품으로 변화하기도 한다. 나는 우리의 연구가 어떻게 귀결될지 아직 모른다.

- 프로젝트 팀원들을 훈련시키고 교육시켜 시장학습이 자신들의 임무 가운데 하나임을 깨닫게 한다. 기존 시장조사 인력 — 기업의 사원이나 사업부문 — 은 근본적 혁신 환경에서 활동하도록 교육받지 않았다. 시장학습이 진행되지 않으면 프로젝트는 앞으로 나아가지 못하며 따라서 프로젝트팀은 프로젝트를 추진할 방법을 찾아야 한다. 프로젝트팀에는 자신들의 업무 영역 밖의 과제를 수행하는 불편을 감수할 수 있는 사람들이 필요하다. 그리고 그러한 사람들은 비전통적 방법에 대해서 학습하고 이것을 실천하여 근본적 혁신 기술의 잠재적 응용부문을 탐색하는 것에 대해 개방적인

태도를 가질 필요가 있다. 또한, 자신들의 노력이 적어도 초기에
는 결정적 대답을 제공해 줄 수는 없지만 심층 연구를 위한 방향
은 제공한다는 것을 이해해야 한다.

4장에서 설명한 바와 같이, 프로젝트 관리 능력에 대해서 얘기하면
서 필자들은 특히 프로젝트팀이 프로젝트를 계속 추진할 수 있을 정도
로 기술적 타당성에 대한 충분한 신뢰를 얻고 나서야 시장 불확실성
요소를 감소시킬 수 있는 능력이 중요하다는 점을 제시했다. 프로젝트
팀이 기술적 문제들에 계속 초점을 맞추더라도 혁신의 중요성을 검증
하려면 시장의 존재를 보여줄 수밖에 없다. 근본적 혁신 프로젝트는
불확실성 요소를 해소하고 초기에 주목을 끌었던 상용화 전망이 거품
이 아니라는 확실한 증거를 제공해야 한다는 압력을 받게 된다. 투자
자로서 기업은 비즈니스 모델을 알길 원한다. 어떤 비즈니스 모델인
가? 어떤 새로운 역량이 개발되어야 하는가 또는 어떤 새로운 역량을
아웃소싱하여 비즈니스 모델을 작동시켜야 하는가? 고객은 어떤가?
혁신에 주목할 가능성이 가장 높은 고객은 누구인가? 혁신이 고객에게
진정한 가치를 제공하는가? 가장 중요한 것은 기업이 걸음마 단계의
모험이 언제 이익으로 이어지는지 알고 싶어한다는 점이다. 6장에서
는 비즈니스 모델 개발 과정에 초점을 맞춰 설명할 것이다.

6장 — 비즈니스 모델 구축

Radical Innovation

근본적 혁신팀은 기술개발에 매달리기 십상이다. 기술자들은 기술을 가장 좋아하며 근본적으로 새로운 아이디어를 발견하고 개발하려는 동기를 갖고 있다. 그러나 대다수 기술자들은 이러한 혁신을 통해서 어떻게 이익을 올릴 수 있는가 하는 질문에 대한 대답을 찾는 것의 중요성도 이해하고 있다. 불완전한 대답조차 기술개발과 시장학습의 방향성을 제시하고, 내부 및 외부 파트너들과 관계를 확립하고, 지속적으로 자금을 지원받을 수 있는 논거를 제공하는 데 도움이 될 수 있다. 그러나 이러한 근본적 질문에 대답하려면 다음과 같은 문제들도 다루어야 한다. 이러한 혁신 기술이 성공적으로 상용화되기 전에 어떤 종류의 가치사슬이 구축되어야 하는가? 새로운 가치사슬에서 근본적 혁신팀은 어떤 역할을 하는가? 가치사슬에는 또 누가 참여하며 그들의 역할은 무엇인가? 누가 누구에게 무엇에 대해서 대가를 지불할 것인가?

위에서 제기한 문제들은 비즈니스 모델과 관련된 문제들이다. 비즈니스 모델은 혁신 개념이 최종 사용자, 기업, 파트너를 위해서 어떻게 경제적 가치를 창출할 것인지 광범위하게 제시하는 것이다. 비즈니스 모델은 소비자에게는 쉽고 편리하며 기업에게는 이익을 주는 방향으로 제품을 시장에 선보이기 위해서 필요한 기반구조를 검토한다.

비즈니스 모델 관련 문제들은 기존 제품의 점진적 혁신을 겨냥한 전통적 제품개발 프로젝트에서는 거의 발생하지 않는다. 이러한 프로젝트의 경우, 고객과 시장은 이미 알려져 있으며, 가격, 유통 파트너, 판매 체계를 결정하는 관행들이 이미 정착되어 있다. 제품이 기업의 수익 및 이익 목표 달성에 도움을 줄 가능성도 이미 예측되어 있다. 그러나 근본적 혁신 프로젝트의 경우는 그렇다고 말할 수가 없다. 근본적 혁신가들의 경우 시장 문제와 기술 문제들이 서로 영향을 주기 때문에 그러한 문제들을 한꺼번에 검토해야 한다. 혁신을 통해서 탈바꿈에 성공한 몬산토의 사례를 살펴보자.

1970년대에 몬산토는 섬유화학 전문 회사였다. 현재 몬산토는 유전공학을 적용하여 농산품을 개량하고 의약품을 개발한 기업으로 알려져 있다. 몬산토는 자사의 혁신적 제품들 가운데 하나—유전자 조작 토마토—에 대한 비즈니스 모델을 구축하는 문제와 씨름하여 여러 가지 결실을 얻었다.

1990년대 초 몬산토의 과학자들은 작물에 피해를 주는 곤충들에 대해 내성을 갖도록 토마토의 유전자를 조작하는 데 성공했다. 몬산토 경영진은 새로운 토마토가 널리 보급되면 자사의 주력 사업인 살충제와 제초제 사업이 부진할 것이기 때문에 이러한 기술 혁신을 통해서 이익을 올릴 수 있는 방법을 고심하고 있었다. 몬산토가 해충에 내성을 갖는 토마토의 종자를 판매한다면, 농부들은 그 종자를 수확하여 해마다 파종할 것이고 몬산토의 수익은 줄어들 것이다. 이러한 시장 통찰을 통해서 중요한 기술 변화가 이루어졌다. 연구원들은 종자의 유전자를 조작하여 한 번만 번식할 수 있게 했다. 이제 농부들은 2년마다 새로운 종자를 사야 했다. 몬산토는 유전자를 조작한 이 제품의 이름을 '터미네이터'라고 지었다.

이러한 비즈니스 모델 문제가 검토되지 않았다면, 기술개발은 다른 방향으로 진행되었을 것이다. 그러나 나중에 밝혀졌듯이, 새로운 비즈니스 모델은 전적으로 '해충에 내성을 갖는' 것에만 그치지 않았다. 농부들은 다른 밭에 파종된 터미네이터 종자가 자기 밭의 식물이 번식하는 것을 막을 것이라는 이유를 들어 몬산토를 고소했다. 또한, 유전자 조작 식품에 대한 지속적인 논란 때문에 터미네이터의 시장기회도 불확실했다. 몬산토는 기술 혁신에는 성공했지만 10년이 지나도록 여전히 대박을 터뜨릴 수 있는 비즈니스 모델을 찾고 있다.[1]

혁신가들은 시장에 대해서 학습하고 기술개발을 계속하는 한편 응용부문을 선택하여 미래의 현금흐름이 창출될 수 있는 비즈니스 모델을 개념화해야 한다. 일반적으로 많은 응용부문을 선택할 수 있고 미지의 응용부문도 많이 있다. 노텔 네트웍스가 추진한 넷액티브라는 분사 프로젝트— 넷액티브라는 소프트웨어 록킹 시스템에 기초한— 에 대한 사례연구는 비즈니스 모델을 수립하는 데 수반되는 핵심적인 문제들에 대해 몇 가지 통찰을 제공해 준다.

- 근본적 혁신은 가치사슬 구성원들의 기존 사업방식을 자주 방해한다.

- 가치사슬 구축 방법을 알려면 초기 시장 응용부문 선택에 대한 평가와 마찬가지로 조사와 학습이 필요하다.
- 가치사슬을 구축하려면 체계적인 사고가 필요하다.

노텔 네트웍스가 추구한 비즈니스 모델

노텔 네트웍스는 혁신적 기술자들로 구성된 '아이디어 그룹'(3장에서 설명했다)을 만들었다. 이 조직의 목적은 광대역 통신 기술의 잠재적 응용부문을 파악하는 것이었다. 노텔 네트웍스의 고위 경영자이자 기술 지식을 갖고 있는 제프 다지는 아이디어 그룹에서 제안한 아이디어 중 상용화 가능한 것들을 선별하는 업무를 맡게 되었다.

다지는 임대하거나 사용 횟수당 요금을 지불하면 인기 있는 게임이나 응용 소프트웨어 제품을 제공한다는 아이디어를 "정말 대단한 아이디어"라고 묘사했다. 영화를 보고 싶다고 비디오 테이프를 구입하는 사람은 거의 없지만 비디오 테이프를 하루나 이틀 빌리면서 3달러 정도 지불할 사람은 많다는 것을 다지는 알고 있었다. 게임 소프트웨어, 세무 프로그램 등도 마찬가지일 것이다. 노텔 네트웍스 팀은 고객이 소프트웨어 일부를 일정 시간 동안 사용한 다음 자동으로 넷액티브 시스템에 다시 연결되어 추가 요금을 지불하는 방식으로 소프트웨어를 인코딩하는 방법을 개발했다.

다지는 소프트웨어 임대 개념을 노텔 네트웍스가 새로 출범시킨 벤처사업 그룹에 제시하면서 초보적인 비즈니스 모델을 염두에 두고 있었다. 벤처사업 그룹은 다지의 얘기에 반색하기는 했지만 유보적인 입장을 취했다. 이러한 특수한 개념을 실행하기 위해서 협조를 얻어야 하는 모든 부문들이 상호 이익을 얻을 수 있는 방법을 어느 누구도 생각하지 않았기 때문이다. 소프트웨어에 대한 권리를 갖고 있는 소프트웨어 업체의 참여를 유도하기 위해 어떻게 보상을 제공할 수 있을까? 소프트웨어 업체들이 임대가 기존 매출에 부담을 줄 것이라고 우려하지는 않을까? 소프트웨어를 사용하는 고객은 얼마나 지불하려 할까, 그리고 어떤 과금 수단을 사용할까?

비즈니스 모델 수립과 관련된 문제들을 해결하기 위해서 판매 및 마케팅 담당 부사장 로라 디어커가 프로젝트팀에 합류했다. 디어커는 노텔 네트웍스의 계획 실행에 참여할 수 있는 제3자와 협정을 체결하는 업무를 담당했다. 전자상거래 유통업체들과 협력하는 것이 앞으로 나아갈 방향인 것으로 보였다. 전자상거래 유통업체들은 웹에서 대다수 컴퓨터 사용자들에게 하드웨어와 소프트웨어를 판매하는 업체들이었다. 전자상거래 유통업체들은 대부분 노텔 네트웍스의 아이디어에 대해 열광적인 반응을 보였다. 왜냐하면 노텔 네트웍스의 아이디어는 새로운 유통 경로를 제공했기 때문이다. 그러나 어느 누구도 구체적인 계획을 갖고 있지 않았고 계획 수립에 흥미를 갖지도 않았다. 전사상거래 유통업체들은 이러한 새로운 게임이 시작되면 거기에 참여하는 것에만 관심을 가졌다.

디어커는 소프트웨어 업체들 — 게임 제작업체 — 을 그 다음 접근 대상으로 보았다. 디어커는 "새로운 제품 유통 방법이 여기 있다"고 21개 소프트웨어 업체들에게 말했다. 다른 유통 채널에서 자기 자리를 확보하려고 애쓰던 소규모 소프트웨어 업체들은 소프트웨어 임대라는 새로운 방법에 매력을 느꼈다. 반응은 호의적이었지만 실행되는 것은 아무것도 없었다. 그러나 이러한 접촉 과정을 통해서 새로운 아이디어가 제시되었다. 광대역 케이블 사용자가 거의 없고, 전화선으로 인터넷에 접속해서 소프트웨어 타이틀을 다운로드하려면 시간이 많이 걸리기 — 때로는 몇 시간 — 때문에 고객에게 프로그램이 들어 있는 무료 디스크를 배포하여 다운로드 문제를 피하면 어떨까 하는 아이디어였다. 넷액티브 프로그램은 사용자 이름과 신용카드 정보를 입력해야 하는 언록킹 메커니즘을 통해서 인터넷에 연결해야만 실행된다. 가격은 게임 횟수나 프로그램이 언록킹되어 있는 상태에서 고객이 이용하는 시간을 기준으로 결정되었다. 임대료 가운데 일부는 가치사슬에 참여한 업체들, 즉 넷액티브, 소프트웨어 유통업체,

저작권 소유업체, 인터넷 사이트와 신용카드 거래를 처리하는 전자상거래 업체의 계정으로 이체될 수 있었다.

이러한 방법은 많은 희망을 주었지만 새로운 문제들을 제기했다. 고객이 디스크를 어떤 방법으로 입수할 것인가. 우편을 통해서? 비디오 대여점에서? 컴퓨터 판매점에서? 또한, 이러한 전략이 충분한 수익을 제공하여 넷액티브가 독립적 사업으로 발전될 수 있을까? 다지, 디어커, 그리고 나머지 팀원들은 고객에게 명확한 혜택을 제공하고 가치사슬에 참여한 업체들에게 윈윈 상황을 제공하는 부가가치 활동의 사슬을 만들어야 했다(그림 6-1 참조).

노텔 네트웍스의 벤처사업 그룹은 이러한 비즈니스 모델이 장점이 있음을 알았지만 회사의 역량은 지원하지 않기로 결정했다. 따라서, 넷액티브 프로젝트는 제프 다지를 사장으로 하여 독립적인 사업체로 분사하는 것을 목표로 삼았다. 넷액티브는 처음에 넷액티브팀이 개인용 소프트웨어 구매를 대체할 혁신이라고 넷액티브 기술을 간주했던 것과는 전혀 다른 혜택을 제공하는 혁신적 기술이라고 홍보했다. 넷액티브는 다음과 같은 이점을 제시했다.

- 사용 시간당 요금 지불 방식, 제한된 평가 기간, 사용해 본 후에 구입, 임대를 통한 소유, 구매를 비롯한 새로운 가격 모델
- 광범위한 배포로 해적판 등장 가능성 제거
- 일대일 소비자 마케팅

그림 6—1 | 임대 소프트웨어의 가치사슬

소프트웨어 업체	넷액티브 인코딩	디스크 배포업체	전자상거래 관리업체	기타	고객

소프트웨어 업체들과 재판매 업체들이 넷액티베이션을 이용하면 자사의 소프트웨어를 시험하거나 구매하는 사용자를 100% 등록할 수 있다는 이점이 있

가치사슬에서 자리 찾기

노텔 네트웍스의 사례는 근본적 혁신을 중심으로 비즈니스 모델을 구축하는 것이 갖고 있는 몇 가지 중요한 측면을 보여 준다. 프로젝트팀은 전체 가치사슬을 상호 연관된 행위 주체들로 이루어진 시스템으로 이해하고 정의해야 하며, 가치사슬에서 수익성이 있고 장기적 전망이 있는 부분을 찾아야 하고, 아직 기업이 참여하지 않은 가치사슬 부분에 월등한 성과를 보이는 파트너를 충원하고 발굴해야 한다.[3]

노텔 네트웍스의 넷액티브 사례에서, 고객이 지불하는 대가는 많은 행위 주체들에게 수익을 제공할 것임에 틀림없다. 그러나 임대료가 비디오 대여료 수준이라면, 여러 가치사슬 참여자들이 가져가는 수익은 매우 작을 것이다. 넷액티브의 몫은 센트 단위로 측정될 수도 있다. 그렇다면, 넷액티브는 임대량이 많을 경우에만 커다란 사업으로 발전할 수 있을 것이다. 사실 일대일 시장이 임대료보다 훨씬 더 높은 가치를 제공할 수도 있다. 그러나 이러한 기회는 아직은 모색되지 않고 있다. 마지막으로 투자자라면 당연히 다음과 같이 물어볼 것이다. "넷액티브의 록킹 기술이 경쟁사가 가치사슬에 참여할 수도 없고 넷액티브의 지위에 도전할 수도 없을 만큼 독창적인 것인가? 넷액티브가 표준으로 정착되려면 어떤 전략을 추구해야 하는가?"

기술 혁신을 사업 성공으로 이끄는 방법

근본적 혁신가는 일반적으로 기술 지식을 갖고 있고 흥미도 갖고 있지만 기술개발 방향과 궁극적 비즈니스 모델이 서로 얽혀 있다는 것을 모를 수도 있다. 기업이 가치사슬의 어느 부분에 어떻게 참여할 것인가 하는 선택은 기술개발 방향에 대한 초기 결정에 의해서 결정될 수도 있고 그 반대일 수도 있다. 기술 혁신가들은 이러한 매우 중요한 결정을 충분히 검토하지 않을 수도 있다. 디지털 광프로세서(DLP) 프로젝트 초기에 텍사스 인스트루먼트는 DLP 기술이 칩보다는 시스템 구성품 — 최종 제품의 엔진 — 형태를 취할 경우 자사의 OEM 파트너들이 DLP 기술을 좀더 빨리 채택할 것이라고 판단했다. 이러한 기술적 선택은 가치사슬에서 텍사스 인스트루먼트와 그 파트너들이 차지할 위치를 파악하는 데 도움이 되었다. 나중에 다른 OEM 파트너들에게 가치사슬의 다른 부분을 제공하기 위해 새로운 응용부문이 창출되었다. 이것을 통해서 텍사스 인스트루먼트는 자사가 월등한 능력을 갖고 있는 부문의 기술개발에 집중할 수 있었다.

비즈니스 모델을 개발하는 것은 대다수 과학자, 기술자 및 엔지니어가 훈련을 통해서 수행하는 과제와는 매우 다르다. 대다수 기술자들에게 비즈니스 모델 개발은 하기 싫은 일이다. 그러나 초기 비즈니스 모델의 맹아들은 기술의 작용 방식에 대한 개념 정립과 초기 응용부문 연구와의 상호작용을 통해서 과학자들이 우연히 판단하게 되는 경우도 있다. 대다수 과학자들과 엔니지어들은 이러한 결정이 어떤 영향을 미치는지 모른다. 기술 영역과 조직 영역의 불확실성이 크면 과학자들이 익숙한 시장 모델을 선호하고, 대안을 무시할 수도 있다.

사업개발 인원이 프로젝트팀에 추가되면, 경제적 모델은 좀더 쉽게 개발되고 테스트될 수 있어서, 제공될 수 있는 가격-가치 옵션의 범위를 판단할 수 있다. 이것은 비즈니스 모델 개발의 초기 단계 가운데 하나이다. 예를 들어, 에어 프로덕츠의 사업개발 부서에 속한 행크 조먼과 테드 포스터 등은 새로운 산소 분리 멤브레인 기술의 비즈니스 모델을 평가했고, 마침내 산소 발생 과정의 부산물로 생성되는 폐기열을 전력 생산에 사용한다는 방법을 생각해 냈다. 고객이 전력을 지역 전기회사에 판매하거나 자사 공장 가동에 사용할 경우 산업용 응용부문의 경제성은 훨씬 더 매력적일 것이다. 위 사례가 보여 주듯이, 혁신의 가치를 누가 어떤 가격으로 평가할 것인가 하는 가정을 세우면 비즈니스 모델을 좀더 정밀한 수준에서 개발하는 작업의 첫 걸음을 내딛게 된다. 이러한 가정은 필요한 기술적 가정과 더불어 4장에서 논의한 학습 계획의 기초이다. 그리고 이러한 종류의 가정을 시험하는 것이 프로젝트팀의 과제이다.

시장학습의 경우와 마찬가지로, 비즈니스 모델의 개발 문제는 기업의 기존 사업과 비교하여 기회가 어디서 발견될 수 있는가에 따라 달라진다. 즉 기회가 기업의 기존 시장에 있는가 아니면 틈새나 기업이 현재 갖고 있는 전략 범위 외부에 있는 전혀 새로운 사업인가에 따라 비즈니스 모델이 달라지는 것이다.[4]

주류 사업에 해당하는 근본적 혁신

필자들의 프로젝트 참가자들은 기존 사업에 해당되는 혁신이 비즈니

스 모델과 관련하여 중요한 문제를 전혀 제기하지 않을 것이라고 믿었
다. 그들은 고객과 접촉하고, 시장을 이해하고, 가격을 정하고 제품을
판매하기 위한 기반구조가 잘 정비되어 있다고 가정했다. 그러나, 근
본적 혁신 과정이 전개됨에 따라 비즈니스 모델과 관련하여 다음과 같
은 핵심적인 문제들이 등장했다.

- 기존 사업의 잠식을 어떻게 관리할 것인가?[5] 이것은 시장을 관리하
  고, 전혀 다른 업무 수행 방식에 대한 사업부문의 저항을 관리하
  는 것과 관련되어 있다. 근본적 혁신이 새로운 비즈니스 모델과
  관련하여 직면하는 조직적 저항의 사례 가운데 하나가 앞에서 설
  명한 몬산토의 유전자 조작 종자 사업이다. 몬산토가 유전자 조작
  종자 사업으로 전환하는 것을 보면서 많은 사람들이 놀라워 했다.
  몬산토의 농산품 사업부문의 영업사원들은 해충에 내성을 갖는
  새롭고 수익성 높은 종자를 자신들이 오랫동안 서비스를 제공한
  농부들과 협동조합에 판매하기를 기부했다. 왜 그랬을까? 몬산토
  의 비즈니스 모델에는 종자를 2년에 한 번씩 판매한다는 것이 포
  함되어 있었다. 이것은 영업사원들과 농부들이 경험을 통해서 알
  고 있는 것과는 전혀 다른 패턴이었던 것이다.

- 고객의 사용 패턴이 바뀌어야 하는 경우 신기술 채택에 대한 고객의
  저항을 어떻게 극복할 것인가? 에어 프로덕츠의 MEOS 프로젝트가
  기존 공업용 산소 고객들에게 제시한 30%의 비용절감이라는 요
  소는 확실히 고객들의 재무 상태를 개선시킬 것이다. 그러나 고객
  은 MEOS 기술을 이용할 때 부산물로 얻는 전력을 전력회사에 판
  매할 경우에만 — 이것도 전력 판매를 위한 추가 관리 시스템 구

축을 필요로 한다—비용절감이 실현된다. 에어 프로덕츠의 고객이 그러한 새로운 요구사항을 적극적으로 수용할 것인지는 불확실하다.

- 기존 비즈니스 모델의 지배를 어떻게 피할까? 전략 사업부문(SBU)이 익숙한 비즈니스 모델은 혁신을 규정하고 제약할 수 있는 커다란 위력을 갖고 있다. 어떤 엔지니어는 다음과 같이 말했다. "우리 프로젝트는 이미 알려진 비즈니스 모델과 일상적인 활동에 집착하여 SBU가 그러한 모델과 활동을 채택하게 하려고 최대한 애쓰고 있다." 다시 말해서, 사업부문과 그 비즈니스 모델에 최대한 비슷한 비즈니스 모델을 채택하여 리스크를 감소시킨다는 것이다. 그 결과 프로젝트는 기존 비즈니스 모델의 한계 안에서 진행될 수밖에 없기 때문에 성공할 확률이 낮아진다.

  예를 들어, GM의 하이브리드카는 다른 자동차와 똑같이 목표가 설정되고 판매되는 신차 모델로 제안되었다. 35,000달러로 책정된 차량 가격은 대다수의 기존 소형차보다 비싼 가격이었지만 고객들에게는 그에 상응하는 장점을 제공하지 못했다. 휘발유 가격이 워낙 낮은 데다가 2년에 한 번씩 매우 값비싼 배터리를 교환해야 하기 때문에 하이브리드카는 경제적 장점을 전혀 제공하지 못했다.

'익숙한 시장' 프로젝트의 경우에도 필자들이 연구한 모든 프로젝트가 그랬던 것처럼 중요하면서도 예상치 못한 비즈니스 모델 관련 문제들에 직면했다. 비즈니스 모델에 대한 실험은 근본적 혁신 부문의 기술 경로 시험과 마찬가지로 중요하다. 필자들이 파악한 바에 따르면, 기존 사업의 범위에서 이루어지는 혁신의 가장 커다란 문제는 이러한 문제를 이해하고 처리하는 것에 대한 자기만족이다.

틈새 응용이나 전략적 범위 외부의 응용

1장에서 설명한 바와 같이 이러한 응용은 사업부문이나 기술 영역 간에 기술을 결합하려는 혁신이나, 노텔 네트웍스의 넷액티브 프로젝트와 같이 기업을 기존 시장과 기술 영역의 외부로 나아가게 하는 혁신이다. 대규모 시장이라는 초기의 희망이 프로젝트를 이끌어 왔을 수도 있지만, 그러한 희망을 발전시키고 포착하고 수익을 창출하려고 노력하게 하는 것은 연구 활동의 수준을 뛰어넘는 것이다. 기존 비즈니스 모델은 없다. 이러한 혁신은 기존 사업부문을 위한 혁신보다 더 위험하지만, 조직을 새로운 방향으로 이끌고 가고 성장 기반을 제공할 수 있다. 비즈니스 모델을 아무것도 없는 상태에서 개발하려고 하는 프로젝트팀은 다음에서 논의되는 문제들을 다룰 필요가 있다.

혁신을 이용하여 어떻게 이익을 얻을 수 있는가? 프로젝트팀은 최상의 수익 창출 메커니즘을 파악해야 한다. 판매해야 하는가 임대해야 하는가? 면도기로 돈을 버는 것을 목표로 해야 하는가 아니면 면도날로 돈을 버는 것을 목표로 해야 하는가? 하드웨어나 애프터 서비스 가운데 하나를 이용하여 이익을 얻을 것인가 아니면 둘 모두를 이용하여 이익을 얻을 것인가? 사용 시간별로 요금을 부과해야 하는가 아니면 일괄적으로 요금을 부과해야 하는가? 비즈니스 모델은 높은 이익을 지탱하는 원가대 성능비를 파악해야 한다. 또한, 경쟁사의 진입을 가로막는 장벽을 제공해야 한다. 필자들이 연구한 사례들에서는 이러한 두 번째 요소를 심각하게 고려했다는 증거를 거의 찾을 수 없었다. 모두 혁신의 기술적 우위가 경쟁사를 궁지에 몰아넣을 것이라고 암묵적으로 가정하고 있었다.

혁신을 이용하기 전에 어떤 지원 기반구조가 필요한가? 이동전화는 위대한 발명이었지만 그것의 상업적 성공은 교환 소프트웨어와 장비, 서비스 사업자, 무선 송신탑들에 좌우되었다. 이러한 요소들은 이동전화가 발명될 당시에는 없던 이동전화 사업의 가치사슬에 필요한 요소였다. 모토롤라는 자사의 이동전화 비전을 실현하기 전에 이러한 부대사업의 개발을 지원해야 했다. 마찬가지로, 넷액티브의 프로젝트팀은 누가 임대료 지불을 관리하고 누가 디스크를 판매할 것인지 생각해야 했다.[6] 마지막으로, 소프트웨어 타이틀 제작업체들과의 제휴가 관건이었다. 소프트웨어 타이틀 제작업체들이 디스크를 넷액티브에 제공하여 인코딩시켜야 했기 때문이다.

가치사슬의 어느 부분에 해당되는가? 혁신가들은 전체 가치사슬의 어떤 부분을 직접 담당할 수 있고 공급자나 전략적 파트너가 어떤 부분을 담당해야 하는지 결정해야 한다. 예를 들어, 넷액티브는 임대료 지불 트랜잭션을 직접 담당해야 할지 결정해야 했다. 결국 넷액티브는 임대료 지불 트랜잭션을 담당하지 않기로 했다. 텍사스 인스트루먼트도 데스크톱 프리젠테이션 프로젝터를 생산할 것인지 아니면 프로젝션 광학 구성품(엔진)을 생산할 것인지 아니면 DLP 칩을 생산할 것인지 결정해야 했다. 필자들이 연구한 12개 프로젝트 가운데 하나인 다음 사례는 '어떤 부분에서 활동해야 하는가' 하는 문제를 잘 보여 준다.

IBM의 실리콘 게르마늄 칩 : 가치사슬 편입

1998년 10월 IBM은 반도체 부문의 주요한 기술 혁신—실리콘 게르마늄을 소재로 한 최초의 표준 고용량 칩의 대량 생산—을 발표했다. 프로젝트 리더 버니 메이어슨은 실리콘과 게르마늄의 합금이 기존 반도체보다 스위칭 속도가 네 배까지 빠른 새로운 고성능 트랜지스터의 소재가 될 수 있음을 발견했다. 실리콘 게르마늄은 경쟁 기술과 비교하여 적은 양의 전력을 소비하면서 동작할 수 있다는 중요한 특징을 갖고 있었다. IBM의 실리콘 게르마늄 대량 생산 능력 덕분에 갈륨 비화물(GaAs)을 사용하던 하드웨어 제조업체들이 이 소재로 만든 좀더 싸고 전력을 덜 소비하는 칩으로 대체할 수 있게 되었다. 실리콘 게르마늄 반도체 기술은 기존 부품 기술에서는 제공하지 못하는 혁신적인 가격대 성능비를 제공했다. 가장 우수한 점은 이 새로운 칩 소재를 기존 실리콘 칩을 만드는데 사용되는 값비싼 제조 장비를 이용하여 제조할 수 있어서 거액의 신규 투자를 하지 않아도 된다는 점이었다. 또한 실리콘 게르마늄 기술이 적용될 수 있는 무선통신 시장이 거대한 규모로 성장하고 있었다. 무선 전화, 무선 LAN, DTH(direct-to-home) 위성 서비스, 위성 기반형 통신은 모두 저렴하고 전력 소모량이 적은 고속 집적회로 기술에 크게 의존하고 있었다.

실리콘 게르마늄의 사업 가능성은 개발 초기에는 매우 불확실했다. 대다수의 새로운 과학적 발견과 마찬가지로 실험과 수익 창출 사업 사이의 간극은 초기에 매우 컸다. 혁신가 메이어슨은 오랜 기간 동안 불굴의 노력과 인내심을 발휘한 끝에 조직의 적임자에게 기회를 인식하게 할 수 있었다. IBM은 오랫동안 메모리칩을 대량으로 생산해 왔으며 다른 기업들은 좀더 높은 가치를 지닌 응용 설계를 해왔다. 메이어슨은 그러한 역사를 알고 있었고 자신의 프로젝트가 수용되어 자금이 지원되면 비슷한 결과가 나올 것을 확신했다. IBM은 가치사슬에서 칩 대량 생산자의 위치를 차지하고, 누군가 규모는 좀더 작지만 수익성이 더 높은 설계 사업을 담당할 것이라고 전망한 것이다.

그러나, 메이어슨은 IBM이 실리콘 게르마늄 칩과 관련된 가치사슬의 좀더 많은 부분을 추구하고 IBM의 칩 제조 활동을 기존 사업의 범위 외부로 확장해야 한다고 믿었다. 메이어슨과 그가 추진한 프로젝트의 첫 번째 사업 관리자는 가치사슬에 좀더 광범위하게 편입되는 방향으로 프로젝트를 추진했다. 그들은 IBM이 응용부문에 적합한 칩 설계 문제들에 개입할 수 있는 기업들하고만 협력하겠다고 결정했다. 메이어슨은 설계 스킬을 배우고 궁극적으로는 IBM을 위해서 칩 설계 사업을 흡수하려 했다. 결국 IBM은 차세대 이동전화용 실리콘 게르마늄 강화 칩셋을 설계하려 했던 콤퀘스트를 인수했고 메이어슨은 자신의 목적을 달성했다. 필수적인 전문 설계코딩 작업 훈련을 받은 인력을 고용하는 것과 같은 다른 노력들도 지속되었다.

기업은 기존 능력을 사용하여 시장에 진출하는 속도와 새로운 능력을 배양할 기회를 포착하는 것 사이의 균형을 유지하기 위해서 노력한다. 버니 메이어슨은 IBM에 가치사슬의 좀더 많은 부분을 차지하라고 압력을 가했다. 메이어슨은 IBM이 칩 설계라는 보조 능력을 개발하여 칩 제조 부문에서 IBM이 갖고 있는 전통적인 강점을 보완하려고 노력했다. 대다수 프로젝트들은 시장이 개척됨에 따라 가치사슬에서 차지하는 위치를 조정해야 했다.[7]

누가 누구에게 얼마를 지불하는가? 개발 초기 단계에서는 이러한 질문에 명확하게 대답하기 쉽지 않다. 처음부터 가치사슬의 나머지는 고려하지 않고 최종 사용자에게만 초점을 맞추는 경우가 흔하다. 넷액티브의 경우 초기에는 모든 행위 주체가 소프트웨어 임대 개념이 희망적이라고 생각했지만, 대다수는 넷액티브에 인코딩료를 지불하려 하지 않았다. 넷액티브팀은 마침내 이렇게 생각했다. "소프트웨어 타이틀 제작업체들은 우리 기술을 사고 싶어하지 않았다. …… 그들은 우리한테서 새로운 마케팅 프로그램을 구입하고 있었다. 따라서 우리는 그들이 말하기 전에 나머지 프로그램을 완성해야 했다." 가치사슬의 구성원 각자가 얼마나 기여할 수 있는지 명확해지자 지불 구조가 정착되기 시작했다.

넷액티브의 경우 지불 구조를 개발하여 대안적 수익 모델을 테스트하는 것이 중요했다. 궁극적으로 성공적인 수익 모델은 (a) 혁신 기업에 충분한 수익을 제공하고, (b) 가치사슬의 모든 구성원들에게 수용될 수 있어야 한다. 넷액티브의 경우, 가장 최근에 반복적으로 나타난 수익 흐름에는 CD를 지역 비디오 대여점에서 구매하는 가격의 4분의 1 가격으로 구매하는 고객이 포함되어 있다. 이런 고객은 인터넷을 통해서 소프트웨어 초기화 요금과 임대료를 지불해야 한다.

혁신 기술을 사용하기 위해서 고객은 무엇을 변화시켜야 하는가?[8] 넷액티브 같은 기업이 고객에게 소프트웨어 임대를 납득시키려고 노력하는 과정에서 어떤 리스크를 감수하는지 상상해 보자. 고객은 비디오 대여점에 소액의 CD 대여료를 지불하고 자기 컴퓨터에서 CD를 실행하여 웹사이트에 접속한 다음 소프트웨어 사용 시간을 선택하고 인터넷을 통해서 2차 요금을 지불해야 한다.

텍사스 인스트루먼트가 최근에 발표한 극장용 프로젝션 시스템을 사용하려면, 극장 소유주는 기존 프로젝트보다 몇 배나 더 비싼 새로운 장비를 구입해야 한다. 수십 년 동안 영화 상영에 사용된 셀룰로이드 필름과 릴은 디지털 비디오 디스크로 교체될 것이고, 궁극적으로 영화는 위성이나 광케이블을 통해서 영화사에서 극장으로 배급될 것이다.

이러한 혁신으로 인한 변화도 누가 혁신을 통해 절감되는 비용을 차지하는가 하는 문제를 야기한다. 디지털 프로젝션 기술은 비용을 크게 절감시켜 준다. 그러나 절감되는 비용의 대부분은 대형 필름 릴의 운송 비용이며 따라서 영화사가 비용절감의 혜택을 입을 뿐 극장 소유주에게는 혜택이 없다. 극장 소유주들은 현재 비용절감분을 나눠갖지 않을 경우 디지털 비디오는 성공할 수 없다고 경고하고 있다.

비즈니스 모델을 효과적으로 구축하기 위한 열쇠

근본적 혁신 프로젝트 팀원들은 수많은 문제들에 직면해 있으며, 그들은 훈련, 경험 또는 성향을 통해서 이러한 문제들에 대비하려 하지 않았다. 이러한 문제들에는 최상의 응용부문 찾기, 시장 데이터 수집과 시장조사, 기업의 수익 창출 방식 제시, 초기 진입 전략 개발(틈새시장)이 포함된다. 응용부문 조사를 통해서 유망하다고 판단되면, 프로젝트팀은 가치사슬을 어떻게 구성할 수 있는지, 계획한 가치사슬의 성격이 프로젝트의 기술개발 방향을 어떻게 바꿀지(또는 바꿔야 하는지) 검토할 필요가 있다. 다음 핵심 요소들은 프로젝트 팀원들이 기업이 근본적 혁신 기술의 개발에 투자하여 만족스러운 수익과 이익과 수익률을 얻을 수 있게 하는 비즈니스 모델을 결정하는 데 도움이 될 것이다.

- 전체 가치사슬을 계획하고 이해한다. 프로젝트팀이 근본적 혁신을 기술적으로 깊이 이해하고 잠재 고객을 발굴하는 것으로는 충분

하지 않다. 물론 이것은 좋은 출발점이기는 하다. 프로젝트팀은 체계적인 방법을 사용하여 혁신 기술의 상용화를 위해 필요한 모든 활동을 이해해야 한다. 이러한 핵심 활동을 할 수 있는 스킬과 경험을 갖고 있는 사람이 방향성이 모호한 초기 단계에 혁신팀에 참여하는 일은 거의 없다. 또한 기업에 근무하는 대다수 사람들이 기존 비즈니스 모델의 지배력을 극복하기란 어려운 일이다. 따라서 기업의 경영진은 스킬과 경험을 이용하여 프로젝트를 지원함으로써 리더십을 발휘해야 한다. 이것은 다음과 같은 방식들 가운데 하나를 통해서—또는 다음과 같은 방식들을 결합하여—이루어질 수 있다. 즉, 프로젝트에 적합하고 프로젝트팀과 어울리는 근본적 혁신 베테랑에게 프로젝트 관리자 업무를 배정하는 것, 근본적 혁신 허브에 프로젝트 자문위원 역할을 할 수 있는 전략적 비전을 가진 사람을 찾는 업무를 배정하는 것, 근본적 혁신 허브와 협력하여 프로젝트팀에게 이러한 비전을 발전시키라고 독려할 수 있는 감시단을 구성하는 것과 같은 방법들을 사용할 수 있다. 프로젝트 감시단과 협력하는 근본적 혁신 허브는 프로젝트팀이 대안적 비즈니스 모델을 개발하고 평가하는 작업을 지도하고 도와야 한다.

- 가치사슬에서 기업의 자리를 찾는다. 기업이 현재 갖고 있는 자산, 즉 역량, 자원, 관계에서 시작하되 여기서 멈추지 말아야 한다. 기업이 현재 어떤 역할을 할 수 있는지 생각하는 것만으로는 충분하지 않다. 프로젝트팀은 가치사슬의 어떤 부분이 고객에게 가장 좋은 평가를 받는지 판단해야 한다. 또한 의심스러운 가치사슬 파트

너의 부적절한 활동 때문에 기업의 성공 확률이 어느 정도나 낮아
지는지 평가해야 한다. 이러한 문제들에 대한 통찰을 통해서 프로
젝트팀은 기업에 새로운 역량을 개발하거나 획득할 필요가 있다
고 제안할 수 있다.

- **조사와 학습.** 프로젝트팀은 많은 응용 아이디어를 생성할 필요가
있을 뿐 아니라 이익 창출을 위한 대안들을 개발하고 평가해야 한
다. '조사학습'이라는 방법은 이러한 측면에서 효과가 있을 뿐 아
니라 프로젝트를 완성하려면 해소되어야 하는 다른 불확실성 요
소들에 대처하는 데도 효과가 있다. 비즈니스 모델 개발은 논리
퍼즐과 같은 것이다. 그러한 퍼즐을 풀기 위한 가장 좋은 방법은
(a) 고객이 무엇을 원하고 무엇에 대해 대가를 지불하려 하는지 판
단하고, (b) 가치사슬의 어떤 요소들이 고객에게 이익을 제공하는
지 검토하고, (c) 기업이 가치사슬의 어떤 부분에 해당되는지 판단
하고 (d) 가치를 제공하기 위해서 기업이 파트너와 어떻게 협력할
것인지 판단하는 것이다. 근본적 혁신 프로젝트는 잠재적 고객과
잠재적 공급자를 적극적으로 공략하고 그러한 과정을 통해서 조
사학습 과정에서 발굴되는 다른 잠재적 고객과 공급자를 공략해
야 한다. 첫 시도에서 비즈니스 모델의 논리가 통하지 않으면, 다
시 시도한다.

- **기존 사업이 붕괴될 가능성이 있을 경우 충돌에 대비한다.** 근본적 혁
신 제품이 기존 제품을 대체할 가능성이 있으면, 프로젝트팀은 기
존 사업부문의 저항을 예상해야 한다. 그렇지 않을 때에도 프로젝
트는 자원과 경영진의 주목을 얻기 위해 기업의 다른 활동들과 경

쟁하게 된다. 리스크에 대비하지 않은 어설픈 프로젝트팀은 약점을 공격당하고 자신의 에너지와 자원을 방어적 행동에 사용하게 된다. 최선의 방어가 최선의 공격이다. 가능하다면 내부의 반대파를 흡수하여 근본적 혁신의 성공을 공유하게 해야 한다. 그것이 불가능하다면 근본적 혁신 프로젝트는 저항에 대항하기 위한 정치력—경영진 챔피언, 근본적 혁신 허브, 감시단을 통한—을 개발해야 한다.

마지막 핵심 요소가 시사하듯이, 근본적 혁신 프로젝트는 부족한 자원이나 능력을 제공하는 안팎의 파트너들에게 크게 의존한다. 4장에서 필자들은 인터페이스—특히 주류 조직과의—를 관리하는 것이 핵심적인 프로젝트 관리 역량임을 강조했다. 7장에서는 외부 파트너로부터 자원과 역량을 획득하는 문제를 다룰 것이다.

7장 — 자원과 역량 획득

Radical Innovation

대기업은 혁신 아이디어를 추구하기에 풍부한 자원을 갖고 있다고들 한다. 이 말은 맞기도 하고 틀리기도 하다. 혁신 아이디어가 자금과 매우 가까운 곳에 있다는 점에서는, 즉 혁신 아이디어가 단기적으로 이익을 창출할 것이라는 점에서는 맞다. 그러나 근본적 혁신의 경우에는 맞지 않다. 이익이 언제 창출될지 즉 도대체 이익이 창출되기라도 하는 것일까 하는 불확실성이 높기 때문에, 자원을 배정하는 의사결정자들은 '블랙홀'로 판명될 수도 있는 프로젝트를 지원하기를 꺼린다. 따라서 자원과 부족한 역량을 획득하는 것은 근본적 혁신의 중요한 문제 가운데 하나이다. 7장은 근본적 혁신 프로젝트팀이 자원 획득의 불확실성을 어떻게 극복할 것인가 하는 문제에 초점을 맞추고 있다.

4장에서 필자들은 근본적 혁신 프로젝트를 효과적으로 관리하기 위한 일곱 가지 핵심 요소에 대해서 설명했다. 그러한 요소들에는 자원 획득 스킬, 주류 조직 및 외부 파트너와의 인터페이스 관리 능력이 포함되어 있다. 이러한 두 가지 프로젝트 관리 능력은 필자들이 연구한 모든 프로젝트팀이 직면한 문제인 자원과 역량의 부족이라는 문제를 극복하는 데 중요하다. 필요한 재정 지원을 얻는 것은 계속되는 문제였으며, 대다수 프로젝트들의 경우 외부 자금지원 여부에 따라 프로젝트의 지속 여부가 결정되었다. 역량의 경우도 마찬가지이다. 한 가지 프로젝트를 제외한 모든 프로젝트에서, 필자들이 연구한 기업들은 각각의 기회를 성공적으로 추구하는 데 반드시 필요한 한 가지 이상의 역량을 확보하지 못하고 있었다. 그 결과 프로젝트팀—특히 프로젝트팀의 챔피언—은 자원과 역량 획득 활동에 아주 많은 시간을 쏟아부어야만 했다.

GM의 하이브리드카 프로젝트의 경우, 근본적 혁신 프로젝트는 초기 개발에 필요한 R&D 자금을 기존 관례대로 확보하려 했다. 그러나 프로젝트 유지 비용이 증가하기 시작하자, 정상적인 R&D 예산 배정 과정은 프로젝트에 알맞지 않았다. 프로젝트팀은 창의력을 발휘하여 다른 기술개발 그룹 및 경영진과의 인터페이스를 적극적으로 관리하여 지속적으로 자금을 지원받아야 했다. 이 사례는 외부 파트너와의 인터페이스를 관리하는 것이 갖는 중요성을 보여 준다. GM은 결국 정부기관으로부터 자금지원을 확보하는 데 성공하여 하이브리드카 프로젝트를 계속 추진할 수 있었다.

GM의 하이브리드카 프로젝트 자금조달

GM은 몇십 년 동안 하이브리드카를 연구해 왔지만 1989년에 기술적 통찰을 통해서 하이브리드카의 잠재력을 새롭게 연구하기 시작했다. 여기에는 하이브리드카를 개발할 수 있을 만큼 엔진 기술, 전기 기술, 배터리 기술이 성숙되었다는 인식이 자리잡고 있었다. 이러한 통찰력은 두 명의 연구 관리자와 수석 기술자 사이의 토론에서 비롯했다. 수석 연구 관리자는 자신이 임의로 자금을 동원하여 기술 평가팀을 구성하기로 결심했다. 몇 주 동안 조사 분석을 거쳐 나온 평가는 매우 긍정적이었고 마침내 그는 연구부장에게 공식 프로젝트를 출범시키고 팀과 예산을 배정해 달라고 제안했다. 그 제안은 승인되었다.

프로젝트팀은 3년 동안 노력했지만 하이브리드카 개발에 필요한 자금지원이 중단될 위기에 놓였다. 이러한 위기를 극복하기 위해서 하이브리드카 프로젝트팀은 GM의 경영진에게 기술 시범을 보였다. 기술 시범은 매우 인상적이었지만 지속적인 자금지원을 확보하는 데는 실패했다. GM의 개발 그룹 이사는 하이브리드카 프로젝트팀에게 이렇게 충고했다. "기술 시범은 잘 보았네만 하이브리드카 프로젝트팀을 해체하라는 지시를 받았네. 예산이 모자란다네."

하이브리드카 프로젝트는 막을 내리는 것처럼 보였다. 그러나 기술 시범에 참가했던 경영진 가운데 한 사람은 그 날 늦은 시간에 개발 그룹 이사에게 전화를 걸어 다음과 같이 말했다. "아주 훌륭한 프로젝트입니다. 프로젝트를 계속 추진해야 합니다." 그 다음날 하이브리드카 프로젝트는 기적같이 다시 살아났지만 매우 적은 예산이 배정되었다.

한 달 뒤 뜻하지 않게 어떤 GM 관리자가 비행기에서 안면이 있던 에너지성 관리의 옆좌석에 앉게 되었다. GM 관리자는 하이브리드카 프로젝트에 대해서 에너지성 관리에게 설명했다. 에너지성 관리는 관심을 보였고 연방정부에 하이브리드카 프로젝트를 추천하여 자금을 지원받게 하겠다고 했다. GM은 하이브리드카를 개발하고 있던 미국의 3대 자동차 회사로 구성된 차세대 자동차 공동

개발 프로젝트 컨소시엄에 참여했다. GM 프로젝트는 자금지원 덕분에 규모가 크게 늘어났고 R&D 부문과 개발 그룹은 하이브리드카 프로젝트를 중심으로 공동개발을 진행했다.

GM은 기술개발의 상당 부분을 아웃소싱하기로 결정했다. 여기에는 일정 수준의 위험을 내포한 두 개의 경쟁 엔진 개발이 포함되어 있었다. 1998년 이러한 엔진들은 계약 기간 내에 기대를 충족할 정도의 기술적 완성도에 도달하지 못한 것으로 드러났다.

사실 그랬다. 계획대로 엔진이나 하이브리드카를 만들지 못했다. GM은 하이브리드카 프로젝트를 중단했다. 하이브리드카는 검토 대상에서 제외되었지만 그렇다고 완전히 포기한 것은 아니었다. 신념을 갖고 있는 소수의 사람들은 기존 엔진을 이용하여 하이브리드카 프로젝트를 재추진할 것을 제안했다. 사실 하이브리드카에 대한 GM의 관심은 이러한 경험을 통해서 배운 교훈 때문에 방향이 바뀌었다. GM은 전혀 다른 하이브리드 엔진을 이용하여 차세대 자동차 공동개발 프로젝트를 추진하고 있다.

하이브리드카 프로젝트는 방향성이 모호한 초기 단계와 초기 개발 단계를 통과하여 프로젝트를 추진하는 과정에서 내부 자금지원이 어떤 역할을 하는지 보여 주며, 프로젝트가 갈수록 많은 자금을 요구하기 때문에 내부에서 지속적으로 자금지원을 받는 것이 얼마나 어려운지 보여 준다. 필자들이 연구한 대다수 사례에서, 프로젝트팀은 후속 자금지원을 얻기 위해서 경쟁해야 했으며 다른 개발 활동을 제쳐두어야 하는 경우도 있었다.

외부 자금지원 ― 연방 정부의 자금지원을 포함하여 ― 은 필자들이 연구한 12개 프로젝트 가운데 9개 프로젝트에서 중요한 역할을 했다.

외부 파트너와의 협력도 마찬가지였다. 물론 외부 파트너들은 실망스러운 결과를 안겨 주기도 했다. 위에서 제시한 GM 프로젝트를 포함하여 필자들이 연구한 사례들 가운데 절반에서 외부 파트너가 성과 기대를 충족하지 못함에 따라 프로젝트가 크게 후퇴하곤 했다.

자금지원을 얻기 위한 경쟁

대다수의 대기업들은 자금 사정이 넉넉하다. 이것은 장점이다. 단점은 대다수 자원이 점진적 혁신과 같은 저위험 활동에 투입된다는 것이다. 또한, 자원은 제한되어 있다. 근본적 혁신가는 자금, 시설, 인력을 확보하기가 대체로 어렵고 자원을 확보하는 데 비정상적일 정도로 많은 시간과 노력을 쏟는다. 미국의 기업 문화 때문에 사람들은 의사결정자들이 위험을 조정하면서 자원을 가장 커다란 기회에 배정한다고 믿고 있다. 그러나, 대기업은 안전 위주로 의사결정을 한다. 새로운 기회를 구별하기 어렵고 그러한 기회와 관련된 위험을 분류하거나 측정할 수 없기 때문이다. 기업 예산 배정 과정은 주로 지속적인 사업상의 필요에 초점을 맞추고 있다. 예산 배정 과정은 처음부터 끝까지 근본적 혁신 프로젝트 — 결과가 불확실한 — 에 자금을 지원하기 위한 것이 아니다. 그 결과 회사가 새로운 이익을 얻을 기회를 찾으려 하는 혁신적인 아이디어를 갖고 있는 사람들은 오해를 받아 마음의 상처를 입기도 한다. 그렇다면 근본적 혁신 프로젝트는 어떤 방법으로 자금지원을 확보해야 하는가?

방향성이 모호한 초기 단계에서 자금지원은 대체로 비공식적으로 이루어진다. 프로젝트 챔피언은 연구 관리자를 설득하여 자금을 확보하거나 자신의 비공식적 네트워크를 활용하여 연구원들에게 시간을 할애해 줄 것과 물품과 시설 사용을 부탁하면서 프로젝트를 혼자 힘으로 추진한다.

근본적 혁신 프로젝트가 공식적으로 시작되더라도, 문제가 없는 것은 아니다. 신사업 개발부, 해당 사업부문, R&D 부서 또는 CEO가 재량으로 사용할 수 있는 자금을 가지고 공식적인 예산을 확보하지만 이러한 자금은 시간이 지남에 따라 안정적으로 지원되지 않는다. 회사의 재정 상태가 악화되면 프로젝트에 대한 자금지원은 줄어들거나 아예 없어진다. 기술이나 시장이 성숙하는 데 필요한 시간 때문에 투자수익을 얻으려 하는 회사의 자금지원자들은 인내심을 시험받게 된다. 게다가 신기술에 기반한 근본적 혁신 프로젝트는 일반적인 예산 배정 한계를 초월하는 거액의 개발 자금을 요구하는 경우가 있다. 의사결정자들과 후원자들은 갈피를 잡지 못한다. 핵심 지원자들이 사임하거나 전직한다. 근본적 혁신 과정은 일반적으로 10년 이상의 시간을 요구하기 때문에, 프로젝트의 지원자와 자금 제공처가 두세 차례 바뀔 수 있다. 따라서 프로젝트 챔피언들은 서로 경쟁하고, 다양한 잠재적 자금 제공처에 접근해야 하고, 프로젝트 방향을 변경하여 자금지원자의 입맛을 맞춰 줘야 한다. 자원을 획득하는 과정은 역동적이다. 자금지원을 수동적으로 기다리는 사람들 ― 세계가 언제나 새로운 위대한 아이디어로 가는 길을 열어줄 것이라고 믿는 ― 은 결국 빈털털이 신세가 된다. 필자들이 연구한 12개 프로젝트에서 프로젝트 챔피언들이 자원 획득

과정에서 보여준 인내심은 프로젝트를 지속적으로 추진하는 데 중요한 것이었다.[1]

필자들이 연구한 대다수 프로젝트는 자원 획득을 위해서 상당한 대가를 치렀다. 자원을 획득하는 데 쏟아부은 시간은 프로젝트 추진에 쏟은 시간이 아니었다. 그리하여 프로젝트 기간이 연장되었다. 한편, 자금지원을 확보하기 위한 경쟁이 완전히 나쁜 것만은 아니다. 그러한 경쟁 때문에 근본적 혁신팀은 자금지원을 확보하기 위한 근거를 좀더 명확하게 제시할 수밖에 없다. 잠재적 투자자들에 대한 실사를 통해서 가정은 집중적으로 조사되고 새로운 사고를 촉발하는 질문들을 받게 된다. 또한, 프로젝트팀이 자금지원에 대한 근거를 효과적으로 제시한다면, 다른 사람들도 기회를 인식하고 프로젝트팀의 비전과 헌신에 영향을 받게 될 것이다. 이러한 사람들은 프로젝트팀이 자금을 확보하는 것을 중간자 입장에서 직접 도울 수 있다. GM 하이브리드카 프로젝트가 갑작스럽게 재개되었던 것은 한 가지 사례일 뿐이다. GM와 하이브리드카 프로젝트팀의 문제는 알맞은 균형을 유지하는 것이었다. 이상적으로 보면 근본적 혁신 프로젝트는 앞에서 설명한 이점을 확보할 만큼만 자금조달 활동을 해야 한다. 지나치게 많은 자금을 확보하면 좋은 프로젝트를 망칠 수도 있다.

지나친 자금조달 : 유연성 박탈

근본적 혁신 프로젝트의 전개에 따른 최적의 자금조달 수준을 파악하는 것은 매우 어렵다. 자금을 너무 적게 조달하면 프로젝트는 계속 진행되기 어렵다. 프로젝트팀은 지원을 확보하는 데 너무 많은 시간을 쏟아붓게 되고 따라서 혁신적 제품의 개발과 출시가 늦어진다. 혁신 제품의 상용화가 늦어지면 기업의 이익 창출 속도도 지연되고, 최악의 경우 혁신 자체가 기회를 제공하지 못하거나 프로젝트 자체가 중단된다.

또한, 너무 많은 자금을 조달하는 것도—특히 근본적 혁신 과정의 초기에—문제를 일으킬 수 있다.[2] 부족한 자금조달이 근본적 혁신팀의 공통된 문제이기는 하지만, 필자들이 연구한 사례들 가운데 두 개의 사례에서는 지나치게 많은 자금을 조달하여 조직과 경영진이 매우 많은 압력을 받게 되었고 결국 프로젝트의 속도가 느려졌다. 정부기관이 자금을 지원한 한 가지 사례는 외부 자금지원에 관해 논의하는 부분에 서술되어 있다. 다른 사례의 경우 프로젝트 과정 초기에 조달된 과도한 자금 때문에 너무 빨리 너무 많은 기대를 받게 되었다. 이 사례에서 초기 프로젝트 관리자는 CEO의 정치적 지원을 활용하여 내부에서 자금을 조달했다. 프로젝트는 최신 정보 시스템으로 무장한 상태에서 시작되었다. 프로젝트는 여전히 초기 시장개척 단계에 있었는데도 참가 인원은 어느새 수백 명으로 늘어났다. 검증되지 않은 비즈니스 모델을 추구하면서 연간 수천만 달러를 투입하자 거대한 조직적 관성이 만들어졌다. 프로젝트팀이 초기 시장에서 저항에 직면하자, 프로젝트는 고통스러운 구조조정을 겪어야 했고 초기 프로젝트 관리자가 다시 임명되었다. 몇 년 동안 프로젝트는 새로운 챔피언이 프로젝트를 주도하기 전까지 "고통스러운 상황"을 거의 이겨내지 못했다.

이 사례를 통해서 알 수 있듯이, 특정 단계에서 자원을 과도하게 사용하면 유연성을 발휘할 수 있는 의지와 능력이 감소한다. 처음에 계획했던 방향으로 투입되는 자원이 증가하면, 프로젝트를 포기하는 것이 적절한 경우에도 포기에 대한 저항이 발생할 가능성이 높아진다. 처음에 계획한 대로 프로젝트가 진행되지 않으면 프로젝트팀은 후퇴하여 방향을 전환할 필요가 있다. 어떤 근본적 혁신 허브 관리자는 경영진을 설득하여 실패한 프로젝트를 중단시킬 수 있는 능력이 없다는 것을 한탄했다. 경영진은 다음과 같이 말했다고 한다. "우리는 이미 상당한 투자를 했다. 우리는 결코 실패하지 않는 기업이다. 당신은 추가 자금을 투자할 권한을 우리한테서 위임받았다. 성공할 때까지 이 방향으로 계속 밀고 나가기 바란다."

근본적 혁신 프로젝트의 자금을 과도하게 조달하는 것은 자원 획득 문제에 대한 해결책이 아니다. 그 대신 프로젝트팀은 프로젝트의 진행에 따라 알맞은 시기에 알맞은 수준의 자금을 획득할 수 있어야 한다.

외부 자금조달 : 양날의 칼

앞에서 설명했듯이, 필자들이 연구한 12개 사례 가운데 9개 사례에서 외부 자금은 프로젝트의 지속 여부를 결정했다. 외부에서 자금을 지원받은 9개 사례 가운데 8개 사례에서 정부기관이 주요한 자금 제공자였다. 확실히 이러한 사례들은 외부 자금조달의 중요성을 보여 준다. 그러나 외부 자금조달은 양날의 칼인 경우가 많다. 프로젝트는 중요한 자금지원을 확보할 수 있지만 과도한 행정적 부담에 휘둘리곤 한다. 필자들이 연구한 프로젝트를 추진한 기업들 가운데 하나는 연방연구소와 공동 R&D 협정을 체결하기로 결정했다. 이것은 과도한 행정적 부담을 낳았다. 공동 R&D 협정을 체결하기 위해서 수많은 시간과 법률 비용이 투입되었다. 이 기업의 기술 챔피언은 필자들에게 다음과 같이 말했다. "앞으로 다시는 이런 방법으로 자금을 조달하지 않겠다. 협정을 체결하는 데 너무 많은 돈과 시간을 낭비했다."

외부 자금조달 때문에 기술개발 방향이 바뀌기도 한다. 에어 프로덕츠의 프로젝트가 설정한 목표는 우선 공업용 고순도 산소 생산에 필요한 차세대 가스 분리 시스템의 선두주자가 되고 산소 실린더를 대체하는 것이었다. 에너지성이 합성 가스 생산에 응용할 수 있는 가스 분리 기술개발을 위한 제안 요청서를 교부했을 때, 에어 프로덕츠는 두 가지 이유 때문에 자금지원을 요청해야 한다고 결정했다. 첫째, 에어 프로덕츠는 잠재적 경쟁사의 핵심 기술개발을 막기 위해서 먼저 자금을 지원받으려 했다. 경쟁사가 에너지성과 계약을 체결한다면, 공업용 산소 생산부문에서 에어 프로덕츠를 앞설 가능성이 있었다. 둘째, 에어 프로덕츠는 에너지성의 자금지원을 활용하여 다른 전략적 제품(합성 가스, 수소, 일산화탄소)을 개발할 수 있다고 생각했다.

결국 에어 프로덕츠가 주도하는 컨소시엄이 에너지성으로부터 자금을 지원받기로 결정되었다. 예상대로 이것은 커다란 조정 — 전체 활동 범위의 극적인 확장 — 을 요구했다. 경영진은 처음에 가졌던 응용 제품 개발 계획을 유지하면서 주요 신기술 개발에 많은 힘을 쏟아야 했다. 에어 프로덕츠는 그러한 난관을 극복하고 정부의 자금지원을 활용할 수 있었다. 에어 프로덕츠는 정부가 자금을 지원하는 R&D 프로젝트를 추진하고 관리할 수 있는 능력을 중요한 역량으로 생각했다. 이러한 역량과 경영진의 전폭적인 관심을 통해서 에어 프로덕츠는 난관을 극복하고 예상치 못한 정부의 자금지원이 제공한 기회를 포착할 수 있었다.

필자들이 관찰한 대다수 사례들에서, 외부 자금조달 활동은 내부 자금이 부족하거나 에어 프로덕츠의 경우처럼 전략적 이유 때문에 프로젝트팀에게 강요된 경우 프로젝트를 계속 추진하기 위한 필사적인 노력이었다. 그러나 이러한 외부 자금을 확보했다고 해서 반드시 결과가 만족스러웠던 것은 아니다. 기업은 외부 자금을 전략적으로 확보하는 방법을 이해하여 장점이 단점보다 우세하게 만들어야 한다.

조직의 근본적 혁신 투자 경로

근본적 혁신에 대해 의사결정을 하는 고위 경영진의 자질은 회사마다 다르고 같은 회사 안에서도 시기에 따라 다르다.[3] 필자들은 5년에 걸친 연구를 통해서 10개 기업 가운데 9개 기업에서 고위 경영진과 사업 부문 경영진이 교체되는 것을 보았다. 새로운 관리자의 지향과 능력에 따라 가속도가 붙은 프로젝트들도 있었고 지연된 프로젝트들도 있었다. 10~15년 정도 지속되는 프로젝트에서 경영진이 교체되면 어떤 문제가 발생할지 상상해 보자. 한 가지 사례의 경우, 필자들이 연구한 기간에 어떤 프로젝트 집행 이사는 승진했다가 바로 퇴사했다. 프로젝트 리더에 따르면, 새로운 집행 이사 체계에서는 의사결정이 좀더 독단적이었고 덜 효과적이었다. 게다가, 자금조달단은 분기마다 30%씩 인원이 교체되었다. 이러한 인원 교체는 프로젝트의 지속성과 관련하여 중요한 문제를 낳았다. 근본적 혁신 프로젝트에 대한 효과적인 투자 결정 과정을 개발하고, 의사결정팀 내부의 인원이 불가피하게 교체되는 경우에도 효율성이 유지되도록 하는 것은 무척 중요한 일이다.

확실히 프로젝트 자금조달에 임기응변식의 태도를 취하는 것은 상

당한 문제가 있다. 일부 기업들은 전략적 잠재력이 가장 풍부한 프로
젝트를 파악하여 진행 단계에서 프로젝트 자금을 조달하는 좀더 합리
적이고 신뢰할 수 있는 과정을 만들기 위해서 적극적으로 노력한다.
이것은 사내 벤처 캐피털 모델로 이해된다. 사내 벤처 캐피털 사업 활
동에는 종합적인 실사 과정, 외부 전문가와의 제휴를 통한 의사결정
개선, 포트폴리오 방향 설정이 포함된다.

필자들은 노텔 네트웍스, 루슨트, 3M, P&G의 벤처 캐피털 펀드 매
니저들과 심층적인 인터뷰를 했다. 노텔 네트웍스가 사용한 방법은 벤
처 캐피털 모델에 기초해 있으며, 다른 미국 기업들도 이러한 방법을
다양한 형태로 사용하고 있다.[4] (루슨트, 노텔 네트웍스, 3M, P&G가 사
용한 자금조달 방법은 부록에 서술되어 있다.)

노텔 네트웍스의 벤처 캐피털 모델

3장에서 필자들은 노텔 네트웍스의 넷액티브 프로젝트가 사내 벤처 프로그램을
통해서 어떻게 평가되고 지원되고 자금을 지원받았는지 설명했다. 여기서 필자
들은 기업 구조에 벤처 펀딩을 통합시킨 노텔 네트웍스의 벤처 캐피털 펀딩을
검토하고자 한다.[5] 이러한 투자 활동에 대한 일차적 책임은 기업 전략과 제휴
및 회사의 벤처위원회를 담당한 수석 부사장에게 할당되었다. 벤처위원회의 6
~10명의 위원들에는 수석 부사장 이외에도 CEO, 회사의 수석 법률 고문, 인
수 합병 사업단장이 포함되어 있었다.

이 벤처위원회는 인수, 합병, 매각, 분사, 전략적 파트너십을 검토했다. 수석
부사장은 사내 벤처 투자를 승인했고, 벤처사업 그룹 이사는 초기 투자를 승인

했다. 또한, 각각의 사내 벤처들도 자문과 지도를 제공하는 독자적인 이사회를 갖고 있었다.

벤처 펀딩 과정은 단계적으로 이루어졌다. 3인의 벤처심사팀이 아이디어를 평가했고 어떤 "새로운 사업 기회"(NBO)가 시드 머니, 즉 "좀더 나은 결정을 하기 위해 필요한 정보를 실제로 얻기 위한 …… 소액 자금"을 받아야 하는지 추천했다. 추천받은 아이디어들은 조운 하일랜드가 승인했다. 시드 캐피털을 통해서 벤처사업단은 혁신가와 협력하여 새로운 사업 기회를 모색하고 투자 가치를 평가할 수 있었다. 조운 하일랜드는 다음과 같이 설명했다. "우리는 시드 머니를 투자하여 연구 활동을 수행했으며, 그 목적은 NBO를 실제로 벤처사업으로 전화시켜야 하는지 하는 문제의 해답을 얻는 것이었다."

벤처심사팀은 시드 머니를 받은 프로젝트를 평가했고 공식적 혁신 프로젝트 차원에서 계속 추진해야 하는 프로젝트를 골라냈다. 수석 부사장에게는 추천 프로젝트에 대한 최종 승인 권한이 부여되었다. NBO 아이디어가 노텔 네트웍스의 기존 사업들 가운데 하나와 연관된 경우, 전문가들은 그러한 사업의 가치를 명확하게 제시하고 프로젝트를 채택하라고 독촉했다.

진정한 근본적 아이디어만이 신사업 상업화라는 제2단계로 발전했다. 이러한 수준에 도달한 프로젝트들에 대해 노텔 네트웍스는 지도력과 알맞은 스킬을 갖고 있는 팀을 원했다. 또한, 목표 시장의 규모가 1억 달러 이상이고 연간 15% 이상의 성장이 가능해야 했다. 마지막으로, 사내 벤처기업은 차별화되고 지속성 있는 제품을 개발할 가능성이 있음을 보여 주어야 했다. 하일랜드의 사업개발 부문이 필요한 경우 추가 인큐베이팅 서비스를 제공할 수 있었는데도, 사업부문의 전략적 목표에 알맞는 근본적 혁신 벤처사업은 시드 머니 이상의 자금을 지원받기 위해 상용화 사업부문으로 이관되었다. 노텔 네트웍스의 2단계 과정을 성공적으로 통과했지만 어느 상용화 사업부문에도 적합하지 않은 프로젝트들은 별도의 독립적 사업으로 분사되었다. 노텔 네트웍스는 넷액티브의 지분을 소유한 것과 마찬가지로 분사한 사업체들에 대해서도 주식 지분을 가졌다.

근본적 혁신 프로젝트의 효과적인 자금조달을 위한 열쇠

전략적으로 모든 기업은 근본적 혁신 프로젝트의 자금을 조달하기 위해서 어떤 방법을 사용해야 할지 결정해야 한다. 프로젝트 챔피언의 독자적인 노력에 의존할 것인가? 사내 벤처 펀드를 설립해야 하는가? 예를 들어, 텍사스 인스트루먼트는 DLP 프로젝트에 자금을 지원하기 위해서 주식을 100% 소유한 사내 벤처회사를 설립했다. 그 벤처회사는 어디서 자금을 조달해야 할까? 정부기관과 같은 외부 자금 제공처를 찾아낼 것인가? 아니면 인텔과 텍사스 인스트루먼트가 그랬던 것처럼 외부 벤처 캐피털 회사들과 제휴할 것인가? 필자들은 많은 프로젝트를 연구한 결과 근본적 혁신 프로젝트에 자금을 조달할 수 있는 최상의 방법은 없다는 것을 알았다. 그러나, 다음 사항 가운데 일부 또는 전체는 근본적 혁신 프로젝트 자금조달 과정을 개선하려는 대다수 기업들과 프로젝트에 도움이 될 것이다.

프로젝트팀에 자원 획득 스킬을 갖고 있는 사람을 한 명 이상 참여시킨다. 비교적 지원이 잘 제공되는 환경에서도 근본적 혁신 프로젝트들은 필요한 자원을 획득하기 위해서 경쟁한다. 프로젝트팀은 예산 배정 과정을 통해서 필요한 자금이 제공될 것이라고 기대하기보다는 기업가적 정신으로 창의력을 발휘하고 열정과 인내심을 갖고 자원을 획득해야 한다.[6] 그러나 근본적 혁신 프로젝트 관리자들은 일반적으로 자원 획득 스킬이 없기 때문에 기업은 프로젝트팀이 자원 획득 스킬을 습득하게 해야 한다. 여기에는 몇 가지 옵션이 있다. 첫째, 근본적 혁신 프로젝트에 필요한 자원을 획득하는 데 성공한 경력이 있는 사람을 프로젝트팀에 배치할 수 있다. 둘째, 프로젝트 관리자나 프로젝트 팀원을 훈련시키거나 교육시켜 자원 획득 스킬을 개발할 수 있다. 셋째, 기업이나 근본적 혁신 허브는 필요에 따라 숙련된 '자원 획득 전문가' —자금 제공처(내부와 외부 모두에서)를 파악하고 자금지원 제안서 작성을 도울 수 있는 사람—를 프로젝트에 배정할 수 있다.

자원 획득을 주요 과제로 하는 한 사람을 선정한다. 프로젝트팀에 최소한 한 명의 자원 획득 전문가가 있다면, 자원 획득 과제를 동기 유발은 쉽게 되지만 경험이 없는 자금조달 아마추어에게 맡길 필요가 없다. 따라서 나머지 팀원은 자기 능력을 활용하는 과제에 초점을 맞출 수 있다. 이러한 방법은 벤처 캐피털의 지원을 받는 기업들에서 일반적으로 사용된다. 초기 자금조달 단계에서는, CEO가 대체로 지도력을 발휘해야 한다. 후기 단계에서 벤처기업은 일반적으로 자금조달을 주도하는 CFO를 확보하는 수준으로 성숙하게 된다. 에어 프로덕츠가 에너지성으로부터 주요 자금을 조달하려 할 때 사람들은 모두 제안서 작성, 파트너들로 구성된 컨소시엄 구성, 거래 협상 등에 매달려야 했다. 다른 프로젝트 과제들은 모두 뒷전으로 밀려났다. 이와 비교하여, 노텔 네트웍스의 넷액티브 프로젝트의 관리자 제프 다지는 노텔 네트웍스의 근본적 혁신 허브에 소속된 전문가들과 긴밀하게 협력하여 자금조달 업무를 추진했다. 그리하여 나머지 팀원은 기술, 시장, 비즈니스 모델 및 조직과 관련된 불확실성 요소들을 감소시키는 과제들에 마음놓고 집중할 수 있었다.

자금 제공처를 여유 있게 확보한다. 기업은 — 이상적으로는 근본적 혁신 허브를 통해—안팎 모두에서 자금 제공처를 확보해야 한다. 여유 있게 자금 제공처를 파악해 두면 프로젝트팀이 자금조달 위기에 직면할 때 자금지원을 확보하기 위한 경쟁에서 비롯하는 비효율성이 감소되고, 또한 프로젝트팀의 자원 획득 전문가에게 출발점을 제공할 수 있다.

외부 자금조달과 내부 자금조달의 장단점을 평가한다. 외부에서 자금을 조달한다는 결정은 실질적이면서도 전략적인 결과들을 고려해야 한다. 어떤 장단점이 있는가? 자금지원을 확보하는 것과 관련하여 어떤 행정적 부담이 있는가? 외부 자금 제공처와의 관계를 관리하는 데 어느 정도의 행정적 비용이 필요한가? 외부 자금조달이 프로젝트의 성격을 어떤 방식—긍정적 방식과 부정적 방식—으로 변화시키는가? 외부 자금조달이 어떤 방식으로 프로젝트를 전혀 다른 응용부문이나 시장 쪽으로 전환시키는가?

단계적으로 자금을 조달한다. 근본적 혁신 과정의 성격 때문에 기업은 5장에서 설명한 '조사와 학습' 전략을 실천하기 위해서 필요한 최소한의 자원을 투입해야 한다. 근본적 혁신 과정 초기에 좀더 자주 그리고 좀더 적게 자원을 투입하면 신속한 학습과 방향 전환의 필요성이 커진다. 의사결정 주체—개인이건 이사회건—는 프로젝트의 성숙도와 조달 예정인 자금의 규모에 부합해야 한다.

- 프로젝트 이전 단계의 자금조달 근본적 혁신 프로젝트를 출범시키기 위한 소액 자금을 갖고 있고 자금조달 활동에 가장 근접한 사람들—연구 관리자나 혁신 허브 관리자—에게 초기 자금조달 결정을 위임한다. 위임의 목적은 소액의 시드 머니를 투입하여 기술과 기회를 평가하고 정보를 수집하고 프로젝트팀이 논거를 준비하는 데 필요한 적절한 결정을 하는 것이어야 한다.

- 초기 프로젝트 자금조달 근본적 혁신을 평가한 경험이 있는 사람이

나 소규모 위원단에 프로젝트 자금조달을 위한 논거를 제시해야
한다. 논거에는 모든 불확실성 요소, 식별 가능한 위험, 가정, 각각
의 위험을 제거할 계획이 포함되어야 한다.

- 자금조달 범위 설정 기업은 근본적 혁신 허브 관리자의 자금조달
권한의 한계를 설정해야 한다. 수준 이상의 자금조달을 요구하는
경우 경영진이 참여하는 검토 및 의사결정 과정을 거쳐야 한다.

- 상용화 전환 자금조달 상용화로 전환하는 데는 충분한 자금이 매우
중요하다. 상용화 전환 활동을 지원하기 위해서 상용화 전환과 관
련된 모든 당사자들 — 프로젝트팀, 전환팀, 경영진, 근본적 혁신
허브 조직, 상용화 사업부문 — 이 자금 제공처를 명확히 알아야
한다.

근본적 혁신 투자에 적절한 의사결정 기구를 구성한다. 자금조달 범
위를 설정하고 상용화 전환 자금을 조달하기 위한 객관적 결정을 내리
려면, 투자위원회에 상용화 사업부문의 압력을 받지 않는 사람들이 포
함되어야 한다. 벤처 펀딩 위원회의 독립성을 유지하려면 자기 사업부
문의 단기적이고 협소한 이익에 치중하거나, 적절한 결정을 내릴 수 있
는 스킬과 판단력이 부족한 관리자들을 벤처 펀딩 위원회에 포함시켜
서는 안 된다. 경영진은 전략적 고려 사항 때문에 근본적 혁신 프로젝트
에 대한 의사결정에 참여해야 하지만, 의사결정팀에는 근본적 혁신 및
해당 전문 기술과 관련하여 경험과 지식이 풍부한 사람들이 포함되어
야 한다. 3장에서 설명한 바와 같이, 이러한 사람들에는 근본적 혁신 프
로젝트의 베테랑, 신사업 개발 부서나 근본적 혁신 허브 조직 출신의 관
리자, 프로젝트에 적합한 전문지식과 기술을 갖고 있고 조직의 정치적

압력을 받지 않는 외부인들까지 포함될 수 있다. 기업은 루슨트 테크놀로지가 그랬던 것처럼(부록 참조) 벤처 캐피털 경험이 있는 사람들을 의사결정팀의 의사결정 과정에 참여시키는 문제를 검토할 수도 있다.

대안적 벤처 캐피털 모델을 모색한다. 필자들은 5년 동안 연구를 수행하면서 다양한 방법으로 벤처 캐피털로부터 자금을 조달하는 기업들을 보았다. 기업은 두 가지 선택을 할 수 있다. 첫째, 성숙한 사업의 궁극적 토대를 선택할 수 있다. 필자들은 사내 벤처 및 분사를 목표로 독립적 조직으로 활동하는 벤처를 겨냥하여 투자가 이루어지는 것을 목격했다. 기업은 분사를 통해서 재정적 이익을 얻지만 틈새에서 활동한 결과로서 발생하는 학습과 역량 확대는 활용하지 못한다.

두 번째로 기업들이 벤처 캐피털에서 자금을 동원하여 투자하면서 의존하는 전문지식의 원천을 선택할 수 있다. 노텔 네트웍스, 루슨트, P&G와 같은 일부 사례들에서 기업은 사내 벤처 캐피털 투자 능력을 개발시키는 쪽을 선택했다. 이러한 기업들은 내부 인력을 개발하거나 승진시켰고, 아니면 벤처 캐피털 회사나 컨설팅 회사의 인력을 고용하여 투자 활동을 관리했다. 일반적으로 투자는 기업 내부에서 발생하는 기회에 초점을 맞추고 있다. 텍사스 인스트루먼트나 인텔 같은 기업은 외부 벤처 캐피털 회사들과 제휴하여 투자를 결정하는 쪽을 선택했다. 이러한 시나리오에서 기업은 조직 외부에서 발생하고 외부 벤처 캐피털 회사를 통해서 주목하게 되는 기회들에 투자할 수도 있다. 근본적 혁신을 추진하겠다는 전략적 결정을 내리는 기업은 다른 기업의 경험에서 배울 수 있고 목적과 일치하는 방법을 선택할 수 있다.

부족한 역량 확보

자금이 근본적 혁신 프로젝트에 필요한 유일한 자원은 아니다. 기술 및 사업 역량이 부족한 경우도 있다. 역량 부족에 대처하는 방법으로는 내부 개발, 외부 기업 인수, 제휴라는 세 가지 방법이 있다.

필자들이 연구한 12개 프로젝트에서는 모회사에서 사용되는 역량과 프로젝트팀이 획득할 수 있는 역량이 이미 기술개발과 시장개척에 사용되었다. 역량 격차가 크고 내부 제휴를 통해서 극복할 수 없는 경우 필자들이 연구한 기업들은 다른 기업들과 제휴하여 역량 격차를 메우려 했고, 내부적으로 역량을 개발하려 하지는 않았다. 한 가지 사례—IBM의 실리콘 게르마늄 칩—에서만 외부 기업을 인수하여 역량 격차에 대응했다. 그러한 전략적 행동은 프로젝트가 완료될 무렵에 이루어졌다.

제휴는 12개 프로젝트 모두에서 중요한 역할을 했다. 파트너를 확보하는 것이 경영진으로부터 프로젝트를 지속하기 위한 조건으로 부과되기도 했다. 그러나 기업의 파트너와 관련하여 파트너십을 선택하는 데 기업의 감독과 관리는 없었다.[7] 파트너십을 모색하여 구축하는 것은 일반적으로 프로젝트팀의 책임이었다.

이러한 관찰을 통해서 우리는 제휴 효과를 개선할 수 있는 기회를 볼 수 있다. 근본적 혁신을 임기응변식보다는 체계적 방식으로 수행하겠다는 전략적 선택을 하는 기업들의 입장에서 보면, 감시 및 의사결정 경험이 축적되어 근본적 혁신 허브와 감시위원회에 반영될 것이다. 프로젝트팀에만 의존하여 잠재적 파트너를 파악하고 제휴하기보다는 기업이 누적된 경험을 활용하여 제휴에 대한 전략적 포트폴리오를 구성하는 것이 좋다.

필자들이 연구한 12개 프로젝트의 제휴 경험은 특별한 경험이 아니었다. 어떤 연구에 따르면, 30% 가량의 하이테크 기업들이 제휴를 활용하여 최근에 상당한 혁신 기술을 개발했다.[8] 기업들은 국제적 영업 활동의 증대[9], 경쟁사의 시장 진출 저지[10], 공급자 확보, 새로운 역량 흡수[11]와 같은 여러 가지 이유들 때문에 제휴를 확대하고 있다. 특히 새로운 역량 흡수 활동이 증대하고 있다. 기업들이 신속하게 대응해야 한다는 시장 압력을 느끼고 필요한 역량을 내부적으로 개발하는 데 필요한 시간과 자원을 투자할 준비가 안 되어 있는 경우가 있기 때문이다.

파트너 관계

파트너들은 자본을 제공하는 것 이외에도 12개 프로젝트가 다음과 같은 역량 격차를 극복하는 데 도움을 주었다.

- 시장학습과 비즈니스 모델 개발 5장과 6장에서 설명한 바와 같이, 아직 존재하지 않거나 근본적 혁신 기술의 도입으로 극적으로 변화될 시장에 대해 학습하는 것은 시급한 과제이다. 기존 시장조사 기법들은 대체로 효과가 없다. 시장학습은 기업이 혁신가가 현재 갖고 있는 전략 범위 외부에서 기회를 모색하는 경우 특히 어렵다. 파트너는 이러한 문제를 해결하는 데 도움을 줄 수 있다. 예를 들어, 아날로그 디바이스는 유럽 마케팅 전문가를 확보하는 행운을 누렸는데, 그는 가속도계 테스트칩을 자사 고객인 지멘스에 보

내서 평가를 받게 했다. 지멘스는 가속도계를 자사 에어백에 응용할 수 있다고 생각했고 그 기술의 잠재력을 인정했다. 지멘스는 아날로그 디바이스와 협력하여 최종 제품의 기능과 성능을 확정하고 가속도계의 첫 번째 구매자가 되었다.

- 기술개발 초기 사용자와 기술개발 파트너는 설계 및 제조 방법을 실험할 수 있고 장단점에 대해 중요한 피드백을 얻을 수 있는 기회를 혁신가에게 제공한다. 또한, 혁신 기술이 반복적으로 시험될 수 있고 제품 설계를 변경할 수 있는 비교적 안전한 학습 환경을 제공한다. 프로젝트가 상용화로 나아가는 데서 시험이 반복되면 제품이 개량되고 불확실성이 감소한다.[12] 한 프로젝트 관리자는 다음과 같이 말했다. "우리는 고객의 환경에서 고객의 작업을 수행하면서 제품이 어떤 가치를 발휘하는지 초기 고객으로부터 피드백을 얻으려 했다."

- 기술 획득 혁신의 핵심 요소인 기술 지식은 내부 연구뿐만 아니라 제휴를 통해 개발되거나 획득되기도 한다. 에어 프로덕츠는 세라마텍과 전략적 관계를 맺고 세라믹 멤브레인과 관련된 지식과 기술을 획득했다. 마찬가지로, GM은 기술개발 용역 계약에 대해 적극적인 태도로 일관했다.

- 제조 전문 기술 필자들이 연구한 프로젝트의 거의 절반 이상에서, 프로젝트팀들은 생산 활동의 일부를 담당할 파트너를 찾으려 했다. 혁신적 제품 생산에 필요한 전문 제조 기술을 확보하지 못한 기업들은 그러한 전문 기술을 내부에서 개발하기를 주저했고 제휴를 강력하게 선호했다.

근본적 혁신 프로젝트가 진전되는 데 외부 파트너가 중요한 공헌을 했다는 것은 명백하다. 그러나, 대가도 있게 마련이다. 근본적 혁신팀은 제휴의 장단점을 인식하고 관리해야 한다.[13]

제휴의 장단점

제휴는 새로운 스킬과 지식, 특히 종합적이고 겉으로 잘 드러나지 않는 스킬과 지식을 학습하여 체득하는 데 사용될 수 있다.[14] 이러한 스킬과 지식 — 기술이나 시장에 대한 — 을 개발하는 데 필요한 기간 때문에 이것을 갖고 있는 사람들과 제휴하는 일은 극히 중요하다.

필자들이 연구한 기업들은 역량 격차를 극복하기 위해서 자주 제휴를 선택했고 내부적인 역량 개발에는 별로 투자하지 않았다. 그러한 기업들은 제휴를 좀더 편안한 방법으로 여겼다. 내부 개발에 필요한 시간과 비용을 예측하기란 어렵다. 많은 기업들이 주류 상품과 관련하여 생산 및 시장개척을 위해 제휴한 경험이 있으며, 근본적 혁신 환경에 대한 경험을 비교할 수 있다고 믿고 있다. 그러나, 역량 격차가 클 때조차 가장 좋은 해결책이 언제나 제휴인 것은 아니다.

부족한 역량의 내부 개발이 아웃소싱보다 나은지 여부는 판단하기가 불가능하다. 그러나, 필자들이 연구한 기업들은 근본적 혁신 영역에서 제휴와 관련한 어려움을 분명히 과소평가했다. 또한, 많은 경우 장단점을 신중하게 고려하지 않았던 것으로 보인다.

필요한 경우 제휴를 선호하는 경향은 근본적 혁신팀이 채택할 필요가 있는 자원 획득 심리의 일부이다. 또한, 이러한 경향은 앞장들에서 설명한 바와 같이 근본적 아이디어를 포착하는 방법과 근본적 혁신 프로젝트 관리에 부합한다. 이러한 방법들은 프로젝트팀이 가정을 세워서 시험하는 데 도움이 되는 추가적인 정보 원천을 획득하는 수단으로 제휴가 어떤 가치를 갖고 있는지 보여 준다. 게다가, 제휴 선호 경향은 프로젝트가 어려움에 빠질 때 지원과 또 다른 제휴 기회를 제공할 수 있는 내외부 파트너들의 네트워크 구축에 도움이 된다.

제휴가 성공하면 역량 격차를 신속하고 효율적으로 해소할 수 있고, 제품 출시 기간을 줄일 수 있다. 그리고 내부 역량 개발이나 획득에 시간이 너무 오래 걸리거나 역량이 전혀 생성되는 않는 경우 기회를 놓칠 위험을 피할 수 있다. 파트너가 역량을 인정받고 제휴가 생산적이라면 프로젝트팀은 내부적으로 신뢰를 얻게 된다. 따라서 얼핏 보기에 제휴는 경제적이고 신속한 해결책인 것으로 보인다. 그러나 아쉽게도 제휴는 만병통치약이 아니다. 필자들이 연구한 일부 프로젝트들에서는 파트너의 불만족스러운 성과나 제휴 관리상의 어려움 때문에 프로젝트가 크게 후퇴했고 불확실성이 감소하기는커녕 오히려 증가했다. GM의 사례가 가장 분명한 증거일 것이다. 기술개발 파트너가 아무런 성과를 보이지 않음에 따라 하이브리드카 프로젝트는 실패하고 말았던 것이다.

필자들이 연구한 프로젝트에서는 일반적으로 파트너와 관련된 예상치 못한 문제들이 등장했다. 다음의 세 가지 중요한 문제—모든 제휴가 관계를 관리하면서 직면하는 잘 알려진 문제들 이외에—에 대처하지 못하면 위험이 커진다. 세 가지 중요한 문제란 적절한 파트너를 찾고 제휴 협정을 체결하는 데 필요한 시간, 지적 재산 관리, 가치사슬의 여러 부분에 대한 소유권에 관한 의사결정을 말한다.

파트너를 찾고 제휴 협정을 체결하는 데 필요한 시간. 필자들이 연구한 사례들 가운데 절반 정도에서 파트너를 찾고 제휴 협정을 체결하는 데 상당한 시간을 투자했다. 프로젝트 관리 활동에서 제휴에 대한 투자는 오랫동안 많은 비중을 차지했다. 기술의 새로움 때문에 잠재적 파트너가 크게 제한된 경우도 있었고 프로젝트팀이 파트너십 관계를 확립한 경험이 없는 경우도 있었다.

필자들이 연구한 대다수 프로젝트들에서, 프로젝트 관리자는 잠재적 파트너를 찾아 제휴하는 업무를 담당했다. 이러한 과제 때문에 다른 우선순위 과제들을 수행하는 데 필요한 시간이 줄어들었으며 때로는 한 번에 몇 달씩 줄어들기도 했다. 듀폰의 전자방출 소재 프로젝트 리더 키티 녹스는 다른 사업부문이 전자방출 소재 프로젝트를 채택하기 전에 2년 동안 파트너를 찾고 제휴 협정을 체결하는 데 주력했다. 녹스가 처음에 선택한 제조 파트너는 녹스가 1년 동안 노력했음에도 불구하고 제휴를 거부했다. 다시 다른 파트너 후보를 찾느라고 시간을 보낸 뒤에 녹스는 처음에 정했던 후보가 낫다고 판단하고 그 후보와 다시 협상을 시작했다. 이렇게 12개월이 흐르는 동안 적절한 파트너십 조건에 대한 듀폰의 시각은 전자방출 소재 기술과 프로젝트가 진전됨에 따라 변화했다. 녹스는 새로운 방법과 새로운 제안으로 제휴를 성사시켰다. 듀폰도 다른 기업들의 경우와 마찬가지로, 제휴를 체결하기 위해서 오랫동안 노력해야 했던 것이다. IBM의 버니 메이어슨은 3개월 동안 수많은 잠재적 파트너를 조사하고 실사했다. 텍사스 인스트루먼트의 DLP 프로젝트를 담당했던 어떤 고위 경영자는 전세계를 돌아다니면서 잠재적 시장개척 파트너와 협상을 했다.

　　지적 재산 관리. 근본적 혁신 기술이 개발되면 대개 새로운 지적 재산이 생성된다. 따라서, 소유와 관리 문제를 판단하는 것은 제휴 협상 과정의 중요한 부분이다. 어떤 제휴 관리 베테랑이 말했듯이, "이러한 협정 때문에 비밀이 누설될 가능성이 있다." 이것은 공급자가 기술에 대한 권리를 유지하는 관계 형태로 제휴가 이루어지는 상황에서 좀더 어려운 문제였다. 기술개발 계약을 맺은 공급자와 기업이 상호 손해를 입히는 경우도 있었다. 이 경우 공급자는 자사의 실패나 개발 상황에 대해 기업에 잘못된 정보를 전달하다 마침내 개발 실패 상황을 더 이상 감출 수 없게 되었다. 기술개발 계약이 해지되었는데도 피해는 계속 발생했다. 기업이 파트너의 개발 자금을 지원하고 기업이 개발 결과를 소유한다는 계약을 체결한 경우에는 문제가 덜했다. 이 경우에는 기술 연구 보고서가 공개되었고, 기술 지식은 공유되었으며, 협력을 통한 기술개발이라는 인식이 자리잡고 있었기 때문이다.

　　대다수 사람들은 앞만 보고 달리고 최선을 다해 제휴 협정을 적절하게 체결하려고 하고 미래의 결과에 대해서는 걱정하지 않는다. 어떤 관리자는 다음과 같이 말했다. "솔직히 말해서 나는 우리가 선택의 여지가 있었다고 생각하지 않는다. 우리는 사내에서 그러한 전문 기술을 육성할 수 없었다." 부족한 기술 역량을 획득할 수는 있었지만 고유 지식을 관리하지 못할 가능성도 있었던 것이다.

　　가치사슬의 여러 부분에 대한 소유. 프로젝트 초기에 비즈니스 모델이 여전히 매우 불확실한 상황에서 파트너십을 구축하는 데는 상당한 위험이 따른다. 프로젝트가 상용화 단계로 넘어가면 혁신을 수행하는 기업의 위상은 가치사슬의 여러 부분과 관련하여 낮아질 것이다. 자연히 가치사슬에서 기업이 이미 갖고 있는 역량을 요구하는 부분을 소유하고 나머지는 아웃소싱하게 된다. 그러나, 시장은 혁신 기술이 가진 전체 가치의 대부분을 아웃소싱된 부분에 할당할 수도 있다.[15] 또한, 혁신 기업이 소유한 부분의 생산 활동이 치열한 경쟁에 직면하여 이익폭이 하락할 수도 있다. 컴퓨터 소프트웨어/하드웨어 식의 구분은 이것을 잘 보여 준다. PC 개발 초기에 IBM은 하드웨어 제조업체였고 운영체제 소프트웨어의 개발과 제작은 아웃소싱하기로 결정했다. IBM이 자사 PC의 운영체제를 내부적으로 획득하거나 개발했다면 IBM의 실적이 어떠했을지 상상해 보라.

제휴 초기에 프로젝트팀은 계약 관계를 명확히 규정하고 확고하게 정립하려 한다. 그러나, 근본적 혁신 과정의 초기에는 불확실성 요소가 많기 때문에, 제휴 관계가 변형되거나 성과가 부실한 경우 제휴 관계가 종료될 가능성이 매우 크다. 따라서, 제휴 관계는 불확실성을 감소시키고 예상하지 못한 결과를 수용할 수 있을 정도로 융통성 있게 구축되어야 한다. 이러한 역설은 어떤 프로젝트 관리자의 다음과 같은 얘기에 반영되어 있다.

올바른 파트너를 구하는 것은 정말 중요하다. 초기 단계에서는 자신이 무엇을 발명했는지 모르기 때문에 파트너를 유연하게 선택하기가 어렵다. 현재 우리는 누가 알맞은 파트너인가 하는 것에 대해 초기에 가졌던 생각을 수정하고 있다. 개발 과정이 진행됨에 따라 완벽한 파트너에 대한 생각을 계속 수정하게 될 것이다.

신중하게 분석해 보면 제휴는 가장 매력적인 방법이다. 그러나 필자들이 연구한 사례에서는 가치사슬과 연관된 경영상의 장점과 전략적 문제들은 불확실성 감소와 비교할 때 이차적 중요성을 갖고 있는 것으로 나타났다. 필자들은 부족한 역량을 내부에서 개발하려는 좀더 많은 단기 속성 프로그램들이 있었다는 사실에 놀랐다. 내부 개발이나 획득이 우선적인 전략일 수 있는 상황도 있다. 특히 기업이 전략 범위를 확장하고 역량 기반을 확대하는 것이 이점이 있다고 판단하는 경우에는 더욱 그렇다. 그러나 더욱 근본적인 혁신 프로젝트일수록 제휴는 역량 부족에 대처하기 위한 가장 중요한 대안이며, 따라서 불확실성이 높은 제휴에 대처하기 위한 전략을 개발하는 것은 근본적 혁신 프로젝트를 성공적으로 완수하는 데 중요하다.

효과적인 제휴를 하기 위한 열쇠

필자들이 논의한 제휴와 관련된 문제들을 감안하면서, 근본적 혁신가들은 어떻게 좀더 나은 혁신 활동을 할 수 있을까? 필자들은 다음과 같이 제안한다.

- **전략적 파트너를 선택한다.** 두 가지 전략적 차원에서 결정해야 한다. 첫째, 기업은 어떤 방법으로 역량 부족을 해소하는 것이 가장 좋은지 판단해야 한다. 즉 제휴, 다른 기업 인수 또는 내부 개발 가운데 하나를 선택해야 한다. 둘째, 제휴가 우선적인 대안이라면, 프로젝트팀은 기업의 전략적 파트너 포트폴리오를 검토한 다음에 파트너를 선택해야 한다. 필자들은 연구를 통해서 프로젝트 차원에서 보통 제휴가 결정되는 것을 목격했다. 그러나 제휴 문제는

프로젝트팀, 근본적 혁신 허브, 감시위원회, 경영진 모두가 계획과 의사결정의 일부로서 체계적이고 신중하게 검토해야 한다.

- **제휴 역량 개발** 제휴 관계를 형성하고 관리한 경험을 갖고 있는 프로젝트 팀원들은 거의 없다. 근본적 혁신 허브는 초기 단계의 프로젝트가 내부 및 외부 제휴 관계를 발전시키는 것을 돕고, 근본적 혁신팀이 제휴 관리에 필요한 스킬을 개발할 수 있도록 훈련한다.

- **근본적 혁신 프로젝트에 적절한 제휴 협정 체결** 근본적 혁신 프로젝트가 불확실성이 높기는 하지만, 근본적 혁신팀은 제휴 협정을 되도록 명확하게 구성해야 한다. 그래야만 파트너의 역할과 책임, 파트너에 대해 갖는 기대를 상호 이해하게 되고, 근본적 혁신 기술개발 과정의 어려움을 좀더 쉽게 헤쳐 나갈 수 있다. 한편, 제휴 협정을 통해서 관계의 발전 가능성을 상호 이해해야 한다. 왜냐하면 프로젝트의 진행 방향은 학습을 통해서 변화할 것이기 때문이다. 제휴가 적응에 필요한 유연성을 구현하면, 상호 신뢰가 강화될 것이다.

따라서 제휴를 할 때는 관계를 어떻게 수정할 수 있고 추가 파트너가 필요한 경우 프로젝트 후반부에 참여시켜 어떻게 예상치 못한 역량 격차를 메울 것인지 명확히 해야 한다. 또한 제휴 파트너는 프로젝트를 완수하고 시장 가치를 창출하기 위해 필요할 수도 있는 새로운 자원과 역량을 흡수하려면 보상이 희석될 수도 있다는 점을 받아들일 자세가 되어 있어야 한다.

궁극적으로 부족한 요소가 없는 프로젝트팀은 실패하지 않는다. 프로젝트팀은 성공하는 방법을 배우기 전에 자원이 부족해지고, 과제를 완수하기 위한 역량을 개발하거나 획득하는 데 필요한 시간이 부족해진다. 7장에서는 네 가지 불확실성 가운데 하나인 자원 불확실성에 포함되는 이러한 문제를 극복하는 방법들에 초점을 맞추었다. 이러한 통찰을 통해서 유망한 프로젝트는 기업이 원하고 필요로 하는 근본적 혁신을 성공적으로 완수할 기회를 갖게 될 것이다.

완성 단계

프로젝트는 완성 단계에 도달하여 상용화 단계로 넘어가면 다른 역량 격차와 자원 격차에 직면하게 되며, 따라서 이러한 격차를 메우기 위해 힘써야 한다. 프로젝트는 응용기술 개발을 완수하고, 고객을 교육하고, 양산 설비를 개발해야 한다. 근본적 혁신 프로젝트의 남아 있는 불확실성 때문에 — 후기 단계에서조차 — 이러한 활동들은 프로젝트팀이나 상용화 사업부문에서 일반적으로 발견되지 않는 특수한 스킬을 요구한다. 프로젝트의 완성 단계에서 실패하지 않으려면 프로젝트팀이나 상용화 사업부문이 상용화 전환 관리 능력을 개발하거나 상용화 전환 관리팀이 구성되어 격차를 메워야 한다. 근본적 혁신 과정의 최종 과제를 완수하는 문제는 8장에서 다룰 것이다.

8장 — 상용화

Radical Innovation

근본적 혁신 프로젝트팀이 멀고도 험난한 프로젝트 과정을 끝마치면 마지막 장애물에 부딪힌다. 근본적 혁신 프로젝트팀은 프로젝트를 상용화 사업부문으로 이전시켜야 한다. 그런데 타성에 젖어 프로젝트가 결국은 상용화 사업부문으로 이전될 것이라고 예상하는 경향이 있다. 기술, 시장, 조직 및 자원과 관련된 수많은 불확실성 요소들을 극복한 뒤에 마지막으로 직면하는 이러한 장애물은 얼마나 극복하기 어려운 것일까?

연구 초기에 필자들과 필자들의 업계 파트너들은 프로젝트가 충분히 성숙하면 상용화 사업부문이 시행착오를 거친 프로젝트 관리 기법을 채택할 수 있을 것이라고 가정했다. 그러나 사실은 정반대였다. 상용화로 전환하는 과정은 어려웠다. 왜냐하면 중요한 불확실성 요소들이 여전히 남아 있었고 새로운 불확실성 요소들도 등장했기 때문이다. 프로젝트 상용화 부서에서 바이오맥스를 담당했던 프로그램 관리자 데이브 페레티는 우울한 심정을 내보이면서 다음과 같이 말했다. "내가 프로젝트를 맡으면 프로젝트가 더욱 진전될 것이라고 믿었다."

상용화로 전환하는 과정에서 시장 및 기술과 관련된 문제들이 계속 프로젝트를 괴롭혔다. 시제품 제작과 응용기술 개발이 계속되어야 했고 시장 진출 문제로 다시 시작해야 하는 경우도 있었다. 또한 새로운 문제들도 등장했다. 혁신 기술을 초기에 채택한 사람들은 시제품을 수용하고 혁신 기업과 협력하여 신제품의 모양과 기능을 정하려 하지만, 상용 제품을 구매하는 고객은 기술개발이 충분히 완성되기를 기대한다. 근본적 혁신에 기초한 신제품은 기존 제품과 상당히 다를 것이며 따라서 잠재적 고객에게 신제품에 대해서 교육할 필요가 있다. 시제품 단계에서 적합했던 기술 규격도 신제품이 특정 용도에 맞게 변형됨에 따라 상당한 수정이 필요하다. 생산 증대도 기존 방법에서 상당한 변화가 필요한 경우 문제가 된다.

조직 및 자원과 관련된 쟁점들도 프로젝트가 상용화로 전환되는 과정에서 문제를 제기한다. 개발 기간에 많은 기여를 했던 파트너도 최종 단계에서 역량 부족을 보여줄 수 있다. 혁신의 조직적 목적지는 훨씬 더 커다란 문제이며, 대안마다 장단점이 있다. 프로젝트를 분사 형태로 추진해야 하는가? 프로젝트가 새로운 사업 그룹의 핵심이 되어야 하는가? 아니면 프로젝트를 기업의 기존 사업부문 가운데 하나로 직접 이전시켜야 하는가?[1]

3장에서 필자들은 근본적 혁신 아이디어가 프로젝트로 구체화되는 과정에서 발생하는 전환 격차에 대해서 설명했다. 여기서 필자들은 또 다른 전환 격차 — 이번에는 프로젝트와 상용화 사업부문 사이에 — 를 보게 된다.[2] 프로젝트 상용화 사업부문이나 프로젝트팀 모두 이러한 상용화 전환 관련 문제들에 대처할 준비가 안 돼 있는 경우가 있다. 프로젝트 상용화 사업부문은 되도록 빨리 수익을 창출하는 것에 초점을 맞추고 있기 때문에 표준 제품을 출시하고 관리 기법을 증대시킬 수 있을 만큼 프로젝트가 충분히 성숙하기를 기대한다. 프로젝트팀은 혁신 기술 개발에 '조사학습' 방법을 적용하는 것에 익숙해 있고 확실한 최종 설계를 결정하기보다는 좀더 새롭고 나은 제품을 개발하려고 노력하는 경향이 있다.[3] 프로젝트팀은 관리자들이 상용화를 앞당기기 위해서 부과한 고정된 예산과 빡빡한 일정에 불만을 가질 수도 있다. 대다수 경우에 상용화 사업부문이나 프로젝트팀이 프로젝트 상용화를 촉진할 역량을 개발하리라고 기대할 수 없다. 상용화팀—근본적 혁신 허브에 의해서 구성되고 지원되는—이 좀더 효과적인 조직적 방법일 수 있다. 상용화팀을 이용하려면 프로젝트팀에서 상용화팀으로 그리고 상용화팀에서 상용화 사업부문으로 프로젝트가 이전되는 과정이 필요하지만, 한 개의 커다란 격차를 메우는 것보다는 두 개의 좀더 작은 격차를 메우는 것이 성공할 가능성이 훨씬 더 높을 것이다.

알맞은 토대 확보

새로운 상용화 사업의 알맞은 토대를 선택하는 것은 중요한 결정이다. 기업이 새로운 사업을 내부적으로 개발하려 한다면, 기존 사업부문〔전략 사업부문(SBU)〕으로 프로젝트를 인계하는 것이 일차적인 방법일 것이다. 기존 사업부문이 적합하지 않으면, 새로운 사업부문을 구성하는 것이 합리적이다. 그러나, 이러한 신규 사업부문을 운영하는 과정에서 수반되는 비용과 위험 때문에 기업 경영진은 '강제 편입'을 해서라도 유망하지만 토대가 없는 프로젝트를 SBU가 채택하게 하려 할 것이다. 이것은 '부적격' 문제이다. 일반적으로 근본적 혁신 프로젝트와 사업부문이 현재 갖고 있는 생산, 판매, 마케팅, 유통 등의 능력 사이에는 불일치가 존재한다. 불일치가 클수록, 인력 재교육과 사업부문의 영업 시스템 수정에 필요한 투자 비용이 커진다. 기업이 이러한 과정을 지원 — 자금과 성과지표 조정을 통해서 — 하지 않는다면, 해당 사업부문에서 저항할 가능성이 있다.

필자들이 관찰한 9개 프로젝트들은 처음에 분명한 SBU 토대가 없었다. 그 가운데 3개는 기존 SBU에 '강제로 편입'되어 SBU 측의 저항이나 우려를 낳았다. 나머지 6개 프로젝트 가운데 한 개는 호의적인 SBU로 이관되었다. 4개 프로젝트는 새로운 상용화 부서 — 신규 사업부문이나 분사 벤처기업 형태 — 를 구성했고, 한 개는 기술적인 이유 때문에 프로젝트가 중단되어 그러한 문제를 고려하지 않았다.

프로젝트를 기존 SBU에 강제로 편입시키는 것은 치명적인 결과를 가져올 수 있다. 왜냐하면 기존 SBU는 프로젝트를 충분히 지원하지 못하거나 부적절한 분배, 자금조달, 성과 평가 체계를 가지고 프로젝트를 추진할 수 있기 때문이다.[4] 필자들이 연구한 사례들 가운데 한 개의 사례에서, 신사업 개발 담당 관리자가 경영진으로부터 상용화 사업부문으로 프로젝트를 이관하는 작업을 시작하라는 지시를 받았다. 그가 해당 사업부문의 부문장과 접촉했을 때, 그 부문장은 신사업 개발 담당 관리자에게 시제품을 어디서 만들었는지 물어보았다. 그 부서

장은 시제품이 자기 부문의 생산 라인에서 제작되었다는 사실을 알고
놀랐다.

상용화로 전환하는 노력은 표류했다. 초기 프로젝트 관리자가 1년도
못 돼 재임명되었지만 상용화로 전환하는 과정에는 참여하지 않았다.
두 번째 제품 관리자는 첫 번째 제품 관리자의 혼란스러운 업무 인계
때문에 프로젝트 시작 시기를 늦추었다. 사업부문 경영자가 강하게 압
력을 가하지 않았기 때문에 제품 관리자도 프로젝트에 우선적인 관심
을 두지 않았다. 그것은 여러 제품 관리업무 가운데 하나일 뿐이었으
며, 제품 포트폴리오가 수익을 증대시킬 수 있는지 그 성공 여부에 따
라 평가되었다. 근본적 혁신은 수익을 창출할 준비가 안 되어 있었다.
두 번째 프로젝트 관리자는 '여유 시간'을 전환 과정 완수에 투여—분
명히 성공적인 전환을 위한 처방은 아니었다—했다. 근본적 혁신 프로
젝트팀과 상용화 사업부문 사이에 의사소통이 부족하면 앞에서 서술한
바와 같이 예상치 못한 상황이 불필요하게 벌어진다. 마찬가지로, 상용
화 사업부문 경영진이 전담 인력과 자원을 투입하는 형태로 노력하지
않으면 프로젝트는 그 사업부문의 우선순위에서 제외된다.

기존 사업부문에 알맞은 근본적 혁신도 상용화로 전환되기 어려운
데, 근본적 혁신이 명확한 토대가 없을 경우 전환은 훨씬 더 어려워진
다. 이 경우의 혁신은 기업의 기존 전략틀과 무관한 다각화이다.[5] 이
러한 상황은 회사의 전략 범위를 크게 벗어난 폴라로이드의 메모리 저
장기술 개발에서 목격된다. 폴라로이드는 회사의 제품구조를 변경하
여 신기술을 흡수한다는 비전을 갖고 있었다. 그리하여 신규 사업부문
을 구성하여 다른 기업과 전략적 제휴를 맺었다.

적합성이 적고 기업이 혁신을 이용하여 역량 기반을 확대할 의지가 없다면, 사업은 분사될 가능성이 가장 크다.[6] 이러한 상황에서 모기업은 분사된 기업과 자신의 관계를 규정해야 한다. 기술 획득과 관련하여 경쟁상의 문제가 있는가? 분사 기업이 핵심 공급자가 될 것인가? 모회사가 근본적 혁신 기술의 발견과 개발에 대한 투자수익률을 어떻게 극대화할 수 있는가? 이것은 투자이익과 관련해서뿐 아니라 기술능력과 시장경험을 확대하려는 기업의 노력에 끼치는 영향 — 긍정적이거나 부정적인 — 때문에라도 중요하다.

기업이 어떤 상황에서도 자신의 전략 범위에 어긋나는 근본적 혁신 기술의 개발을 결코 추진하지 않을 것이라고 결정할 수도 있다. 그러나 기술을 새로운 벤처기업으로 분사시킬 경우, 기업은 분사 이전에 기술개발에 참여하여 자연스럽게 얻게 되는 역량 확대라는 이점을 얻게 된다. 이것은 프로젝트에서 배워서 얻는 완벽한 이점은 아니지만, 기회를 완전히 무시할 경우에 얻게 되는 이점보다는 훨씬 더 나은 것이다. 게다가 기업은 분사 기업에 대한 지분 투자를 통해서 지분 평가익을 얻게 된다. 넷액티브의 분사와 관련하여 노텔 네트웍스가 바로 이러한 이점을 얻었다. 이러한 대안들이 전혀 실현 가능성이 없다면, 일반적으로 기술을 라이선싱하거나 사장시킨다.

필자들이 연구한 프로젝트를 예로 들어 대안을 좀더 자세히 살펴보자. 다음 사례는 상용화 사업부문으로 직접 프로젝트가 이전되는 상황이 실제로는 얼마나 어려운 상황인지 보여 준다. 프로젝트팀은 기술 및 시장 관련 불확실성이 해소되었어도 상용화 사업부문이 근본적 혁신을 언제나 크게 환영하는 것은 아니라는 점을 인식할 필요가 있다.

GE : 기존 사업부문으로 프로젝트 이전

GE의 디지털 X-레이 프로젝트는 처음부터 토대가 있었다. GE의 의료 시스템
(GEMS) 사업부문이 디지털 X-레이 프로젝트를 시작하고 초기 개발자금을 지
원했던 것이다. GEMS는 이미 기존 X-레이, CT, MRI, 초음파 진단기 같은 제품
으로 영상진단 시장에 진출해 있었다. 신기술은 같은 시장에서 활용될 것이며
GEMS 인력을 이용하여 효과적으로 판매, 유통, 서비스될 수 있었다. 프로젝트
가 완성되면 GEMS 사업부문으로 이전될 게 분명했다.

기술이 성공적으로 개발되는 과정에서 재미있는 일이 벌어졌다. GEMS 사업
부문 경영자가 우선순위를 변경하여 프로젝트 지원을 중단했다. 그는 숫자에
민감했으며 기존 사업에서 매출 목표를 달성하여 높은 평가를 받았다. 그는 프
로젝트의 기술적 불확실성, 추가 개발이 GEMS 사업부문의 단기적 재무 지표
에 끼칠 부정적 영향 때문에 불안감을 느꼈다. 프로젝트 관리자 브루스 그리핑
의 지도로 회사와 정부의 자금지원을 받아 프로젝트가 계속되기는 했지만, 향
후 프로젝트의 토대 역할을 하게 될 사업부문의 지원이나 참여는 없었다.

프로젝트팀은 대부분의 기술적 문제들을 천천히 해결했다. 팀원들은 핵심 고
객들을 대상으로 시제품을 성공적으로 시험했으며, 결국 프로젝트는 사업부문
으로 이전되는 단계에 도달했다. 그러나 디지털 X-레이 프로젝트는 GEMS 사
업부문 경영자의 지원이 없이는 계속 추진될 수 없었다.

1997년 GEMS 사업부문 경영자는 뜻밖에도 회사를 떠났다. 다행스럽게도
후임자는 디지털 X-레이 프로젝트의 잠재력을 인정하여 철저한 평가작업을 시
작했다. 디지털 X-레이의 가능성에 매료된 그는 열정적인 후원자가 되었다. 디
지털 X-레이 프로젝트는 이제 GEMS로 이전될 수 있는 것으로 보였다.

지금은 회사를 떠난 GEMS 사업부문 경영자가 우려했던 사항들 가운데 하나
는 디지털 X-레이 프로젝트에 알맞은 품질과 수율을 제공할 핵심부품을 제조할
수 있는 다른 기업과 제휴하는 문제였다. 프로젝트팀은 신뢰할 수 있는 파트너

를 찾아내서 상호 협력하여 개발을 진행했다. 그러나 프로젝트가 상용화로 전환되는 시점에서, 핵심부품 제조 파트너는 적절한 수율을 제공할 수 없었다. 그 결과 전환 과정에서 생산 증대가 주된 연구개발 과제가 되었다. 프로젝트 관리자 그리핑의 면밀한 감독을 받으며 R&D 부서가 폐쇄한 시설에서 디지털 X-레이 시스템의 핵심부품이 제작되었다.

마케팅, 유통, 서비스 시스템이 체계적으로 정비되어 있던 GEMS 사업부문은 근본적 혁신 기술이 목표로 하는 시장에서 오랫동안 성공을 거두었다. 근본적 혁신 기술이 결국 기존 사업부문으로 이전될 것이 분명했기 때문에 프로젝트 출범 당시 GEMS 사업부문은 프로젝트를 진행하고 자금을 제공했다.

디지털 X-레이 프로젝트의 경우 겉으로 보기에는 시장, 조직, 자원 관련 불확실성이 비교적 낮은 것으로 보였다. 주요 불확실성 요소들은 기술적인 요소들이었다. 다시 말해서 기술을 증명하고 생산능력을 개발하는 것이 주된 불확실성 요소들이었다. 그러나 경영진의 교체, 제조 파트너의 문제, 자금지원 확보의 어려움 때문에 근본적 혁신 과정에서 몇 차례 프로젝트가 중단되었다. 게다가, 초기 응용부문에 대한 불확실성이 예상보다 높았다. 그러나 기술적 문제들은 중요하기는 했지만 가장 극복하기 쉬운 문제인 것으로 판명되었다.

다음 사례는 프로젝트가 완전히 신규 사업부문으로 이전된 경우이다. 이것은 기업이 근본적 혁신 제품의 출시와 신규 사업체 설립에 투자한다는 것을 뜻한다. 혁신 제품 개발에 오랫동안 투자한 뒤에, 기업은 투자수익과 긍정적인 현금흐름을 창출하기를 원했다. 그러나 전환을 통해서 새롭고 매력적인 응용 가능성이 발견되었다. 이 사례는 기술 불확실성과 시장 불확실성이 여전히 큰 상태에서는 조직 및 자원과 관련된 커다란 긴장이 존재함을 보여 준다.

아날로그 디바이스 : 신규 사업부문으로 프로젝트 이전

CEO 제리 피시먼은 아날로그 디바이스의 가속도계 프로젝트를 시작하면서 기존 사업부문들 사이의 틈새로 진출한다는 목표를 처음부터 갖고 있었다. 스테이터는 아날로그 디바이스가 차세대 자동차의 정밀 전자장치 부품으로 사용되는 첨단 칩을 이용하여 자동차 시장에 진출하기를 원했다. 따라서, 이러한 새로운 시장에서 응용제품을 판매하고 다른 가속도계 기술 시장을 발굴하려 했던 것은 당연한 일이었다.

프로젝트가 상용화되는 과정에서 아무 문제가 없었던 것은 아니다. 핵심인력 상실, 손익분기점 도달의 어려움, 에어백 센서 사업 확장과 가속도계 기술의 새로운 응용기술 개발과 같은 문제들이 있었다. 아날로그 디바이스는 프로젝트 챔피언 리치 페인을 신규 사업부문에 참여시키려 했지만, 페인은 아날로그 디바이스를 그만두고 다른 벤처기업을 세웠다.

가속도계 프로젝트팀이 신규 사업부문으로 전환되자 아날로그 디바이스는 재정 문제에 직면했다. 생산을 하려면 고성장 벤처기업의 일반적인 문제인 마이너스 현금흐름을 보완하기 위해 지속적인 투자가 필요했다. 아날로그 디바이스는 신규 사업부문에 손익분기점에 도달하라는 압력을 점점 세게 가했다. 신규 사업부문의 경영진은 아날로그 디바이스가 장기적인 수익률을 극대화하려면 혁신 기술의 추가적인 응용부문을 개발해야 한다고 믿었다. 그리하여 가속도계 사업부문 경영진은 그러한 단기적 압력에 저항했고 에어백 센서 사업의 확장을 꾀했으며 컴퓨터 게임과 시뮬레이터와 같은 다른 응용부문에 기술을 적용하려 했다. 어떤 의미에서, 신규 사업부문은 근본적 혁신 프로젝트의 특성을 갖고 있는 새로운 응용기술을 개발하는 광범위한 전환 상태에 있었다고 할 수 있다. 상용화팀은 최소한 단기적으로나마 경영진의 참여를 유지하는 데 성공했다. 상용화팀은 생산 증대 및 지속적인 응용기술 개발과 관련된 마이너스 현금흐름을 보완하기 위해서 필요한 자금을 계속 조달했다.

이 사례는 손익분기점에 되도록 빨리 도달하고 싶은 모회사의 욕구와 모회사의 새로운 벤처기업이 새로운 응용기술을 지속적으로 실험하려는 욕구 사이에 긴장이 있음을 보여 준다. 모회사는 기존 응용기술—이 사례의 경우 에어백 센서와 같은—의 확장에 초점을 맞추어 단기적 수익성을 확보하기 위해서 벤처회사의 성장을 방해할 위험이 있다. 대안을 찾자면, 모회사는 새로운 응용기술 영역—그에 수반되는 모든 불확실성과 더불어—을 탐색하여 벤처의 성장을 지원할 수도 있다. 이러한 경로는 경영진의 지속적인 지원, 알맞은 스킬을 이용하여 프로젝트팀을 재정비하는 것에 대한 관심, 프로젝트의 전환을 추진하기 위한 지속적 투자를 요구한다.

필자들이 연구한 세 가지 사례 가운데 마지막 사례에서는, 모회사가 자신의 전략 범위에 포함되지 않는 근본적 혁신 기술에 투자하여 얻을 수 있는 수익을 포기하기보다는 분사를 추진하기로 결정했다. 모회사는 외부 투자자를 유치하고 독립 사업체를 구성하여 상용화를 완수함으로써 위험을 감소시킬 수 있을 것으로 예상했지만, 이러한 전략도 자체적인 위험을 갖고 있다. 모회사가 분사한 회사에 대해 갖는 직접적인 지배력과 영향력은 제한될 것이며, 모회사는 효과적 활동을 위해서 독립적인 파트너에 의존하게 된다. 또한, 모회사는 자신의 역할에 합당한 성과를 얻을 수 있을 것이라고 가정한다.

노텔 네트웍스 : 분사

넷액티브팀이 노텔 네트웍스 벤처위원회 전문가들의 도움을 얻어 수립한 초기 사업계획에는 1997년 말에 분사하는 것으로 되어 있었다. 그런데 예상치 못한 문제들 때문에 분사가 지연되었다. 적절한 목표 고객과 유통 채널을 파악하는 것은 예상보다 어려웠다. 이러한 어려움 때문에, 노텔 네트웍스가 선택한 잠재적 벤처 캐피털 투자자들은 넷액티브의 가치를 도저히 수긍하기 어려울 정도로 낮게 평가했다. 그리하여 노텔 네트웍스는 혁신적 자회사 넷액티브의 가치를 좀더 높이는 데 주력했다.

노텔 네트웍스의 추가 투자가 필요해지자 넷액티브를 독립 회사로 전환시키라는 압력이 커졌다. 벤처팀은 1998년 추수감사절과 크리스마스 사이에 첫 번째 외부 투자 유치를 추진했다. 휴가철이었기 때문에 투자자의 주목을 끌기가 어려웠으나, 벤처팀은 어려운 협상 끝에 은행으로부터 자금을 유치했다. 넷액티브는 1999년 여름 독립 회사로 분사했으며, 노텔 네트웍스는 45%의 지분을 소유했다.

근본적 혁신 프로젝트의 경우에도 기업의 가정과 기대가 실현되지 않는 경우가 많았다. 문제는 예상보다 더 어려운 것으로 판명되곤 했으며, 적정 수준의 결과를 얻기까지 좀더 많은 시간과 비용이 소모되었다. 신벤처 사업부문의 부사장 조운 하일랜드는 넷액티브를 통해서 회사의 학습 수준이 한 단계 상승했다고 말했다.

좀처럼 없어지지 않는 불확실성 요소

상용화 사업부문 근무자는 근본적 혁신 프로젝트팀이 규격이 완성되고 시험을 통과하고 생산 준비가 되어 있는 제품을 이전해 주기를 바라며, 생산 라인이 가동 준비가 되어 있고 발주하려는 고객이 있는 상태이기를 원한다. 이런 조건이 갖추어지면 상용화 사업부문은 쉽게 생산을 개시하여 수익을 증대시키고 수익성을 유지하거나 개선할 수 있을 것이다. 그러나 대다수 경우에, 기술 요구사항의 변화, 시장개척, 비즈니스 모델 완성, 고객 유치, 상용화 자금 유치, 조직 및 인적 자원 문제와 관련된 불확실성 요소들은 여전히 미해결 상태로 남아 있게 된다. 한편 프로젝트팀―시장 불확실성을 해소해야 하고, 고객을 발굴해야 하고, 시장 수용성을 제시해야 하는―은 낯선 영역에 있다. 프로젝트팀은 상용화 사업부문이 이러한 작업을 담당하여 자신들은 다른 기술 프로젝트를 진행할 수 있기를 바란다. 이러한 남아 있는 불확실성 요소들을 해결하지 못하면 근본적 혁신 과정의 최종 단계에서조차 프로젝트가 중단될 수 있다. 필자들이 연구한 12개 사례에서 프로젝트팀이 직면했던 어려운 문제들을 살펴보자.

기술 규격이 완성되었는가?

신제품이나 새로운 서비스를 구매할 고객을 확보하면 상용화가 추진력을 얻게 된다. 고객과의 초기 상호작용을 통해서 추가적인 기술개발의 필요성이 대두되기도 한다. 특히 신제품이 구체적 응용부문에 맞게 개발되는 경우에 더욱 그렇다. 듀폰 바이오맥스 프로젝트의 경우, 회사 자금을 이용한 마케팅을 통해서 잠재적 고객들의 광범위한 관심을 불러일으켰다. 그 결과, 바이오맥스 제조방법의 변경과 새로운 제조공정 개발을 요구하는 응용부문이 등장했고, 그리하여 프로젝트를 바이오맥스 제조를 담당할 상용화 사업부문으로 이전하기로 결정했다.

시제품 제작에서 나타난 생산 관련 문제들은 상용화의 성공 여부를 결정하는 문제들과 매우 다르다는 점도 유의해야 한다. GE의 디지털 X-레이 프로젝트의 경우, 시제품 제작은 초기 채택자들이 '복잡하지만' 기능적인 시스템을 사용하게 하는 것에 초점을 맞추고 진행되었다. 다른 많은 사례들에서 필자들은 나머지 기술적 불확실성 요소들을 해결하는 과정에서 예기치 못하게 등장한 어려운 문제들 때문에 상용화 과정이 지연되는 것을 목격했다.

시장 기대가 현실과 일치하는가?

근본적 혁신 프로젝트에서는 시장개척을 위한 시간과 자금투자가 매우 과소평가된다. 사실, 프로젝트팀은 근본적 혁신 과정에서 기술적 불확실성을 해결하기 위해서 시간과 노력을 쏟아부을 필요성을 이해하고 있었다. 그러나, 시장개척 노력의 중요성에 대한 프로젝트팀의 인식은 좀더 낮았고 시장개척 노력을 위한 준비 수준도 좀더 낮았다. 소수의 열정적인 초기 채택자를 파악한다고 해서 매출이 급상승할 수 있는 토대가 만들어지는 것은 아니다. 첫 번째 응용기술 파트너에서 대량 판매로 이어지는 과정은 어렵고도 힘들며, 정상적인 판매 및 고객 관리 스킬과는 다른 집중적인 관심과 스킬을 요구한다.

가장 좋은 초기 응용기술은 무엇인가?

누구나 매스 마켓을 지배할 수 있는 '최고의 응용기술'을 찾으려 한다. 그러나 최고의 응용기술은 근본적 혁신 기술의 상업화 기간 초기에 등장하지 않는 경우가 많다.[7] 조사학습 과정은 상용화로 전환되는 기간에도 계속되며 상용화 사업부문이 준비를 끝내고 신제품을 생산한 뒤에도 계속된다. 필자들이 연구한 몇몇 프로젝트팀은 시장개척을 촉진하기 위해서 초기의 틈새시장 진출용 응용기술 전략으로 전환했다. IBM의 실리콘 게르마늄 칩 프로젝트는 일부 응용기술에서 초기 고객이 보인 호의적인 반응 덕분에 상용화 사업부문로 이전되었다. 그러나 1년이 지난 뒤에도 그것은 상용화 사업부문에서 여전히 '프로젝트 단계'에 있었다. IBM의 마이크로 전자/무선 사업부문 부사장 마이크 컨캐넌은 여전히 응용부문을 모색하고 있었다. 처음에 설정한 핵심 시장은 프로젝트 챔피언 버니 메이어슨이 기대했던 것만큼 빠르게 구체화되지 않았다. 컨캐넌은 위치 추적 시스템 시장에 주목하고, 위치 추적 시스템 단말기에 실리콘 게르마늄 칩을 사용하려고 했다.

텍사스 인스트루먼트의 DLP 프로젝트도 이와 비슷한 상황에 시달렸다. 수많은 응용부문을 반복적으로 검토한 뒤에 텍사스 인스트루먼트의 제조 파트너는 강당과 회의실과 같이 대규모 장소에 설치되는 프로젝션 시스템을 출시했다. 초기에는 가격 때문에 매스 마켓용 제품으로 자리잡을 가능성이 없었다. 그러나, 텍사스 인스트루먼트는 이것을 발판으로 시장을 확대하고 어느 정도의 시장 잠재력을 갖고 있는 다른 응용제품들을 생산할 수 있을 것이라고 확신했다.

5장에서 설명한 바와 같이, 바이오맥스 프로젝트는 상용화 초기에 핵심 응용부문을 발견하지 못했다. 전세계가 생분해가 되지 않는 폐기물로 질식할 듯한 상황에서 생분해성 소재인 바이오맥스의 잠재적 용도는 헤아릴 수 없을 만큼 많았다. 듀폰의 과제는 자사 제품을 포장 및 기타 응용부문에서 소재로 선택하게 하는 것이었다. 기술잡지와 업종잡지에 광고를 게재하는 것도 듀폰이 잠재적인 틈새 응용부문에 대해 알아내기 위해서 사용한 한 가지 방법이었다. 듀폰은 광고를 통해 30여 가지 응용부문을 파악했다. 결국, 바이오맥스 사업부문의 제품 관리자는 가장 유망해 보이는 네 가지 응용부문을 목표로 삼았다.

기술의 최종적인 핵심 응용부문은 처음에 잘 등장하지 않는다. 그것을 운영하고 유지하기 위한 기반구조가 아직 마련되지 않았기 때문이다.[8] "매스 마켓을 겨냥한 휴대하기 쉽고 사용하기 편리한 컴퓨팅 및 통신 장비"[9]로 정의된 PDA(personal digital assistant)의 경우를 살펴보자. 1993년 초기 PDA 시장에 등장한 제품들(암스트래드의 펜패드, 애플의 뉴턴, 탠디의 주머)은 가장 광범위한 일반 소비자 매스 마켓을 겨냥했지만 모두 실패했다. 그 다음에 등장한 제품들(IBM과 벨사우스의 사이먼, 소니의 매직링크, 모토롤라의 엔보이)은 좀더 명확하게 선정되고 좀더 성공 가능성이 높은 틈새 응용부문(의료, 금융서비스, 교육부문에서 이동하면서 일을 하는 전문가)을 겨냥했다.[10] 그러한 제품들은 시장 진출을 위해서 매스 마켓 기반구조를 마련할 필요가 없었기 때문에 매출이 급속히 확대되었다.

시장개척은 어느 정도나 해야 하는가?

근본적 혁신에 기초한 제품은 기존 제품과 상당히 다르기 때문에, 고객이 조심스러운 태도를 보이는 것은 당연하다. 고객이 고유 기술만으로는 신뢰하지 못하거나, 고객 지원을 제공하고 신제품을 계속 생산한다는 혁신 기업의 약속을 믿지 못할 수도 있다. 근본적 혁신에 기초한 신제품의 판매와 마케팅 과정은 점진적 혁신의 경우보다 좀더 복잡하고 많은 시간이 걸린다. 이것은 불가피한 일이다. 또한, 응용기술 개발, 고객 교육, 사용자 교육이 필요하다.

넷액티브 사례에서 설명한 것처럼, 목표 고객에 대한 초기 가정은 틀린 것으로 판명될 수도 있다. 초기 사용자에게 기술을 교육하고 잠재적 응용부문을 조사하면 프로젝트팀은 시장으로부터 배우는 동시에 시장에 대해서 배울 수 있다.[11] 넷액티브팀은 초기의 잘못된 출발에서 배운 교훈을 적용하여 마케팅 활동의 초점을 좀더 유망한 잠재 고객 쪽으로 전환했다. 그러나, 이것 때문에 넷액티브팀이 추진하던 자금조달이 지연되었으며 전환기간이 길어졌다.

응용부문과 시장은 어떻게 전개될까?

시장개척 과정에서 기업은 시장에서 배울 뿐 아니라 시장이 기술과 그 가능성에 대해서 배우고 이해할 수 있게 도움을 준다. 이 점은 PDA의 시장개척 과정에서 확인할 수 있다. 1995년 10월 PDA 소유자들에 대한 조사 결과 대다수 사용자가 PDA를 스케줄 관리에 사용했고 PDA 기술의 핵심 장점으로 널리 인식된 통신기능은 사용하지 않고 있는 것으로 나타났다.[12]

이러한 종류의 혁신 기술은 '응용부문 이동'을 경험한다. 응용부문 이동이란 기업이 시장에 대해서 배우고 초기 시장진입을 위한 응용부문을 선택하고 지속적으로 학습하고 다른 응용부문으로 확장하는 사이클을 묘사하기 위해서 듀폰의 바이오맥스 프로젝트에 참여한 어떤 선임 연구원이 사용한 용어이다. 동시에, 초기 채택자와 다른 시장영역의 초기 사용자는 혁신 기술을 인식하고 그것을 다른 용도에 맞게 변경할 수 있는지 문의한다. 예를 들어, 아날로그 디바이스는 현재 가속도계를 컴퓨터 게임에 사용하고자 하는 게임업계의 문의에 대해 후속 조치를 취하고 있다. 응용 가능한 분야가 많아지면 프로젝트팀은 바이오맥스의 경우처럼 가장 유망한 초기 시장기회 쪽으로 선회하게 되며, 초기에는 명백해 보이지 않는 핵심 응용기술을 개발하게 될 수도 있다. 주로 영상진단에 응용될 GE의 디지털 X-레이 프로젝트의 경우에도 초기에 대상으로 한 응용부문은 시장학습을 통해서 발견되었다. 이러한 응용부문은 처음에는 초기 목표가 되리라고 예상하지 못했던 부문이었다.

사실 일부 근본적 혁신 기술은 주요 고객이나 매스 마켓 응용부문이 초기에 발견되지 않았는데도 상업적 성공을 거두었다.[13] 이것은 수많은 소규모 시장에 진출한 결과였다. 실제로 많은 응용기술이 '핵심 사업'으로 이어질 수 있다. 그렇다고 해서 처음부터 핵심 응용기술을 모색하는 것이 중요하지 않다는 말은 아니다. 그러나 근본적 혁신 제품의 시장개척은 여러 가지 경로를 따라 이루어질 수 있다.

생산 문제가 시장 진출 목표에 어떤 영향을 미칠까?

생산 문제도 시장진입 전략을 개발하는 것에 영향을 끼칠 수 있다. 한 가지 사례를 보면 초기 생산수율 문제 때문에 고마진 응용부문에 먼저 진입 전략을 맞추고 매스 마켓 응용부문은 나중으로 미루었다. 다른 사례들에서는 대규모 매스 마켓 응용부문에 초점을 맞추어 초기부터 지배적 표준을 부과하고 단기적인 이익에는 집착하지 않았다. 예를 들어, 아날로그 디바이스는 생산 공정이 적정 수율을 제공하기 오래 전에 에어백 센서의 주문을 받고 납품을 약속했다. 신규 사업부문은 초기 몇 년 동안의 영업 기간에는 여전히 적자를 보았지만 아날로그 디바이스는 대대적인 광고를 실시하고 매출을 증가시켰다. 이렇게 한 목적은 시장 점유율 확대와 함께 업계의 새로운 표준을 확립하여 시장이 에어백 센서 기술의 가치를 평가하게 하는 것에 있었다.

상용화 전환기간에 SBU의 기대에 어떻게 대처할 것인가?

수많은 응용부문 중에서 핵심 사업을 창출하면, 시장이 가능한 응용부문에 대해서 기업을 교육하는 것과 마찬가지로 혁신 기업도 시장을 교육하는 발견의 시기가 뒤따른다. 그러나 대규모 시장에 대한 초기 전망이 즉시 실현되지 않으면 긴장이 높아진다. 상용화 사업부문들은 신제품이 출시된 직후 대체로 매출 실적과 시장 점유율을 높여야 한다는 압력에 시달린다.[14] 진입 전략은 일반적으로 이러한 목표의 극대화를 중심으로 구성된다. 필자들이 연구한 프로젝트들은 이와는 대조적으로 훨씬 더 광범위한 목표를 제시했다. 이러한 목표에는 새로운 시장의 창출, 기업을 가치사슬의 생소한 부분으로 진출시키는 활동, 궁극적으로는 새로운 전략적 역량의 구축이 포함된다. 이러한 좀더 커다란 목표를 달성하기 위한 진입 전략은 SBU의 단기적 요구와 충돌할 수도 있다. 그렇다고 해도 단일 매스 마켓에 진출한다는 전망을 제시하기보다는 핵심 사업을 구성하는 좀더 소규모의 틈새 응용부문을 모색하는 것이 좀더 현명할 수 있다. 그러기 위해서는 SBU의 기대에 대응하는 것이 중요하다. 사업부문 경영진은 매출 목표를 갖고 있기 때문에, 알맞은 시장진입 시점을 찾거나 수많은 소규모 틈새 응용부문을 통해 사업을 구축하면서 겪는 시행착오에 불안해 할 수도 있다.

비즈니스 모델을 어떻게 완성할 것인가?

새로운 시장을 창출하거나 기존 시장을 교육하는 데 필요한 활동을 통해서 시장은 혁신 기술을 좀더 잘 이해하게 된다. 따라서 비즈니스 모델은 정적인 상태에 있을 수 없다. 상용화를 책임진 사람들은 시장이 성장과 발전을 거듭하고 시장학습이 누적되는 것에 따라 비즈니스 모델을 지속적으로 발전시키고 재정립해야 한다.

어떤 경우에 기업은 비즈니스 모델에서 상정한 제품보다 더 완전한 제품을 시장에 제공할 필요가 있다. 그 목적은 시장이 제품을 신속하게 사용하도록 돕는 것이다.[15] 텍사스 인스트루먼트가 초기에 전체 디스플레이 엔진(DMD 칩, 렌즈, 하우징, 전원 공급장치)을 공급하겠다고 결정한 것은 가치사슬의 좀더 많은 부분을 차지하기 위한 것이 아니라 OEM 업체들이 DMD 칩을 자사 제품에 장착할 준비가 안 되어 있다고 판단했기 때문이다. 텍사스 인스트루먼트는 이런 식의 방법을 선호하지는 않았지만, 어쩔 수 없이 전체 디스플레이 엔진을 공급하기로 결정했고, 이것을 통해서 자사의 혁신 기술이 좀더 빨리 채택될 수 있을 것이라고 기대했다. 몇몇 응용기술이 완성되자 텍사스 인스트루먼트는 자사의 혁신 기술을 분리하여 가치사슬의 다른 부분을 공략하는 능력이 뛰어난 고객들에게 핵심 기술만을 제공했다. 렌즈, 하우징, 전원 공급장치를 공급하는 업체들이 등장했고, 새로운 응용기술은 그러한 부품들에 대해 전혀 다른 규격을 요구했다. 그리하여 기초적인 비즈니스 모델의 기초가 변화했다.

상용화 전환 과정에서 어떻게 지속적으로 자금을 조달할 것인가?

수익을 얻을 가능성이 보이면, 기업은 신규 사업을 확대하는 데 투자할 필요가 있다. 그런데 상용화 사업부문이 이미 사용한 자원을 근본적 혁신 기술의 상용화에 투자하기를 기대하는 바람에 중단되고 만 프로젝트들이 아주 많다. 초기 시장진입을 통해서 얻은 교훈을 활용하려면, 프로젝트는 신제품 설계 및 개발, 시장개척, 고객 교육을 더욱 힘있게 추진해야 한다. 이처럼 중요한 단계에서 투자하지 않으면 수익 창출이 지연된다. 따라서 상용화는 결코 끝이 아니다. 상용화팀은 초기 개발에 필요했던 종류의 외부 자금(예를 들어 정부의 R&D 자금)은 확보할 수 없을 것이다. 상용화 자금은 회사 내부나 외부 파트너로부터 제공될 가능성이 가장 크다.

조직 격차를 어떻게 메울 것인가?

프로젝트팀은 신규 사업이 출범할 수 있는 지식 기반을 구축하고 나면 사업 구축은 상용화 사업부문이 담당할 것으로 기대한다. 프로젝트팀은 이렇게 말한다. "우리 일은 끝났다. 이제 당신들 차례이다." 그러나 상용화 사업부문은 상용화 준비가 되어 있을 경우에만 신규 사업을 원한다. GM의 하이브리드카 프로젝트를 담당한 수석 연구원에 따르면, 상용화 사업부문은 새로운 일을 많이 요구하지 않는 한 새로운 아이디어에 반대하지 않는다. 상용화 사업부문은 당연히 불확실성과 위험이 최소화되어 제품 생산과 판매, 시장 확대, 매출과 이익의 증대에만 초점을 맞출 수 있게 되기를 바란다.

상용화 과정에서 근본적 혁신 프로젝트는 정체를 알 수 없는 상태가 된다. 즉, 근본적 혁신 기술 개발 프로젝트도 아니고 완성하여 실행하는 상용화 사업도 아닌 상태가 된다. 프로젝트팀의 일부나 전체가 축적된 지식을 갈무리하여 상용화 사업부문으로 이전하더라도, 그리고 신규 사업부문이나 기존 사업부문이 프로젝트를 인수할 준비가 되어 있더라도, 조직적 전환은 어려움에 부딪힌다. 상용화팀에는 전환 격차의 양쪽에 있는 사람들이 갖고 있는 지식과 스킬이 필요할 뿐만 아니라 반복적인 경험에 기초하여 전환 업무를 전문적으로 수행할 사람들도 필요하다.

상용화 과정에서 인력을 어떻게 사용할 것인가?

위에서 언급한 문제들 외에도 프로젝트 상용화 과정에서 팀원들과 그들의 기대와 관련해서도 일반적으로 어려운 문제들이 발생한다.[16] 상용화된 9개의 프로젝트 가운데 7개에서 핵심 인력이 프로젝트팀을 떠나거나 재임명되었다. 챔피언의 스킬 및 관심과 프로젝트에 필요한 요소들 사이의 차이는 프로젝트가 상용화 과정을 거치면서 인력 문제를 낳는다. 아날로그 디바이스의 리치 페인은 가속도계 프로젝트를 유지하기 위해서 회사 내부의 역학관계를 이용하려 하지는 않았다. 프로젝트팀에서 중요한 개발 역할을 맡아 수행하는 사람들이 상용화팀의 효과적인 팀원이 되기 위해서 필요한 스킬이나 책임감을 갖고 있지 않은 경우도 있다.

기존 제품의 매출 증가 및 시장 점유율 확대에 관한 스킬을 배우고 훈련받은 사업부문의 제품 관리자에게 혁신적 제품에 대한 책임을 이전시킬 위험도 크다. 일반적으로 제품 관리자는 여러 제품군을 책임지고, 단기적인 실적을 기준으로 성과를 평가하는 경향이 있다. 근본적 혁신의 경우 시장개척이 상당히 늦어지곤 한다. 따라서 단기적으로 상용화 활동을 관리하는 것은 측정 가능한 결과로 제품 관리자를 평가하는 활동들과 구별되어야 한다.

필자들이 연구한 사례 가운데 한 가지 사례에서는 초기 상용화 관리자가 근본적 혁신의 사용에 충분한 에너지와 관심을 집중시키지 않았고 따라서 프로젝트가 활기를 잃었다. 상용화 사업부문에서 두 번째 관리자가 파견되었지만, 프로젝트는 여전히 매우 느리게 진행되었다. 이에 실망한 신규 사업 개발 담당 이사—그가 상용화 부서로 이전시킨 프로젝트의 결과에 기초하여 평가된—는 상용화 격차를 메우기 위해서 새로운 방법을 모색했다.

효과적인 상용화 관리

8장에서 논의된 미해결 문제들은 근본적 혁신 프로젝트의 상용화를 관리하는 것이 간단하지도 쉽지도 않다는 것을 보여 준다. 나머지 불확실성 요소들을 해소하려면 시간도 예상보다 오래 걸리고 예상보다 더 많은 투자가 필요하다. 그러나 상용화를 특수한 스킬과 자원이 필요한 특정 활동으로 지정함으로써, 기업들은 상용화 과정을 앞당기고, 실패 위험을 줄이고, 상용화 관리 역량을 향상시킬 수 있다. 필자들은 모든 근본적 혁신 기술의 상용화 과정에서 검토되어야 하는 효과적인 상용화 관리의 여섯 가지 열쇠를 다음과 같이 제시한다.

상용화팀 구성

프로젝트와 상용화 사이의 격차를 메우려면 상용화팀에 세 종류의 전문가가 포함되어야 한다.

- 근본적 혁신 프로젝트 팀원
- 상용화 사업부문 인원
- 상용화 관리 전문가

상용화가 성공하려면 혁신 프로젝트팀의 축적된 지식에 초점을 맞춰야 하며, 프로젝트 팀원들을 상용화팀에 배치하거나 자문위원으로 활용해야 한다. 프로젝트 챔피언이 효과적으로 활동했다면 핵심 역할을 해야 하고, 알맞은 스킬을 갖고 있다면 리더로 활동할 수 있어야 한다. 프로젝트 관리자가 상용화 관리에 필요한 스킬이 없으면, 근본적 혁신 허브에 소속된 경영진과 전문가는 리더십 승계 과정을 주의 깊게 관리해야 한다. 많은 프로젝트 관리자들이 수많은 장애물을 극복하여 프로젝트를 상용화 단계까지 이끈 핵심 인물들이기 때문에 지도력 승계와 관련하여 문제가 발생할 수도 있다. 당연히 프로젝트 관리자들은 "자기 아이와도 같은 프로젝트"에 애정을 느낀다. 그렇다고 해서 상용화 관리 스킬이 없는 프로젝트 관지라를 유임시킬 수는 없다. 기업이 리더십 승계를 잘만 관리한다면, 프로젝트 관리자를 유임시키지 않더라도 그는 다른 프로젝트에 참여하거나 근본적 혁신 허브에서 전문가역할을 할 것이며, 상용화팀은 필요한 리더를 확보할 것이다.

상용화팀에는 상용화 사업부문 인력과 근본적 혁신 프로젝트 팀원들이 모두 참여해야 한다. 상용화팀은 상용화 관리 스킬과 능력을 갖고 있는 관리자가 이끄는 것이 이상적일 것이다. 이러한 '전문가들' 은 근본적 혁신 허브에서 영입할 수 있다. 혁신 활동에 참여한 사람들이 매력적인 후보가 될 수 있는 기업들도 있다.

근본적 혁신 허브는 축적된 지식을 활용하여 상용화팀 구성을 주도해야 한다. 또한, 허브 그룹은 상용화팀을 구성하여 새로운 세대의 상용화 관리자들에게 현업 교육을 제공하고 감시해야 한다.

상용화팀의 성과는 상용화 사업부문의 기준이나 R&D 중심의 근본적 혁신 프로젝트팀의 기준과는 다른 기준에 기초하여 측정되어야 한다. 마찬가지로, 상용화팀의 예산은 R&D 부서나 상용화 사업부문에서 제공되어서는 안 된다. 이러한 두 부서는 상용화 성공에 이해관계를 갖고 있기는 하지만 상용화팀의 효율성을 해칠 수도 있는 편향을 갖고 있다. 상용화팀은 '조사학습' 활동을 적극적으로 계속할 필요가 있지만, 상용화가 완료되기 전까지 오랫동안 시간을 끌 수 있는 여유는 없다. 상용화팀은 상용화로 나아갈 것이므로, 제품과 비즈니스 모델을 완성하고 응용기술을 선택하여 영업이익을 창출하기 위한 토대를 확립해야 한다. 이러한 결정을 내리면서 상용화를 완성하는 과정에서 좀더 많은 성공을 보여줄 수 있다면, 새로운 응용부문을 모색할 가능성도 커진다. 이러한 기회들은 기업의 궁극적인 투자수익률을 극대화할 수 있는 토대를 제공한다. 상용화 관리는 상용화 완료를 앞당길 필요성을 반영하는 동시에 새로운 기회를 추구하기 위해 집중적인 노력을 요구하는 균형 잡힌 활동이다.

상용화팀의 성과는 누가 평가해야 하는가? 프로젝트의 산파 역할을 했던 R&D 조직이나 상용화 사업부문은 성과를 평가하기에 적합하지 않다. 그 대신, 근본적 혁신 허브가 경영진과 협의하여 각각의 상용화 노력에 대해 별도의 감시위원회를 구성해야 한다.

상용화 준비 정도 평가

상용화 준비 정도를 평가하기 위해서는 프로젝트팀과 상용화 사업부문 사이의 정보 공유와 협상이 필요하다. 양측은 프로젝트팀이 얼마나 많은 발전을 이루었고 상용화 사업부문이 얼마나 많은 발전을 요구할 것인지 판단한다. 이러한 상호이해를 통해서 상용화 과제를 파악할 수 있고, 상용화 완수에 필요한 자원과 역량을 확정할 수 있다.

프로젝트팀이 되도록 많은 불확실성 요소들을 해소하고, 상용화 사업부문이 효과적인 '초기 프로젝트 인수' 능력을 개발한다면, 두 조직 사이의 격차는 최소화될 것이다. 그러나 어느 한쪽이 상용화 관리 스킬이나 노력이 부족하다면, 비효율적으로 활동하고 프로젝트가 비틀거릴 가능성이 높아질 것이다. 제3자가 상용화 준비 정도를 평가하는 작업을 주도한다면 효율성과 정확성이 높아질 것이다. 이것은 근본적 혁신 허브의 전문가들에게 적합한 또 다른 과제이기도 하다. 근본적 혁신 허브는 경험에 기초하여 이러한 과정을 헤쳐 나가고 결과의 질과 유용성을 보장하면서 역량을 발전시킬 것이다. 또한, 근본적 혁신 허브는 자기 업종의 경쟁사를 적극적으로 조사할 수 있다. 경쟁사를 조사하고 과거를 돌아보면서 근본적 혁신 허브는 진입 전략과 시장 구축의 패턴을 이해하고 시장에서 혁신 제품이 받을 평가에 대한 적절한 기대치를 설정하는 데 도움을 준다.

세부적인 상용화 계획 수립

세부적인 상용화 계획 수립은 상용화팀의 첫 번째 과제이어야 한다. 상용화 계획에 필요한 대다수 정보는 프로젝트팀의 지식과 준비 정도를 평가하는 활동에서 찾을 수 있다. 상용화 계획에는 과제, 일정, 팀원의 역할과 책임이 포함되어야 한다.

상용화 계획은 프로젝트팀에게 활동지침이 되고 측정기준을 제공하는 것이어야 한다. 그러나, 상용화 관리는 기존 프로젝트 관리와 크게 다르기 때문에 시행착오를 거친 프로젝트 관리 기법을 적용해야만 한다. 상용화는 미해결된 불확실성 요소들—일부는 상용화 과정에서만 등장한다—과 불가피하게 충돌하게 되므로, 상용화 계획에는 여유 있는 시간과 자원 배분이 포함되어 있어야 한다. 또한 계획 진행이 제한되거나 너무 느릴 경우 프로젝트를 중단시킬 수 있는 수단도 포함하고 있어야 한다.

상용화에 필요한 챔피언 파악

기업 경영진—경영진, 최고 기술담당 경영자, R&D 이사, 상용화 사업부문 경영자—은 상용화 성공을 위해 상용화 과정에 우선순위를 부여할 필요가 있다. 사업부문 경영자들이 자신들의 성과 평가에 근본적 혁신 기술의 채택 및 상용화와 관련한 성장에 대한 평가가 포함된다는 것을 알고 있다면, 그들도 경영자들이 상용화 과정에 적극 참여해야 한다고 주장할 것이다.

일반적으로 근본적 혁신 프로젝트는 기술담당 경영자들의 '지원'이 없으면 상용화 단계에 도달할 수 없다. 상용화 성공 확률은 상용화 사업부문의 '노력'이 있을 경우 높아진다. 필자들이 인터뷰한 R&D 관리자는 모두 SBU와 회사 고위직에 각각 한 명씩 챔피언을 두는 것이 중요하다고 강조했다. 신임 GEMS 사업부장이 브루스 그리핑의 디지털 X-레이 프로젝트를 열정적으로 지원한 사례가 보여 주듯이, 상용화는 챔피언이 상용화 사업부문에 있을 때 성공할 가능성이 가장 높다. 챔피언은 프로젝트의 가치와 상용화 사업부문의 미래를 결합시켜 SBU의 지원을 유도한다. 동시에, 혁신은 기업 최고 경영진 가운데 한 사람이나 이와 비슷한 지위에 있는 사람의 도움을 필요로 한다. 이 사람의 권위는 프로젝트를 고의적이거나 무의식적인 저항으로부터 보호한다. 앞에서 제시한 IBM의 실리콘 게르마늄 사례의 경우, 반도체 제조 설비를 담당했던 존 E 켈리는 프로젝트를 마이크로 전자 사업부문으로 이전하는 초기 단계에서 중추적 역할을 했다. 켈리는 프로젝트를 지속시키는 데 필요한 자원을 개인적으로 '표나지 않게' 제공했다. 켈리는 프로젝트 성공에 중요하고 사업부문의 경계를 뛰어넘는 중역들의 비공식 네트워크의 일부였다.

상용화팀 감시위원회

상용화팀 감시위원회는 경영진 지원자들의 힘을 집중시킬 수 있는 유용한 조직적 수단일 수 있다. 상용화팀 감시위원회는 상용화팀의 진전 상태를 검토하고 여러 이해 당사자들의 협력을 유도할 수 있는 자연스 러운 수단이다. 다른 모든 상황과 마찬가지로, 감시위원회는 적임자들 —상용화 과정의 역동성과 결과를 알고 있고 업무를 추진할 수 있는 조직적 권한을 갖고 있는 사람들—로 구성될 경우에만 효과가 있다.

상용화에 필요한 자금과 지원 제공

근본적 혁신 프로젝트가 직면하는 커다란 위험 요소들 가운데 하나는 상용화 사업부문이 혁신의 잠재력을 실현시키는 데 필요한 자원을 투입하지 않을 가능성이다. 이것은 10년 이상 수많은 어려움을 극복하면서 혁신에 전념한 사람들이 진정으로 우려하는 점이다. 이런 점에서 볼 때 단기적 이익에 대한 요구는 혁신의 잠재력을 부분적으로 최적화하는 가장 좋은 방법 가운데 하나이다. 이것을 알고 있는 일부 기업(에어 프로덕츠, 듀폰, GE 등)은 R&D 자금이나 인력을 제공하여 상용화 과정에서 혁신 활동을 지원하고 있다. 디지털 X-레이 사례를 보면 GE의 R&D 부서는 프로젝트가 공식적으로 상용화 사업부문, 즉 GEMS로 이전된 뒤에도 50명의 인원을 동원하여 프로젝트를 지원했다. 중앙 R&D 부서는 이러한 인력 지원에 1200만 달러를 사용했다. 고위 경영진은 R&D 부서를 통해서든 아니면 일반 회사 자금을 이용해서든 자금을 지원하게 하여 상용화가 완료되게 해야 한다.

대규모 시장을 확보하기 위한 기초 마련

근본적 혁신 프로젝트의 궁극적 목적은 핵심 사업에 있다. 시장개척의 관점에서 보면, 그러한 목적은 핵심 응용부문의 추구에서부터 수많은 틈새 응용부문을 통한 수익 창출에 이르기까지 여러 가지 대안 경로를 통해서 달성할 수 있다.

하나의 거대한 잠재 시장 — 예를 들어 IBM의 실리콘 게르마늄 기술에 기초한 통신 응용기술의 경우와 같이 — 이 있더라도, 그러한 시장에 진입하는 것은 쉽지 않다. 5장에서 좀더 자세하게 서술한 바와 같이, 적어도 초기에는 수많은 소규모 응용기술 시장을 추구하는 것이 가장 좋은 전략인 경우가 많다. 이러한 관점을 갖게 되면 잠재적 사용자들에게 기술의 혁신적 특징을 알려 주고 새로운 주력 시장을 창출하는 데 도움이 된다.

시장이 앞으로 어떻게 성장할지에 대해 현실적 기대치를 설정하는 것은 어렵지만 매우 중요한 일이다. 어려움과 예상치 못한 기회들이 계속 등장할 것이며, 예상대로 발전하는 응용기술도 계속 등장할 것이다. 신규 사업을 유연하게 전개하지 않는다면, 기업은 혁신이 제공하는 이점을 누리는 데 필요한 시장개척 활동에 계속 투자하기보다는 프로젝트를 사장시킬 것이다.

필자들은 지금까지 프로젝트가 시작되어 상용화로 전환되는 과정을 따라 근본적 혁신 프로젝트를 설명해 왔다. 필자들이 연구한 조직의 여러 직위 여러 사람들이 프로젝트를 시작하고, 지원하고, 보호하고, 계속 추진하는 과정에서 유용한 역할을 했다. 필자들은 중요 단계에서 핵심 인물이 개입하여 프로젝트를 보호한 일들을 여러 번 지적했다. 개인의 이니셔티브와 능력은 근본적 혁신의 성공에 매우 중요하기 때문에, 필자들은 9장에서 개인의 역할을 좀더 깊이 있게 살펴보려 한다.

9장 — 개인의 중요성

Radical Innovation

필자들이 연구한 기업들은 근본적 혁신이 체계적이고 조직 중심적인 과정을 밟기를 간절히 원했다. 그러나, 필자들은 상황이 그와 정반대였음을 발견했다. 근본적 혁신은 주로 개인의 이니셔티브에 의존해 추진되었다. 필자들은 창의적 기술자, 기업가적 관리자, 비전을 갖고 있는 챔피언이 근본적 혁신 프로젝트의 성공에서 수행하는 중요한 역할에 기업이 관심을 갖지 않았다는 것에 놀랐다. 근본적 혁신 과정의 성격과 근본적 혁신 프로젝트로 인한 불확실성과 저항 때문에 주류 조직의 기존 관리 과정과 체계는 불합리하거나 심지어 반생산적인 것으로 드러났다. 근본적 혁신이 성공하려면 이러한 과정과 체계를 극복해야 했다. 이러한 배경에서 근본적 혁신 프로젝트의 불확실성을 해소하기 위한 새로운 관리 방법에 대한 실험은 임시방편에 불과했고 대체로 지속되지 못했다.

모범적인 근본적 혁신 과정은 없지만, 필자들은 연구를 통해 새로운 역할, 새로운 조직구조, 새로운 메커니즘이 창의적인 사람들의 동력,

열정, 노력, 끈기를 뒷받침할 수 있음을 알게 되었다. 효과적인 조직은 리더십과 경영구조를 사용하여 근본적 혁신가들의 높은 열정과 동력을 뒷받침한다.

IBM : 근본적 혁신 챔피언

버니 메이어슨은 오랫동안 실리콘 게르마늄 칩 개발 활동을 수행하면서 그가 잠시 활용한 협력자팀과 더불어 이단자로서 활동했다. IBM의 R&D 조직은 메이어슨과 그의 협력자들을 용인하기는 했지만 공식적으로 인가하지는 않았다. 그러나 R&D 수석 부사장 폴 혼과 메이어슨의 관계는 상호 신뢰와 존경에 기초한 관계였다. 혼은 공식적으로 승인되지 않은 메이어슨의 프로젝트를 계속 추진할 수 있게 했다.

수많은 근본적 혁신 프로젝트와 마찬가지로, 메이어슨의 프로젝트는 R&D 조직의 바이러스로 간주되었다. 메이어슨의 프로젝트를 방해하기 위해서 자금지원 중단, 협력 요청 거부, 메이어슨의 프로젝트에 관여하는 것은 '경력에 이롭지 않을 수도 있다'는 암묵적인 경고와 같은 조직적 방해수단이 사용되었다. 메이어슨은 이러한 경고들을 의식하고 있었지만 프로젝트를 계속 추진했다.

메이어슨은 과학적으로 훈련된 사람들을 자기 편으로 만드는 데 데이터가 어떤 위력을 발휘하는지 알고 있었다. 그래서 메이어슨은 고성능 차세대 칩의 주요 경쟁 소재인 순수 실리콘과 갈륨 비소의 실험 데이터를 비교하여 발표 자료를 작성했다. 또한, 메이어슨은 실험 데이터를 공개하고 여러 학술회의에서 논문을 발표했다. 메이어슨의 프로젝트는 IBM의 전략 범위를 벗어난 것이었지만, 노던 텔레콤, 아날로그 디바이스, 휴즈 일렉트로닉스 같은 주요 기업들을 대표하여 학술회의에 참석한 사람들은 실리콘 게르마늄 연구의 잠재력을 인정했다. 당연히 메이어슨은 이러한 잠재적 사용자들을 목표로 삼았다. 메이어슨은 실리콘 게르마늄 기술을 잠재적 사용자들의 사업, 특히 통신부문에서 응용할 수 있지 않을까 하고 초기에 갖고 있던 모호한 비전을 이러한 잠재적 사용자들 덕분에 극복할 수 있었다.

4장에서 제시한 바와 같이, 고위 경영진의 입장에서 볼 때 신뢰도가 높은 '유명한' 잠재적 리드 유저들의 증언은 프로젝트의 정당성을 높일 수 있었다. 메이어슨은 현명하게도 이러한 과학자들과 유대관계를 발전시켜 자기 연구의 가치에 대해 IBM의 고위 경영진에게 피드백을 제공해 달라고 요청했다. "〔회사 사람들은 우리에게 이렇게 말하고 있었다.〕'당신은 자금을 지원받고 있지 않다. 당신의 연구는 비현실적이다. 그만둬라. 당신은 짜증나는 사람이다.' 그런 다음 IBM이 협력하려 하는 대기업의 CEO는 이렇게 말했다. '이거 정말 굉장한데!' 그러자 사람들이 주목했다."

메이어슨의 데이터를 보고 다른 IBM 연구원들도 관심을 갖게 되었다. 그들은 실리콘 게르마늄의 시장 잠재력에 대한 메이어슨의 생각을 공유하게 되자 자금을 많이 지원받지 못하는 상태에서도 메이어슨이 이끄는 소규모 팀에 기꺼이 합류했다. 다른 연구원들도 시간을 내서 메이어슨의 프로젝트에 참여했다. 첫 번째로 참여한 사람은 실리콘 웨이퍼 제조부문의 전문 과학자 데이브 허레임이었다. 데이브 허레임과 메이어슨은 실리콘 게르마늄으로 웨이퍼를 만드는 실험을 하고 생산비용을 추정했다. 다른 사람들도 참여했는데, 그들은 대개 메이어슨과 함께 다른 프로젝트를 수행해 본 사람들이었으며, 그들과 메이어슨은 상호 신뢰하고 존경하는 사이였다. 그러한 사람들 가운데는 메인프레임 시스템 그룹에서 판매, 예측, 시장개척 업무를 수행하고 오랫동안 메이어슨과 믿음직스러운 친구관계였던 폴 커닝햄도 있었다. 커닝햄은 응용부문을 연구하고 IBM 외부에서 제휴관계를 구축하는 데 도움을 제공했다. 커닝햄은 끈기가 있고, 지혜로우며 기술 역량과 사업 역량을 갖춰 존경을 받았다.

메이어슨의 연구는 진공 상태에서 추진되지 않았다. 1980년대 초 연구가 시작되었을 때, IBM은 컴퓨팅 부문을 지배하고 있었다. 그러나 IBM의 지배력은 그 뒤 10년 동안 자사의 메인프레임에 대한 수요 감소와 초점 고객 상실로 쇠퇴해 왔다. IBM은 새로운 CEO —컴퓨터 업종에는 문외한인—를 영입하여 과거의 영광을 되찾으려 했다.

1993년 3월 루 거스트너가 IBM의 경영자가 되었다. 거스트너는 하드웨어에 주력하지 말고 고객의 정보 관련 문제를 해결하는 기업이라는 과거의 전통으로 돌아가야 한다고 결론내렸다. 그리고 곧바로 수익성 있는 신규 사업을 추진했다. 게다가 거스트너는 IBM이 다른 업체에 칩을 판매해야 한다고 주장했다. 이것은 IBM이 오랫동안 저항해 왔던 것이다.

IBM의 마이크로 전자 사업부문에서 유망한 신규 사업을 발굴하라는 과제를 배정받은 사업개발 이사 베리 사이드너는 곧바로 메이어슨의 프로젝트 얘기를 들었다. 사이드너, 메이어슨, 커닝햄, 나머지 프로젝트 팀원은 경영평가 위원회가 이해할 수 있도록 실리콘 게르마늄의 가능성을 설명하는 사업계획서를 작성했다. 1994년 8월 메이어슨의 프로젝트를 검토한 IBM의 혁신 자금 지원위원회는 전폭적으로 자금을 지원하기로 결정했다(물론 메이어슨은 여전히 자금 지원이 미약한 수준이라고 주장했다). 실리콘 게르마늄 프로젝트는 정상 궤도를 밟아 마이크로 전자공학 연구사업부로 이전되어 더욱 높은 우선순위를 배정받았다.

메이어슨의 사례는 개인을 근본적 혁신에 참여시키는 것과 관련된 세 가지 핵심적 문제를 보여 준다.

- 근본적 혁신을 촉진하는 데 고위 경영진이 중요한 지도적 역할을 한다.
- 근본적 혁신을 수행하는 개인들은 여러 가지 역할을 한다.
- 근본적 혁신팀은 전문적인 능력과 자질을 갖고 있는 사람들로 구성된다.

필자들이 연구한 모든 프로젝트에서 고위 경영자는 정도의 차이는 있지만 모두 프로젝트에 참여했다. 고위 경영자의 활동은 프로젝트팀의 전진을 극적으로 가속시키거나 지연시켰다. 사실, 12개 프로젝트 가운데 5개 프로젝트에서 CEO는 프로젝트의 성공에 직접적이고 중요한 영향을 끼쳤다. 중단된 3개의 프로젝트 가운데 2개에서 CEO는 프로젝트 중단 결정을 내렸다. 다른 고위 경영자들—CTO, 중앙 연구이사, 사업부문장, 부사장—도 프로젝트에서 중추적 역할을 했다. 근본적 혁신 활동을 위해서 개발된 기존 관리체계가 대체로 부족하기 때문에, 고위 경영진의 리더십은 프로젝트의 성패를 가르는 중요한 요소이다.

리더십의 중요한 영향

혁신은 기업의 어느 곳에서나 시작할 수 있지만, 경영진의 노력과 지원이 없으면 성공할 수 없다. 3M의 회장 겸 CEO 리비오 D 데시모네는 회사의 혁신 활동을 지속적으로 추진했다. 3M은 해마다 연간 수입의 7%에 달하는 10억 달러 이상의 자금을 R&D에 투자한다. 3M의 장기적인 목표는 연간 매출의 30%를 4년 미만 된 제품에서 창출하는 것이다. 그리고 매출의 10%는 1년 미만 된 제품에서 창출할 것으로 예상하고 있다. 데시모네는 다음과 같이 쓰고 있다. "오늘날 신제품과 신기술이 시장을 지배하는 영광스러운 기간은 짧다. 그 기간은 더욱 짧아지고 있다."[1] 이러한 목표와 경영진의 태도는 지속적인 혁신을 지향할 수 있게 한다.

　최고 경영진의 혁신 활동은 노키아에서도 마찬가지로 이루어지고 있다. 10년 전까지만 해도 134년의 전통을 자랑하는 노키아는 종이에서 화학제품, 고무제품 그리고 이동전화 단말기에 이르는 다양한 제품을 생산했다. 오늘날 이동전화 단말기는 노키아 순매출의 60%를 차지하고 있으며, 이 덕분에 노키아는 디지털 통신 기술부문에서 세계적 선두주자가 되었다. 이러한 전략을 뒷받침하기 위해서 노키아는 매출액의 9%를 R&D에 투자하고 있으며 세계 12개 국가에 44개의 R&D 센터를 설립하여 13,000명의 R&D 인력을 운영하고 있다.

　근본적 혁신을 지원하려면 고위 경영진의 용기가 필요하다. 근본적 혁신은 비용이 많이 들고, 결과는 알 수 없으며, 기존 사업을 위태롭게 할 수도 있다.[2] 소매 증권사의 현재 상황은 기업 리더들이 혁신을 검토하면서 어려운 선택에 직면한다는 것을 상징적으로 보여 준다. 소매 증권사들은 온라인 트레이딩 시스템에 투자할 필요성과 기존 사업을 뒷받침해야 한다는 요구 사이에서 갈등하고 있다. 온라인 트레이딩 시스템에 투자하면 기존 사업이 위태로워질 수 있지만 그렇다고 해서 가만히 있는 것도 대안이 아니다.

　필자들은 네 종류의 고위 경영진의 활동을 관찰할 수 있었다. 고위 경영진은 다음과 같은 역할을 했다.

- 챔피언
- 프로젝트 보호자(후원자)
- 근본적 혁신 활동의 발의자 겸 지원자(유발자)
- 문화 형성자

챔피언으로서 경영자

필자들이 연구한 10개 회사 가운데 3개 회사에서, 고위 경영자는 근본적 혁신 프로젝트의 지원자일 뿐 아니라 적극적으로 프로젝트에 참여하는 챔피언이기도 했다.[3] 두 가지 사례(텍사스 인스트루먼트와 노텔 네트웍스)에서 리더는 근본적 혁신 허브 조직을 앞장서서 구성했으며, 아날로그 디바이스의 경우 CEO는 필자들이 연구한 근본적 혁신 프로젝트를 개인적으로 출범시키고 자금을 지원했다. 텍사스 인스트루먼트의 전임 CEO 제리 정킨스는 회사의 기존 사업부문들 사이의 틈새에서 새로운 기회를 찾자고 호소하면서 근본적 혁신을 독려했다. 정킨스는 새로운 벤처 사업조직─텍사스 인스트루먼트의 근본적 혁신 허브─구성을 개인적으로 추진했고 근본적 혁신 허브가 DLP 프로젝트를 채택하는 것을 지지했다. 마찬가지로, 노텔 네트웍스의 첨단기술 사업부 사장 제다스 새커스도 노텔 네트웍스의 벤처사업단 설립을 추진했고 조운 하일랜드가 이끄는 벤처 프로그램 그룹 결성을 지원했다. 고위 경영자의 집중적인 노력은 기업에 근본적 혁신 활동을 수행할 수 있는 힘을 불어넣는 위력적인 역할을 했다.

후원자로서 경영자

역사를 보면 왕, 제후, 권력자, 부자들은 예술가, 작곡가, 조각가, 음악가, 철학자들을 후원하고 보호했다. 이러한 '후원자들'은 자신들의 지위와 자원을 이용해 그 밖의 방식으로는 후원받을 수 없는 사람들을 선별하고 후원했다. 후원자들이 예술가의 성공에 결정적인 역할을 했는데도, 후원자와 예술가의 관계에는 어떤 체계도 존재하지 않았다.

후원자를 찾아내는 과정은 뚜렷하게 정의되어 있는 과정이 아니었으며, 후원자가 예술가를 후원하도록 설득할 분명한 기준이 있는 것도 아니었다.[4]

필자들은 기업의 혁신에서도 이와 비슷한 후원체계가 작동하고 있는 것을 발견했다. 우리가 연구한 10개 기업 모두에서 한두 명의 고위 경영자가 계몽된 후원자 구실을 하면서 조직적 보호와 자원과 격려를 다양하게 제공했다. 예컨대, 버니 메이어슨의 프로젝트는 폴 혼의 절대적인 보호가 없었다면 살아남을 수 없었을 것이다. 마찬가지로 이 프로그램이 IBM의 마이크로 전자 사업부문으로 이전되는 초기 과정에서도 존 E 켈리라는 또 다른 경영자가 프로그램이 계속 생존하도록 자원을 '은밀하게' 제공하는 핵심적 역할을 했다. 브루스 그리핑의 디지털 X-레이 프로젝트에 관해서도 똑같이 말할 수 있다. 이 프로젝트는 GE의 CEO인 잭 웰치가 자금을 투입하고 CTO 로니 에델헤이트가 20명의 기술 연구자들을 지원하도록 재촉한 덕분에 새 생명을 얻었다. 어떤 기업일지라도 부문을 넘나드는 경영진의 비공식 후원자들로 조직된 네트워크는 매우 중요하다.

대부분의 프로젝트에서 필자들은 챔피언의 개성, 후원자와 챔피언 사이의 오랜 관계, 그리고 다른 중요한 프로젝트를 성공으로 이끈 챔피언의 경력이 바탕이 되어 후원자가 챔피언을 신뢰했다는 점을 발견했다.

후원자 역할을 하는 고위 경영자의 중요성은 혁신가들이 필자들과 한 인터뷰에서 다음과 같이 말한 것을 통해서 극명하게 드러난다.

"신기술 아이디어가 개발되자 회장과 사장은 증명을 원했다."

"우리는 회사의 고위층 앞에서 기술을 시연했다. CEO는 그것을 보고 좋아했고, 그렇게 해서 제품 계획이 시작되었다."

"우리는 회장을 설득해 그것이 훌륭한 기술이 될 것임을 인식시켰다. 결국 시장 규모가 100억 달러 정도인 것으로 판명되었다."

"이 프로젝트는 그〔기업의 고위 경영자〕의 귀염둥이 프로젝트였다. 그래서 그는 이 프로젝트를 보호했다."

"나는 2주마다 CEO와 함께 프로젝트를 검토했다. 따라서 그것은 그의 프로그램이었다고 할 수 있다."

고위 경영자가 효과적인 후원자 역할을 하기 위해서는 다음 세 가지 조건이 충족되어야 한다. 첫째, CEO나 고위 경영자가 프로젝트에 접근하기 쉬워야 한다. 그러지 않으면 프로젝트는 그들의 레이더망에서 사라질 것이다. 버니 메이어슨은 초기 국면의 실리콘 게르마늄 프로젝트를 후원하고 보호한 폴 혼과 면담을 할 수 있었다. 그러나 얼마나 많은 사람들이 후원자가 없어서 좌절하고 마는가.

둘째, 효과적인 후원자가 되려면, 고위 경영자는 프로젝트에 열정이나 개인적인 애정을 갖고 있어야 한다. GE의 CTO 로니 에델헤이트는 디지털 X-레이 기술의 전망을 믿었기 때문에 잭 웰치가 그 프로젝트를 수용하도록 설득하는 데 성공할 수 있었다. 그는 GE의 의료 시스템 사업부문장으로 몇 년 동안 일한 경험이 있었던 덕분에 그 프로젝트의 잠재력을 인식할 수 있었다. 그는 그 프로젝트에 대한 신념과 열정을 발전시켰고, 바로 그것을 최종 후원자인 CEO에게 전달했던 것이다.

셋째, CEO와 고위 경영자들은 왔다가 사라진다. 당대에 예술가들을 후원했던 피렌체, 로마, 비엔나, 런던 등지의 제후들처럼 기업의 경영 자들은 혁신가들을 어려운 처지에 남겨둔 채로 죽고, 퇴임하고, 때로 는 쫓겨난다. 효과적인 후원자가 되려면, 고위 경영자는 프로젝트에 대한 후원을 지속하거나 다른 경영자에게 그 역할을 넘겨야 한다. 필 자들이 연구한 기업들 절반에서 떠나간 프로젝트 후원자와 교체된 고 위 경영자는 프로젝트의 속도를 늦추든지 아예 매장하든지 했다.

동기 유발자로서 경영자

필자들의 표본 기업들 가운데 90%에서 고위 경영자들은 근본적 혁신 을 추동하는 능동적 역할을 했다. 에어 프로덕츠의 CEO는 에어 프로 덕츠가 과거에 사냥감을 바꾸기 위한 혁신 기회를 놓쳤다면서 이렇게 말한 바 있다. "맹세코 우리는 다음 기회는 놓치지 않을 것이다." 오티 스 엘리베이터의 J P 반 루이는 금요일 오후에 그가 신뢰하는 관리자 들과 회의를 진행하면서 월요일까지 초고층 빌딩 문제를 해결할 아이 디어를 갖고 오라고 촉구했다. 그렇게 해서 양방향 엘리베이터가 탄생 했다.

혁신 전선으로 이동하는 것을 능동적으로 촉발하고 조직에 널리 관 여한 이런 경영자들은 십중팔구 그들이 프로젝트의 후원자로만 머물 렀을 때보다 훨씬 더 큰 영향을 미쳤을 것이다. 기준을 세우고 기대치 를 끌어올림으로써 근본적 혁신을 떠받치는 것은 조직의 혁신 역량을 자극하고 유지하는 강력하고 효과적인 메커니즘이다.

문화 형성자로서 경영자

혁신에 대한 경영자의 가장 큰 기여 가운데 하나는 근본적 혁신을 자연스럽고 가치 있고 일반적으로 인정되는 활동으로 받아들이는 조직 문화를 형성하는 것이다. 3M 역사상 가장 혁신적인 연구자 가운데 한 명인 딕 드류가 3M에 그러한 영향을 미쳤다. 3M의 직원들 대부분은 그를 개인적으로 기억할 만큼 나이가 많지 않지만, 그는 3M의 혁신 문화에 깊은 영향을 주었으며, 그가 정립한 원칙은 기업의 문헌들에서 정기적으로 인용되고 있다. 그 원칙 가운데 하나는 경영진이 창조성이나 탐구 정신을 갖도록 명령할 수는 없지만, 그러한 자질이 번성할 수 있는 환경은 창조할 수 있다는 것이었다.[5] 3M의 고위 경영진은 그러한 원칙을 잘 알고 있다. 그들은 프로그램마다 혁신가들에게 목표를 정해 주고, 작업을 격려하고, 표창하고 보상한다.

은퇴한 창립자인 레이 스테이터는 아날로그 디바이스에 비슷한 문화를 각인시켰다. 현 직원들은 여전히 스테이터의 혁신 방법과 모험 정신에 익숙하며, 그를 본보기로 삼아야 한다고 느낀다. 특히 직원들 사이에서는 한 가지 이야기가 회자되어 왔는데, 이 이야기는 어떤 직원 앞에 매력적인 사업 기회가 있는데 규정 때문에 기회에 접근하지 못할 때 그 규정을 깨는 데 이용되고 있다. 아날로그 디바이스 초기 시절에 스테이터는 소규모 엔지니어링 회사를 통해 새로운 기술로 확장할 수 있는 매력적인 기회를 포착했다. 그는 몇 년 안에 초기 기술이 중요해질 거라고 믿고 있었기 때문에 아날로그 디바이스가 그 회사를 인수해야 한다고 생각했다. 그러나 회사 이사들은 동의하지 않았다. 그들은 대상 회사가 아날로그 디바이스가 경쟁력을 갖고 있는 분야와 너무 거리가 먼 기술과 시장에서 활동하고 있다고 생각했다. 그러나 단념할 수 없었던 스테이터는 자기 주식 지분을 이용하여 그 회사를 사들였다. 오래지 않아 아날로그 디바이스의 이사들은 스테이터의 새 회사가 지닌 강점을 깨닫게 되었고 스테이터한테서 회사를 사들여 자사의 사업에 통합시켰다. 그 뒤 이 일은 아날로그 디바이스 성공의 이정표가 되었다.

아날로그 디바이스의 직원들은 레이 스테이터 같은 개인 재산도 없고, 그 누구도 스테이터가 누렸던 만큼의 권력을 지니고 있지도 않다. 그럼에도 그의 사례는 회사의 전설이 되어 직원들이 "그 일은 절대로 안 될 거야" 하거나 "그건 우리 사업이 아냐" 하고 말할 때조차도 자신이 옳다고 생각하는 일을 하도록 직위에 상관없이 직원들을 고무해 왔다. 우리가 이 책에서 소개한 아날로그 디바이스의 일체형 가속도계 프로젝트는 기업의 전통적인 비즈니스 맥락에서 벗어난 이단적인 프로젝트였다. 그럼에도 프로젝트는 필요한 지원을 받았다. 스테이터는 그 프로젝트에 적극적인 관심을 보였고, 은퇴한 뒤에도 프로젝트를 계속 지원했다.

아날로그 디바이스의 경영진은 스테이터가 은퇴했기 때문에 회사가 여전히 비슷한 리스크를 감수하려고 할지 걱정하고 있다. 필자들은 창업자인 윌리엄 휴렛, 데이비드 패커드와 함께 일한 적이 있는 휴렛 패커드 경영자들도 똑같은 걱정을 하는 것을 들었다.

기업 문화는 혁신에 긍정적인 힘으로 작용할 수도 있고, 혁신을 억압하는 힘으로 작용할 수도 있다. 필자들이 연구한 기업의 고위 경영자들이 기업의 미래를 위해 혁신이 중요하다는 점을 강조한다 해도,

다음과 같은 얘기들이 보여 주듯이 프로젝트팀의 눈에는 말과 행동이 달라 보일 수도 있다.

"이 회사의 문화는 근본적 혁신을 허용하지만, 촉진하지는 않는다."

"우리가 점진적 혁신이 아닌 변화에 반드시 열성적인 것만은 아니다."

"우리는 관계들 속에서 극도로 통제당하고 통제하고 있다."

"우리한테는 혁신을 촉발하는 개념들이 너무 부족하다."

"조직의 경영구조 때문에 사람들이 아이디어를 내놓을 수가 없다. 특정한 사람들만이 아이디어를 가지는 것이 허용되고, 또 그 사람들은 반드시 올바른 아이디어를 가지고 있어야만 된다."

"우리는 조직적이고 체계적이고 꾸준하게 아이디어를 자극하는 일을 전혀 하지 않는다."

"근본적 혁신은 여기서는 거의 실시되지 않는다. 우리는 거의 점진적 혁신을 통해서 버텨 왔다."

"기술 경쟁에서 뒤지고 있을 때 우리는 너무나 신중하다."

이러한 기업 문화와 경영자들이 만들어 내려고 하는 문화 사이에는 명백한 격차가 존재한다. 우리는 현장 연구를 통해 이런 문제가 널리 퍼져 있음을 발견했다. 그럴듯한 말이 혁신 문화를 만들어 내는 것이 아니라면, 대체 무엇이 혁신 문화를 만들어 내는 것일까? 경영진의 의도는 근본적 혁신 허브, 프로젝트 감시단, 포착자와 수집자의 배치 같은 혁신 행동을 뒷받침하는 조직 메커니즘에 반영되어야 한다. 경영진은 근본적 혁신 역량을 제도화할 필요가 있다.[6]

근본적 혁신가의 다중 역할

처음부터 매력적인 근본적 혁신 프로젝트는 거의 없다. 필자들은 연구를 진행하면서 회사가 "우리는 10년 안에 달에 사람을 보내겠다"는 식의 혁신 창출 방법을 사용한 경우를 거의 본 적이 없다. 우리가 연구한 대부분의 근본적 혁신 프로젝트들은 착상이 뛰어나고 결심이 굳은 개인들—어떤 질문에도 '아니오' 라는 대답을 하지 않으려 했으며, 흔히 회사의 노골적인 저항 아니면 무관심이라는 시류를 거슬러 헤엄쳐야 했던 사람들—이 추동했다.

프로젝트 챔피언들, 팀원들, 관련 연구자들, 근본적 허브 후원자들과 자문위원들, 그리고 심지어 외부 제휴업체에서 파견된 프로젝트 참가자들—즉, 근본적 혁신 프로젝트에 관계하는 모든 개인들—은 엄청난 열정을 가지고 자신들의 역할과 과제를 수행했다. 그들은 단순히 시간을 보내기 위해 아침마다 출근하지 않았다.[7] 그들은 자원이 바닥나는 힘든 시기를 견디게 하고, 혁신 과정에서 만나는 어려움을 극복할 용기와 힘을 주어야 한다는 사명감을 가지고 회사에 나왔다. 어떤 경우에는—IBM의 실리콘 게르마늄 칩 프로젝트처럼—팀이 일단의 이단자들로 구성되어 주류를 거스르며 활동했다. 그들은 열정과 지위 높은 후원자나 챔피언의 후원 덕분에 혁신 활동을 계속할 수 있었다. 어떤 경우에는 기업이 조직의 저항에 맞설 수 있는 모종의 지원 시스템을 실행했지만, 개인들의 이니셔티브와 열성은 여전히 프로젝트를 진척시키는 데 없어서는 안 되는 것이었다.

필자들이 연구한 조직들 가운데 분명하고 의식적이며 계획된 방법으로 개인들을 혁신에 관여시킨 조직은 거의 없었다. 많은 경우에 근본적 혁신은 분명한 조직적 지시를 받은 것이 아니었다. 근본적 혁신 노력에 중요한 영향을 미칠 수 있었던 경영자들 가운데 적어도 일부는 흔히 개인들의 역할이 가진 중요성을 충분히 이해하지도 인정하지도 않았다. 다음과 같은 말에서 알 수 있듯이, 숙명론적인 태도가 지배하는 듯했다. "어찌되었든 간에 소수의 근본적 혁신가들은 우리 조직에 들어온다. 그들의 창조성은 언제나 빛이 난다. 그들은 불가피하게 기업이 강요하는 틀을 벗어나 생각하고 행동할 수밖에 없다. 사정이 어찌되든 그들은 획기적인 혁신을 제안하게 되며, 그들의 열정과 고집은 회사의 주목을 끌지 않을 수 없다." 근본적 혁신에 대한 개인의 기여와 개인과 조직 사이의 상호작용은 현실에서는 훨씬 더 복잡하게 이루어진다. 개인의 이니셔티브는 의식적이고 의도적이고 체계적인 방식으로 이끌어 낼 수 있으며, 이끌어 내야 한다.

IBM의 메이어슨 같은 어떤 근본적 혁신가들은 열정을 도저히 억누르지 못한다. 그래서 그런 사람들은 숨이 끊길 때까지 훌륭하게 싸운다. 그러나 우리가 프로젝트를 통해 만난 어떤 사람들은 기업 내의 다른 사람들이 보인 반응을 접하고 나자 지치고 낙심하고 의욕을 잃었다. 우리는 기업 관료들의 요구 때문에 일이 얼마나 더디게 진척되는지 한탄하는 소리를 (예상했던 대로) 자주 들었다. 그들은 새 설비 구매 요청서를 빽빽하게 작성해야 했고, 일하는 도중에 틈을 내 설비 관리자와 협상을 해야 했고, 오늘 날짜의 '사실'을 지나간 사실이라고 말하는 신경질적인 관리자들을 달래기 위해 보고서를 꾸며야 했고, 평가위원회를 위해 허세를 부려야 했고, 주류 조직을 위해 설계되어 근본적 혁신 프로젝트에는 부적절한 인력개발 정책을 따라야 했고, 기존의 생산공정 개조를 못마땅해 하는 사업부문 경영자들을 상대해야 했다.

메이어슨은 이상적인 혁신가이자 사업가이다. 그는 기술적으로 유능했고, 경쟁력이 있었고, 인내심이 있었고, 정력적이었고, 의지가 강했고, 자원을 발견하기 위해 창조적인 노력을 기울일 줄도 알았다. 그는 친구들로 이루어진 네트워크에 의존해 자신의 팀을 구축했다. 그는 "나는 친구들을 활용했다"고 말했다. 그는 종래의 방식이 실패했을 때 후원을 얻어 내는 방법을 찾아냈다.[8] 그는 재빠르게 일했고, 독자적인 계약을 따냈으며, 잠재적 사용자들과 관계를 텄다. 이것은 작고 민첩한 신생 기업들과 관련 있는 행동들이다. 우리는 다른 조직들에서 메이어슨과 동일한 역할을 했던 사람들한테도 똑같은 스킬이 있음을 발견했다. 모든 사람들이 다음과 같은 일에 능숙했다.

- 질문 제시
- 경청과 조사
- 문제 인식
- 대안적인 발전 경로 창출
- 자원 획득
- 혁신의 잠재적 이점 홍보
- 프로젝트팀에서 개방적이고 유연한 문화 유지

이탈 방지 문제

대기업은 참신하고 혁신적인 사람들을 충원하는 데 어려움을 겪어 왔지만, 그들의 이탈을 방지하는 데도 어려움을 겪어 왔다.[9] 노텔 네트웍스의 조운 하일랜드에 따르면, "이 사람들은 매력적인 대안을 찾지 못하면 2~3년 뒤에 떠난다." 근본적 혁신 벤처에 참여하는 것은 그렇지 않으면 떠나갈 수도 있는 사람들에게 성공으로 가는 대안이 될 수 있다.

다른 경우에, 필자들이 연구 과정에서 인터뷰한 대부분의 혁신가들은 좌절한 상태이며 그만두는 것을 고려하고 있다고 털어놓았다. 필자들이 연구한 12명의 프로젝트 챔피언 가운데 2명은 그만두라는 위협을 받았고, 4명은 실제로 그만두었고, 두 명은 해고당했다. 그러한 사람들의 이탈을 방지하려면 많은 급여를 지급하는 것만으로는 부족하다.

그렇다면, 어떤 혁신가들은 왜 그만두지 않는가? 그들이 속한 기업의 기술적, 재정적 자원이 그 일차적인 이유다. 이 자원들은 손에 넣기가 어려울 수도 있지만, 적어도 그것은 영리하고 인내심 있는 프로젝트 리더에게는 쓸모가 있다. 메이어슨은 말한다. "나는 지금의 봉급보다 몇 배나 많이 주겠다는 일자리를 제안받았다. 나는 마음이 흔들렸지만, 어쨌든 이 곳에 남았다. 내가 이 곳에 남은 이유는 IBM이 세계적 수준의 조직이기 때문이다. 우리는 여전히 무적의 기술을 가지고 있다. 세계에서 IBM만큼 폭넓은 기술을 가진 벤처는 존재하지 않는다." 축적된 기술 노하우, 제조 설비, 연구소 등 모든 것이 IBM이라는 텐트 안에 존재한다. 중소기업들은 비교조차 될 수 없을 정도다. 물론 이러한 조직적 자산은 수많은 후퇴와 더불어 불타 없어졌지만, 프로젝트 리더들 대부분은 장점이 단점을 압도한다고 믿기 때문에 회사에 남아 있다.

메이어슨은 다음과 같은 말로 우리가 인터뷰한 대다수의 근본적 혁신가들이 지닌 정서를 표현했다.

단호한 기업 혁신 활동가들은 거대한 기술적 추동력, 혁신을 폭넓은 시장으로 이끌고 가는 능력, 아무도 필적할 수 없는 기술적 깊이와 폭이 결합되어 있다는 점 때문에 IBM에 커다란 매력을 느낀다. 위대한 일들은 진공 속에서 일어나지 않는다. 그런 일들은 이 같은 물적·지적 자원의 균형을 통해 가능하다. 근본적 혁신가들은 데이터가 기업과 개인의 편향을 궁극적으로 시정할 것이라는 확신 때문에 이러한 혁신 활동에 '매진' 하게 된다. 신뢰가 무너지면 아무리 좋은 회사라도 결국은 해체되는 법이다.

리스크와 보상

필자들의 연구대상 기업 가운데 너댓 개의 기업에서 일했고, 필자들의 워크숍에 참여한 사람들은 이처럼 위험한 프로젝트에는 두려움이라는 요소가 따른다는 점을 지적했다. 한 사람은 이렇게 말했다. "성공한 혁신 프로젝트가 어떻게 시작되었는가 하는 것은 흔히 잊혀진다. 그러나 실패한 R&D 시도는 절대로 잊혀지지 않는다." 그 때문에 주류 조직과 갈등을 빚을 수 있고, 게다가 실패하기 쉬운 프로젝트에 참가하고 관계하는 데에는 상당한 경력 리스크가 있다고 인식되고 있다.

그렇다면 근본적 혁신 활동에서 개인의 성과는 그가 조직을 위해 감수하는 리스크의 정도에 따라 평가되는 것이 논리적인 일일 듯하다. 그러나 필자들은 이런 일을 별로 본 적이 없다. 오히려 필자들은 근본적 혁신 프로젝트에 참여한 사람들이 직면하는 상당한 경력 리스크를 되풀이해서 목격했다. 필자들은 프로젝트가 주류에 편입된 뒤에 참여자들이 지난 과실(프로젝트의 계획을 충족시키지 못했다는) 때문에 좌천당한 사례를 너댓 차례 목격했다. 대부분의 경우에 보상 시스템은 근본적 혁신 활동가들이 아니라 주류의 성과에 맞춰져 있었는데도, 근본적 혁신가들은 본능적인 동기에 의존해 프로젝트를 밀고 나갔다.[10] 그들은 무언가 새롭고 재미있고 가치 있는 것을 세상에 내놓음으로써 진보를 이루었다는 성취감에서 보상을 얻었다.

P&G는 사내 벤처사업단에서 근본적 혁신 프로젝트에 종사하는 개인들의 경력 리스크를 줄이는 데 보탬이 되는 시스템을 실험하고 있다. 근본적 혁신 프로젝트는 CEO와 CTO를 포함하는 평가위원회가 승인한다. 고위 경영진은 프로젝트 팀원들에게 경력 자체에 흠집이 생기지는 않게 하겠다고 분명하게 약속한다. 그리고 그러한 정책의 일환으로 팀원들을 돌아가면서 주류 조직의 관리자로 복귀시킨다. 사내 벤처사업단이 존속해 온 몇 년 동안 경영진은 약속을 이행했다. 이 덕분에 다른 프로젝트 팀원들과 사원들은 근본적 혁신 프로젝트에 종사하는 것이 안전하다고 믿게 되었다.

신흥 기업가는 벤처의 성공으로 금전적 이익을 얻고 싶어한다. 이와 마찬가지로, 대기업들은 혁신가들에게 동기를 부여하기 위해 금전적 인센티브를 사용할 수 있다. 예컨대, 루슨트 테크놀로지와 노텔 네트웍스는 프로젝트 팀원들이 벤처의 금전적 성공을 함께 누리도록 하고 있다.[11] 그러나 이런 식의 보상 메커니즘이 혁신가들의 이탈을 방지하는 수단으로 효과가 있다는 증거는 아직 발견되지 않았다.

챔피언들

흔히 프로젝트 챔피언은 프로젝트에서 가장 없어서는 안 되는 개인적 기여를 한다. 성공한 프로젝트에는 흔히 다수의 챔피언이 있었다.[12] 필자들이 연구한 프로젝트 대부분에서 프로젝트 참가자들은 한 사람의 챔피언만을 추종하지 않았다. 오히려 그들은 다수의 챔피언을 추종했다. 필자들은 기술 챔피언, 프로젝트 챔피언, 사업부문 챔피언, 경영자 챔피언으로 챔피언의 범주를 구분했다. 경영자 챔피언에 관한 논의는 경영진의 역할을 다룬 이 책의 앞부분에 포함되어 있으므로, 다음 절들에서는 나머지 세 가지 유형에 집중했다.

기술 챔피언은 발명가이거나 혁신 발견자—3장에서 논한 아이디어 생성자—인 경우가 흔하다. 이들의 역할은 기술의 시장성을 볼줄 아는 기회 인식자들(포착자와 수집자)이 기술 아이디어를 주목하도록 하는 데 있다. 흔히 기술 챔피언들은 자신들의 아이디어를 R&D 관리자들의 레이더 망에 올려 놓고, 방향성이 모호한 초기 단계에서 기술개발을 계속하기에 충분한 자금을 조달하기 위해서 악전고투한다.

기술 챔피언들은 동시에 '영웅 과학자'로 알려져 있다. 프로젝트 초기 국면에서 필자들이 만나본 기술 챔피언들은 예외 없이 과거 기술 문제를 해결한 성과 때문에 매우 커다란 조직적 신뢰를 받고 있었다. 그들 가운데 많은 이들이 회사로부터 펠로우(Fellow)라는 명예로운 칭호를 받았다. 이 칭호는 회사에 대해 그들이 지니고 있는 가치를 상징하는 것으로서 그들에게 포상과 고용 안정과 독립적 권한, 그리고 극소수의 직원들만이 누리는 고위 경영자를 면담할 수 있는 권리를 가져다주었다(필자들이 연구한 프로젝트 가운데 네 개의 프로젝트에서 펠로우들이 프로젝트에 관여하고 있었다). 많은 경우에 기술 챔피언들은 프로젝트 챔피언이기도 하다. 적어도 초기의 근본적 혁신들에서는 그랬다.

프로젝트 챔피언은 기술적 부분을 제외한 조직의 나머지 부분 및 외부 파트너들과의 인터페이스를 관리하고, 조직의 저항을 무마하고, 자원을 획득하고, 4장에서 설명한 그 밖의 프로젝트 관리 임무들을 처리한다. 처음부터 끝까지 프로젝트 챔피언들은 사람들이 어떤 기술적 이점을 얻을 것인지 짐작하려고 하고, 해결할 수 없는 것처럼 보이는 문제들과 씨름할 때 노력을 집중시키고, 사람들을 계속 전진하게 한다.

프로젝트 챔피언들은 기업의 위계적 조직구조를 뚫고 나갈 수 있는 자신감과 스킬을 지니고 있고, 자신들의 작업을 정당화할 수 있는 권위를 가지고 사람들의 이목을 끌며, 자원을 프로젝트에 끌어들인다. 성공적인 프로젝트 챔피언들은 조직이 어떻게 작동하며, 목표 달성을 위해 무엇을 해야 하는지 깊이 이해하고 있다. 그들은 훌륭한 게임 플레이어이며, 자신들의 경력을 위태롭게 하면서까지 프로젝트를 계속 진척시키려 한다.

필자들이 연구한 가장 성공적인 프로젝트들에서 개별 프로젝트 챔피언들은 놀라울 정도로 비슷했다. IBM의 메이어슨처럼 그들은 생기가 넘쳤고, 외향적이었으며, 비즈니스의 기술적 측면에서 성공을 거두었다. 그들은 기업 안팎의 사람들과 관계를 구축하고 프로젝트에 대한 조직 전체의 지지를 매우 능숙하게 이끌어 냈다. 그들은 로비를 하고, 자원을 입수하고, 팀원들의 강력한 충성을 이끌어 내는 데 뛰어났다. 요컨대, 그들은 조직에서 매우 진취적인 사람들이었다. 필자들이 인터뷰한 사람들은 그들이 창조적이고, 활동적이고, 따분한 것을 싫어하고, 변화무쌍하고, 신뢰가 가고, 열정적인 사람들이라고 표현했다. 필자들이 인터뷰한 챔피언들은 자신들과 프로젝트의 관계를 다음과 같이 표현했다.

"사람들은 자신들이 믿는 것을 위해 싸운다. 그것이 자기 것이기 때문이 아니라 그것을 믿기 때문에 그렇게 하는 것이다. 그들이 지닌 경험과 배짱이 〔특정 프로젝트를〕 추구하도록 만든다."

"확신이 있다면, 강력하게 옹호하고 싸우려 들 것이다. 그리고 그것이 차이를 만들어 낸다."

"나는 외줄타기를 좋아한다. 이 프로젝트가 운영되는 방식 때문에 그렇다. 우리는 언제나 재앙이라는 외줄을 타고 있다."

"〔챔피언은〕 기술을 깊이 이해하지만 단순히 기술자인 것만은 아니다. 그는 고객들과 상담하는 법, 더 큰 집단 속에서 일하는 법, 세계에서 무슨 일이 일어나는지 이해하는 법을 알고 있으며, 그것을 자신의 비즈니스로 변화시킨다."

"마침내 나는 저들이 셀 수 없을 정도로 여러 번 매장시켜 버린 프로젝트를 진척시킬 수 있게 되었다."

"2년 뒤에는 프로젝트에 상당한 진전이 있었다. 그 때 나는 대략 2년 동안 다른 과제를 수행하게 되었는데, 그 사이 프로젝트는 중단되었다. 내가 거기에 있었더라면 프로젝트가 중단되는 일은 없었을 것이다."

사업부문 챔피언은 근본적 혁신 프로젝트가 사업부문으로 이전되어 성공적인 상용화를 거두는 데 필요한 '견인력'을 제공한다. 필자들이 연구한 12개 프로젝트 가운데 3개는 처음부터 이전대상 사업부문이 분명하게 정해져 있었다. 이 가운데 두 경우에서 사업부문 챔피언들은 프로젝트가 상용화될 수 있는 지점까지 성숙하기 전에 새로운 업무를 맡게 되었고, 그 결과 두 프로젝트 모두 중단되었다.

챔피언의 교체와 지지자 네트워크

대다수 근본적 혁신 프로젝트가 오랫동안 수행되고 연구원들이 수년 동안 들락날락하는 상황을 감안하면, 의욕적인 여러 리더들이 필요할 때가 많다. 2장에서 설명한 듀폰 바이오맥스의 경우가 전형적인 예이다. 이 경우에 챔피언은 너댓 차례 교체되었다. 필자들은 GM, 아날로그 디바이스, 에어 프로덕츠, IBM(전자책 프로젝트), 텍사스 인스트루먼트(DLP 프로젝트), 듀폰(바이오맥스 프로젝트), 폴라로이드, 오티스 엘리베이터에서 챔피언의 교체를 목격했다.

　프로젝트 팀원들이 다른 사업부문으로 전근해 자기 편이 되면, 챔피언의 교체는 프로젝트의 지지 기반을 강화시킨다. 이러한 지지자들은 핵심 경영자들을 위해 문호를 열어 주고 자원을 제공하고 프로젝트를 후원해 준다. 근본적 혁신 허브는 '동창 네트워크'를 개발하고 유지함으로써 그런 효과를 강화시킬 수 있다. 그러지 않으면, 전근한 사람들이 새로운 과제에 매몰됨으로써 지지자로서 능동적인 역할을 할 시간을 갖지 못하게 될 수 있다.

　챔피언의 교체는 목표의 일관성을 약화시켜 프로젝트의 진척을 방해할 수 있다. 필자들이 관찰한 프로젝트 가운데 너댓 사례에서 챔피언이 물러나거나 전근했을 때 프로젝트가 중단되거나 보류되었다. 몇몇 사례의 경우, 근본적 혁신 프로젝트는 다시 시작되었지만 귀중한 시간적 손실을 겪었다. 챔피언이 일시적으로 또 다른 과제로 옮겨 갔다가 돌아와서 프로젝트를 다시 시작했지만, 프로젝트가 활기를 잃어버린 경우도 있었다. 프로젝트의 생존이 개별 챔피언들에게 달려 있고, 챔피언의 교체는 부정적인 효과를 일으키기 때문에, 동기와 정당성과 근본적 혁신의 연속적 지원을 유지하는 데에는 프로젝트 감시단이 유용하다. 이러한 조직 메커니즘은 10장에 자세히 설명되어 있다.

근본적 혁신팀의 구성

지난 6년 동안 프로젝트팀에 관해 많은 글이 넘치도록 발표되었다. 수십 권의 책들과 수백 편의 논문들은 팀원을 어떻게 선발해야 하는지, 팀원들의 작업을 어떻게 효과적으로 조정할 수 있는지, 팀원들을 어떻게 지도해야 하는지 같은 팀 운영의 '지혜'에 관해 언급하고 있다.[13] 그러나 아쉽게도 근본적 혁신 프로젝트의 경우 이러한 조언들 대부분은 특히 프로젝트의 초기 단계에서는 별로 관련이 없거나 부적절하다.

점진적 혁신 제품개발 프로젝트를 위한 교차업무팀에는 보통 기술 리더, 엔지니어, 제조 담당자, 시장 전문가와 심지어 계산 담당자까지 포함된다. 교차업무팀은 기술을 개발하고, 최종 제조안을 마련하고, 신제품을 시장에 출시하는 데 필요한 모든 스킬을 가지고 있으며, 그 스킬들을 조정해서 사용한다. 이것은 점진적 혁신 프로젝트에는 옳은 비법이지만, 초기 국면의 근본적 혁신 프로젝트에는 틀린 비법이다.

필자들은 제품을 제조하거나 조립하는 근본적 혁신 프로젝트의 초기 단계에서 제조 담당자들이 이 일을 달가워하지 않는다는 점을 발견했다. 이유는 두 가지였다. 첫째, 제품의 물리적 특성이 결정되지 않았다. 둘째, 기존 제품에 조금이라도 변화를 일으키는 것은 제조 담당자들에게 골칫거리이기 때문에, 이들은 변화를 최소화하려 하며 기존의 제조 능력에 맞춰 혁신되도록 맹렬한 로비를 편다. 이 때문에 버니 메이어슨은 현재의 제조방식보다 나은 제조방식을 찾아낼 줄 알지만 IBM 칩 제조부문에서 근무하지는 않는 물리학자인 데이브 허레임을 팀원으로 선택했다. 이와 마찬가지로, 전통적인 마케팅 요원들은 근본적 혁신팀들에서 발견되지도 환영받지도 않는다. 5장에서 설명한 것처럼, 잠재적 고객들이 개발되고 있는 제품이나 서비스를 전혀 겪어보지 않았을 때에는 표본 추출이나 초점 그룹 같은 전통적인 마케팅 방법들은 효과가 없으며 부적절하다.

특히 근본적 혁신의 초기 국면에서는 교차업무팀 대신에 복수의 기능을 지닌 개인들로 이루어진 핵심 집단이 필요하다. 이러한 개인들은 일차적으로 기술자일 수도 있지만, 그들이 마케팅에 노출된다면(즉, 혁신 기술의 응용 가능성에 관해 폭넓게 사고할 수 있다면), 그리고 대안적인 개발 과정의 금전적 영향에 관심을 가지거나 제조방법을 개발했을 때 나타날 결과를 예측할 수 있다면, 팀에 대한 그들의 가치도 커진다. 핵심 집단은 필요한 특수 지식을 갖춘 개인들을 영입할 수 있지만, 프로젝트의 목표를 유지하는 것은 핵심 집단이다.

"나는 과학자이기 때문에 그런 일들을 생각하는 것은 내 업무가 아니야” 하고 말하는 사람들은 근본적 혁신 프로젝트팀에 맞지 않다. 그들은 기술의 발견과 초기 탐색에 결정적으로 중요한 기여를 할 수도 있겠지만, 근본적 혁신의 상용화를 추진하려는 동기나 관심은 갖고 있지 않다. 필자들의 워크숍에 참여한 사람들이 관찰한 흥미로운 사실 하나는 근본적 혁신이 당장의 상품화가 덤으로 붙어 있는 기초 연구라고 할 수 있다는 점이다. 그래서 최상의 핵심 집단 구성원들은 복수의 스킬을 지니고 있고, 자신들의 아이디어가 시장에 미칠 영향을 알고 싶어하고, 협소한 기술적 전공 분야를 뛰어넘어 사고할 줄 알며, 매우 역동적이고 불확실하고 모호한 환경에서 활약한다.[14]

필자들의 워크숍에 참여했던 고위 R&D 관리자들은 근본적 혁신 프로젝트를 우수한 기술적 역량을 지닌 사람들과 함께 시작해야 한다고 생각했다. 그러나 다음과 같은 자질이 포함된 사람들이 근본적 혁신 프로젝트에서 뛰어난 성과를 보여줄 가능성이 크다.

- 호기심이 강할 것
- 열정적일 것
- 무관심을 두려워하지 않을 것
- 폭넓은 교육을 받았을 것
- 아주 똑똑할 것
- 통합적일 것
- 공격적일 것
- 유연할 것
- 리스크를 감수할 것
- 목표 지향적일 것

- 진취적 기업가 정신을 갖고 있을 것
- 비즈니스를 배우는 데 열심일 것

그리고 필자들의 워크숍에 참여한 사람들에 따르면, 다음과 같은 유형의 사람들이 연구팀에 참여하기를 꺼린다.

- 의사소통이 원활하지 않은 사람
- 평생 한 가지 일에서만 경력을 쌓고자 하는 사람
- 지나치게 '집단적 과정'을 지향하는 사람
- (네트워크 구축자와 대비되는 의미에서) 모사꾼
- 지나치게 리스크를 싫어하는 사람

불행하게도 극소수의 R&D 과학자들만이 복수의 기능을 발휘할 수 있도록 훈련되어 있으며, 압도적인 다수는 프로젝트에서 직면하는 비기술적 과제를 떠맡을 준비가 되어 있지 않다.[15] 그들은 필요할 때만 그렇게 한다.

필자들이 연구한 너댓 가지 사례를 보면, 상품 개발 경력이 있는 사람이 기술적 작업에 기반한 비즈니스 컨셉 개발을 지도하기 위해 초기 단계에서 팀원으로 추가되었다.[16] 이러한 사람들도 여러 기능을 지닌 만능형 사람들이었다. 그들 모두 회사에서 여러 해 동안 일했고, 적어도 한 개 이상의 사업부문에서 근무했고, 이런저런 방식으로 마케팅, 판매, 영업에 관여한 경력이 있었다. 그러나 필자들이 연구한 대다수의 사례에서는 사업개발 부서 근무자들이 프로젝트에 참여하지 않았다. 그런 사람이 없었기 때문에 팀원들은 실수를 하거나 특정 사업부문에서 일하는 자기 편의 도움에 의존해야 했다. 둘 중 어느 방법도 만족스러운 효과를 발휘하지 못했다.

전문적인 조력자 충원

어떤 시점에 이르면 핵심 집단은 전문화된 개인 조력자들을 충원해야
한다. 예컨대, IBM은 일단 파운드리 차원을 넘어서는 실리콘 게르마
늄 칩 제조를 결정하자 칩 설계자들을 고용할 필요가 있었다. 통신 응
용기술을 이해하는 칩 설계자를 찾아내고 충원하는 난제는 팀의 사기
를 떨어뜨리고, 생각보다 훨씬 많은 시간을 잡아먹었다. 마침내 이런
특수 기술이 필요한 IBM은 이 분야에 대한 전문지식으로 유명한 한
대학교 근처에 새 설비를 구축하기로 결정했다. 단순히 그 대학 졸업
생들을 고용하기 위한 것이 이유였다. 또한, 버니 메이어슨은 특수 응
용 집적 회로 설계를 뒷받침할 역량을 강화하기 위해 칩 설계 파트너
를 고르고 평가하는 데 몇 달을 소비했다. 마침내 IBM은 칩 설계 역량
을 보완하기 위해서 콤퀘스트를 파트너로 얻었다.

프로젝트 상용화에 필요한 새로운 스킬들

프로젝트가 성숙하면서 프로젝트 관리에 필요한 스킬들이 변하지만,
일부 핵심 집단 성원들은 자신들의 특수 스킬들이 다른 프로젝트에 사
용되는 것이 더 나을 수 있을 때에도 전근을 꺼린다. 탐색 상황과 모호
함 속에서 활약하는 데 매우 유능하며, 방향과 전략을 뚜렷하게 하는
데 도움이 된 사람들이라고 해서 반드시 기한 내에 프로젝트를 완성하
는 데에도 뛰어난 것은 아니다.[17] 한 사례에서, 프로젝트 관리자는 상
용화 과정에서 그로서는 세울 수 없는 개발 계획과 판매 예상을 제출
하라는 압력을 받았다. 당연하게도 팀은 기대를 충족시킬 수 없었기
때문에 프로젝트 관리자는 좌천되어 의욕을 잃었다.

핵심 팀성원들이 언제나 후기 과정까지 프로젝트를 잘 관리하는 것은 아니다. 그들은 불확실성이 내포된 분야에서 그들이 이루어낸 거대한 진보에 대해 보상을 받기는커녕, 실패할 수도 있다. 기업은 이런 문제를 어떻게 잘 처리할지 숙고할 필요가 있다. 핵심 팀성원들이 성숙하고 있는 프로젝트에 계속 남아 있고자 할 수도 있지만, 어떤 시점에 이르면 그들이 담당 프로젝트를 떠나 초기 단계에 있는 다른 프로젝트에 재배치되는 것이 그들과 프로젝트 모두에 좋을 수 있다. 근본적 혁신 허브와 결합되어 있는 프로젝트 감시단은 이와 관련된 책임을 떠맡아 상용화 과정에서 팀 구성과 리더십을 관리할 필요가 있다.

개인이 효과적인 이니셔티브를 발휘하게 하는 비결

지금까지 필자들은 성공적인 근본적 혁신가들의 특성, 그들과 함께 일하는 사람들의 특성, 근본적 혁신을 위한 환경을 만들어 내는 데에서 기업 경영진이 하는 역할을 살펴보았다. 이 마지막 절에서 필자들은 근본적 혁신의 성공에 가장 중요한 요소인 직원들에 대한 기업의 주의력을 개선하기 위해 몇 가지 제안을 하고자 한다.

동기가 부여되고 진취적인 기업가 정신을 갖고 있는 사람들은 근본적 혁신에 결정적으로 중요하다. 그러나 기업은 의도치 않게 그들의 도정에 장애물을 던져 놓는다. 근본적 혁신을 이끌고 나가며 더 나아가 근본적 혁신 노력의 성과를 증대시키는 개인을 충원하고 훈련하고 보상하고 이탈을 방지하기 위해 더 많은 것을 할 수도 있었는데도 말이다.

진취적인 기업가 정신을 고취한다

일반적으로 기술 혁신가들과 경영자들은 교육·경험·언어가 다른 세계에서 활동한다. 그 때문에 돈줄을 쥐고 있는 경영자에게 충격을 주는 방식으로 자신들의 아이디어를 정식화하고 표현하는 능력을 갖춘 기술자들은 거의 없다. 그들은 자신들이 하고 있는 실험의 기술적 측면에 관해서는 몇 시간 동안 얘기할 수 있지만, 이런 얘기는 경영자들의 마음속에 자리잡고 있는 다음과 같은 핵심적인 질문을 이끌어 내기 어렵다. '제품이 무엇인가? 어떤 사람들이 그 가치를 인정할 것인가? 그 제품을 통해 수익성 있는 비즈니스를 창출할 수 있는가?' 이런 종류의 스킬 개발을 촉진하기 위해서도 보상 시스템이 구축될 수 있다.

고위 경영진은 진취적인 사람들을 충원하고 개발하기 위한 조직적 사고방식을 고취할 필요가 있다. 새로운 승진 경로와 보상 시스템을 도입하는 것도 좋은 방법이다. 필자들은 이 책의 앞부분에서 아이디어 '포착자'와 '수집자'를 새로운 역할로 분류한 바 있다. 이와 마찬가지로, 기업은 주요 기술·프로젝트·사업부문 챔피언들의 기업가적 자질이 중요하다는 점을 인정할 필요가 있다.

사내 네트워크를 구축하고 개발한다

기업은 과학자들과 프로젝트 챔피언들이 정보와 자원에 신속하고 쉽고 적은 비용으로 접근할 수 있게 해주는 비공식 지지자 네트워크를 구축하고 발전시키도록 고무해야 한다. 대기업은 근본적 혁신 프로젝트에 사용할 수 있는 많은 지적·물질적 자원을 지니고 있지만, 그 자원에 접근할 수 없다면 아무 소용이 없다. 이런 노력들이 성공한다면, 그것은 조직 네트워크 안에서 도움을 줄 수 있는 사람들을 프로젝트 챔피언이 알고 있기 때문이다. 이런 이유들 때문에, 대규모 조직 네트워크의 중심점 역할을 하는 프로젝트를 관리하고 옹호할 사람들을 신중하게 찾아내는 것은 프로젝트의 성공 가능성을 높이기 위해 중요하다. 마찬가지로, 근본적 혁신 팀원들이 비공식 네트워크를 구축하고 유지하도록 신중하게 고무하는 것은 값싼 투자로 고수익을 올리는 일이다.

프로젝트 감시단을 설치한다

감시단은 고위 경영자가 교체되었을 때 에너지와 목표의 연속성을 유지시킬 수 있다. 고위 경영자나 핵심적인 중간 관리자가 교체될 때마다 프로젝트를 끝까지 보호하기 위해 새로운 논거를 구축해야 한다면, 시간과 추진력을 잃게 되며, 프로젝트는 제자리에 머물게 되거나 아예 중단될 위험이 있다. 고위 관리자들, 근본적 혁신 허브 근무자들, 사업 부문이나 임직원 출신의 기술과 시장 전문가들, 전략적으로 중요한 외부 파트너들로 이루어지는 프로젝트 감시단은 프로젝트의 생존이 문제가 될 때 목표의 연속성을 유지하는 데 도움이 될 수 있다. 감시단은 팀의 자문 역량으로 기능하는 동시에 회사의 기대치를 설정하고 조직의 나머지 부분과의 인터페이스를 관리하는 데 도움을 주는, 중요한 두 가지 역할을 한다.

근본적 혁신팀에 적임자를 충원한다

기업은 핵심 집단 구성원으로서 복수 기능을 지닌 개인들의 중요성을 인식해야 하며, 그런 사람들을 더 많이 충원하고 훈련하기 위해 작업을 해야 한다. 모든 과학자들이 사업개발자가 될 필요는 없다. 필자들은 근본적 혁신 허브에서 기술적 전문지식을 보완하기 위해 사업개발 자원과 전문지식을 제공하는 개인들의 역할을 정의한 바 있다. 복수 기능을 지닌 개인들을 개발하려면 여전히 일부 R&D 과학자들의 학습 지평이 확장되어야 한다는 점을 다시 강조하고자 한다. 또한 기업은 뛰어난 특수 능력을 가지고 있을 뿐 아니라 정력적이고 의욕 넘치고 여러 재능을 지니고 있으며 자신감 있는 기술 직원들—자신의 아이디어를 위해 불확실성과 저항을 물리치려는 경향이 있는 사람들—을 적극적으로 충원해야 한다. 경험 있는 R&D 관리자들이 추구하는 특성들에 관해서는 앞에서 이미 다루었다. 비즈니스와 마케팅 감각을 지닌 사람들을 프로젝트팀에 충원해야 하며, 이런 일은 빠르면 빠를수록 좋다.

언제 기존 팀원을 교체하거나 재배치하고 새로운 팀원을 충원할지 아는 것도 중요하다. 보통 이렇게 하는 책임은 프로젝트 관리자나 감시단이 맡는다. 팀원 교체는 프로젝트 챔피언과(이나) 관리자에게도 해당된다. 프로젝트가 성숙하고 다양한 유형의 스킬이 필요해지면, 프로젝트 리더는 프로젝트팀 내에서 어떤 역할들을 대신하거나 조직 안의 다른 역할로 옮겨갈 필요가 있을 수도 있다. 그들은 다른 근본적 혁신 프로젝트나 근본적 혁신 허브의 핵심 주자가 될 수도 있다. 만약 주류 조직으로 전근한다면, 그들은 지지자 네트워크의 새로운 구성원으로 양성되어야 한다. 그들이 프로젝트를 지도하는 업무를 계속 맡고 싶어서 전근하지 않으려 할 수도 있겠지만, 적절한 후속 역할을 찾아준다면 자신들이 밀려났다고 생각하지 않을 것이다. 이것은 프로젝트에 대한 그들의 가치와 기업의 근본적 혁신 노력에서 여전히 그들이 지니고 있는 가치를 인정해 줄 수 있는 방법이다.

잠재적인 근본적 혁신가들을 승진시키고 보상을 제공한다

연구 관리자들은 비전통적인 작업에 종사할 만한 기술자들을 골라내야 한다. 연구 관리자들은 이런 사람들의 경험과 지식을 확대하고, 개인들의 사적 네트워크를 구축할 수 있는 방법을 능동적으로 찾아내야 한다. 이런 일은 주기적인 재배치, 특별 대책팀 운영, 고객과 영업직원들과의 접촉 기회 마련 등을 통해 달성될 수 있다.

기업은 보상이라는 문제와 씨름할 필요가 있다. 진취적인 개인들을 보유하려면, 기업은 그런 사람들에게 보상을 제공할 수 있는 방법을 찾아내야 한다. 필자들이 연구한 너댓 개의 사례를 보면, 기업이 이러한 문제를 효과적으로 해결하지 못해 핵심적인 챔피언들을 좀더 진취적인 환경에 빼앗겨 버렸다. 또한, 성공에 대한 보상은 매우 분명하지만, 시도와 인내에 대한 보상은 흔히 불분명하다. 보상은 복잡하고 어려운 문제라서 필자들도 수집된 자료로부터 분명한 해답을 찾지 못했다. 근본적 혁신가들에게 적절한 해답을 제공하려면 더 깊은 연구가 필요하다.

근본적 혁신을 가치 있게 여기고 촉진하는 문화를 구축한다

고위 경영진은 적절한 조직구조로 뒷받침되는 혁신에 친숙한 문화 ― 고위 경영진과 근본적 혁신가 모두에게 해당되는 ― 를 창출해야 한다. 과학 문화와 마찬가지로 기업 문화도 혁신을 의심하는 문화이어야 한다. 그러지 않으면 희소한 자원을 부가가치가 적고 리스크가 높은 프로젝트에 탕진할 위험이 있다. 그러나 혁신을 의심하는 문화와 혁신에 무관심하거나 적대적인 문화는 커다란 차이가 있다.

대부분의 대기업들에서 근본적 혁신가들은 시류를 거슬러 헤엄쳐야 할 경우도 있지만, 경영진이 그러한 노력을 고무하고 불필요한 장애물을 제거하기 위한 조치를 취할 수도 있다. 3M 같은 일부 기업들은 혁신을 고무하고 후원하는 기업 문화를 구축하는 데 성공한 오랜 역사를 지니고 있다. 지난 5년 동안 필자들은 다른 기업들에서도 새로운 방법을 공격적으로 실험하는 것을 목격했다. 어떤 실험들은 지금까지는 긍정적인 결과를 낳았고(예컨대, 루슨트와 P&G), 어떤 실험들은 실망스런 결과를 낳았다.

고위 경영자들은 필자들이 연구한 프로젝트 각각에서 결정적인 역할을 했다. 그들은 챔피언, 후원자, 발의자로 기능할 수 있는 배짱과 의욕을 갖추고 있지만, 문화 형성자로서 기능하는 것은 훨씬 더 어려운 일이다. 근본적 혁신을 통해 기업과 프로젝트팀은 관리 스킬과 프로세스에 대한 가장 어려운 시험을 겪게 된다.[18] 고위 경영자들은 주류 영역과 근본적 혁신 영역 모두를 경영하는 데 뛰어난 리더십 문화를 구축해야 한다.

고위 경영진에게 궁극적으로 어려운 문제는 단기적인 영업 성과를 뛰어난 상태로 지속하는 데 초점을 맞추는 일과 근본적 혁신을 통해 장기적인 성장으로 가는 새로운 길을 닦기 위한 연구를 지속함으로써 기업의 미래를 창조하는 일 사이의 균형을 찾는 것이다. 고위 경영진은 근본적 혁신 허브를 구축·유지하고, 프로젝트 감시단을 후원하고,

근본적 혁신 아이디어 포착자와 수집자를 충원·양성하고, 근본적 혁신 프로젝트에 대한 적절한 평가 기준을 실행할 수 있어야 한다. 이러한 조치들을 실행함으로써 고위 경영자들은 직접적인 후원자가 되는 부담을 덜 수 있으며, 근본적 혁신에 적당히 몰두할 수 있다. 고위 경영자들은 개별 프로젝트를 보호하는 것을 뛰어넘어 궁극적으로 기업이 근본적 혁신 역량을 구축할 수 있도록 도와야 한다.

근본적 혁신은 어려운 일이며, 용기가 필요한 일이다. 근본적 혁신은 위대한 인물들과 그것을 뒷받침하는 조직 시스템을 필요로 한다. 10장에서는 조직이 근본적 혁신을 방해하기보다 촉진하는 시스템을 어떻게 개발할 수 있는가 하는 것에 대한 필자들의 권고가 요약적으로 제시되어 있다.

10장 – 근본적으로 새로운 패러다임

Radical Innovation

미국 경제체제는 혁신과 경영 면에서 세계를 이끌고 있다. 미국 경제 체제가 지도적인 역할을 하고 있는 것은 세 가지 자원, 즉 혁신적 기술, 경영 재능, 리스크 캐피털이 풍부하기 때문이다. 근본적 혁신과 기술 경영이 번창할 때, 그러한 세 가지 자원은 자유롭게 유통되며 시장기회를 중심으로 상호 융합한다. 마치 전체 경제환경이 과도할 만큼 풍부한 기술과 유동성과 경영능력을 갖고 있는 것으로 보인다. 신흥 기업가들과 벤처 캐피털리스트들이 창출한 신흥 벤처기업들은 이러한 환경에서 제공되는 기회들을 아주 성공적으로 이용해 왔다. 그러나 대다수 기존 대기업은 커다란 경제력을 갖고 있으면서도 새로운 경제적 가치를 낳는 지속적인 근본적 혁신의 흐름을 만들어 낼 수 없었다. 기존 대기업은 기존 자산과 기반구조와 기존 비즈니스 모델에 속박되어 있다. 이러한 경직성 때문에 기존 대기업은 창조성, 유연성, 속도가 필요한 근본적 혁신과 사업 기회를 놓치고 있다.[1]

오늘날 대기업은 성장을 지속해야 한다는 커다란 압력을 받고 있다.

그 때문에 고위 경영진은 기업의 기술부서에게 지식기반을 근본적 혁신에 쏟아 부으면서 주류 사업부문의 개발 요구도 충족시켜 달라고 요구하고 있다. 상용화 사업부서들은 단기적 재무 목적을 달성하라는 압력과 함께 완전히 새로운 사업을 발전시키라는 요구도 받는다.

이런 상황에서 조직이 받는 스트레스는 엄청나다. 이에 대한 해결책은 주류 사업 환경을 사업의 토대로 변화시키는 것도 아니고 주류 경영원리를 근본적 혁신 과정에 강요하는 것도 아니다. 두 가지 운영방식 모두에서 탁월함을 보이면서 상호 파괴가 아니라 상호 보완하는 인터페이스를 관리하는 것은 하나의 과제인 동시에 기회이기도 하다.

그렇다면, 기존 대기업은 근본적 혁신이라는 게임에서 어떻게 이길 수 있을까? 신흥 기업가/벤처 캐피털리스트 모델의 아킬레스건은 비영속성이다. 바로 그러한 약점 때문에 기존 대기업이 끼여들 여지가 생겨난다. 많은 신흥 기업인들은 벤처기업을 설립할 기회를 딱 한 번만 좇는다. 그들이 성공하든, 아니면 실패를 겪고 다시는 시도하지 않든 그런 연후에는 스트레스가 덜한 방법을 찾는다. 벤처 캐피털리스트들은 많은 투자를 통해 경험을 쌓는데도, 벤처 캐피털리스트들과 협력하는 신흥 기업가팀들은 보통 등산을 익히면서 가파른 벼랑을 올라야만 하는 풋내기들로 구성된다. 벤처기업이 IPO나 인수를 통해 수확을 거두고 나면 그나마 학습마저 끝난다. 그 때문에 신흥 기업가팀은 심도 있는 경험과 전문지식을 쌓기에 충분할 만큼 오래 지속되지 않는다.

반면, 기존 대기업은 근본적 혁신 프로젝트들을 지속적으로 추진하여 학습을 축적할 수 있는 구조와 시스템을 마련할 기회를 갖고 있다. 기존 대기업은 근본적 혁신에 대한 철학과 근본적 혁신에 뛰어난 핵심 혁신가들을 만들어 낼 수 있다. 기존 대기업은 혁신 베테랑들에게 매력적이고 지속적인 기회를 제공할 수 있으며, 그렇게 함으로써 자원과 기술과 지식을 보유할 수 있다. 기존 대기업은 기존 구조 속에서 근본적 혁신의 흐름과 회사의 성장을 뒷받침해 주는 근본적 혁신 능력을 개발하고 보존할 수 있다.

근본적 혁신 능력의 구축

전통적으로 근본적 혁신은 기업의 R&D 사업부문(CRD)을 통해 배양되어 왔다. 근본적 혁신 프로젝트팀이 사업개발부서 근무자들의 도움을 받으면서 혁신적인 제품을 생산하는 데 필요한 기술을 개발하고 그것을 특정 사업부문이 채택할 수 있도록 준비해야 한다는 의견도 있다. 그러한 배양 아이디어가 의도하는 것은 미숙한 근본적 혁신 프로젝트를 주류 조직의 단기적인 재무·정책상의 압력으로부터 보호해 성숙할 시간을 주자는 것이다. 그러한 아이디어는 아주 적절하기는 하지만 실행되지 않는 경우가 많다.

  이어지는 세 절은 기업이 근본적 혁신 능력을 강화하려고 하는 방법에 관해 필자들이 관찰한 내용을 토대로 하고 있다. 첫 번째 절은 조직과 자원의 불확실성을 줄이기 위한 방법에 초점을 맞추고, 두 번째 절은 근본적 혁신 능력 개발에 관한 진화적 시각을 소개하고 있다. 결국 근본적 혁신에 뛰어난 근본적 혁신가들이 없다면 가장 효과적인 지원 시스템, 조직구조, 경영원리도 아무 쓸모가 없다. 근본적 혁신을 탁월하게 수행하려면 경영진의 노력이 중요하기 때문에, 마지막 절에서는 리더십이라는 결정적인 문제를 살펴보았다.

조직과 자원의 불확실성 줄이기

필자들은 이 책에서 근본적 혁신 프로젝트들에 만연해 있는 여러 가지 불확실성과 불연속성에 관해 상당 부분을 할애했다. 출발할 때부터 이 러한 점들을 어느 정도 줄일 수 있다면, 근본적 혁신 프로젝트의 성공 가능성은 훨씬 더 커질 것이다. 기업은 기술과 시장 개척이라는 과제 를 어려움에 빠뜨리곤 하는 자원과 조직의 불확실성을 줄이기 위해서 다음과 같은 메커니즘을 도입해야 한다.

근본적 혁신 허브 구성

근본적 혁신 허브 — 좀더 정확히 말하면 작고 민첩한 허브로 구성된 분산형 네트워크 — 는 근본적 혁신을 관리하는 방법에 대한 지식을 축적하는 저장소 역할을 할 수 있다. 게다가 근본적 혁신 허브는 근본 적 혁신을 수행하는 데 중추조직 역할을 하는 모든 사람들 — 근본적 혁신가, 아이디어 포착자와 수집자, 사내 벤처 캐피털리스트, 평가위 원회와 감시단의 위원들, 소사장들 — 을 위한 '토대' 역할도 한다. 근 본적 혁신 허브는 가장 중요하게는 근본적 혁신 프로젝트와 주류 조직 사이의 인터페이스를 관리하고, 자원의 긍정적 흐름을 강화하고 부정 적 흐름은 줄이는 데 도움이 된다. 다음 절에서 논의하겠지만, 근본적 혁신 허브는 기업과 개별적인 근본적 혁신 프로젝트를 위해 다양한 역할을 할 수 있다.

　벤치마킹을 한다. 근본적 혁신 허브는 고위 경영진에게 근본적 혁신 활동의 성과 표준을 제공해 줄 수 있다. 그러한 표준은 주류적이고 점진적인 혁신 활동에 적용되는 표준과는 매우 달라 보이겠지만, 진행 상황을 평가하고 의사결정에 도움이 되는 수단을 제공할 수 있다. 근본적 혁신 허브는 다른 기업과 신흥 기업—벤처 캐피털 업계—의 근본적 혁신 활동을 벤치마킹할 수 있다. 또한, 사내의 근본적 혁신 프로젝트들을 서로 벤치마킹할 수도 있다. 허브는 근본적 혁신을 얼마나 오랫동안 진행해야 하는지, 해당 시장은 얼마나 오랫동안 개척해야 하는지, 비용은 얼마나 드는지 등에 관한 데이터를 수집하고 지속적으로 업데이트할 수 있다. 비교하기 힘든 문제도 있겠지만, 벤치마킹은 자기 업종/기술 영역에서 혁신을 수행하는 데 필요한 적절한 시간과 비용에 관한 경영진의 기대치를 설정하는 데 도움을 줄 수 있다.

　근본적 혁신 아이디어 포착에 적절하게 개발된 시스템을 구현한다. 3장에서 필자들은 아이디어 수용 기능을 하는 허브의 역할뿐 아니라 근본적 혁신 아이디어 포착자와 수집자의 핵심적인 역할에 관해서도 설명했다. 허브는 포착자와 수집자를 충원하고 훈련시킬 수 있고, 근본적 혁신 제안들을 수용할 수 있으며, 근본적 혁신 프로젝트에 어울리는 평가와 의사결정 과정을 촉진할 수 있다. 허브가 이런 기능을 잘 수행할 때 근본적 혁신 아이디어의 흐름과 아이디어가 프로젝트로 전환하는 비율은 크게 높아진다. 허브는 보조적인 지식경영 시스템이자 조직의 혁신 아이디어 활동의 역사와 경험을 기록하는 저장소 구실을 한다.

근본적 혁신가를 양성한다. 신생 기업으로부터 충원한 근본적 혁신
팀의 어떤 팀원이 이렇게 물은 적이 있다. "근본적 혁신 능력이 있고, 그
것에 관심을 갖는 사람들이 어째서 기존 대기업에 매력을 느끼겠는가?"
필자들이 주장하는 것처럼, 기업은 근본적 혁신가들을 끌어들이고 개
발하고 보상하고 보유하는 법을 익힐 필요가 있다. 첫 번째 조치는 이미
기업 안에서 활동하고 있는 근본적 혁신가들을 찾아내고 고무하는 것
이다. 허브는 회사 안에서 이런 사람들을 솎아 내는 자석 구실을 할 수
있으며, 조직 안에서 근본적 혁신 재능을 활발하게 탐색할 수 있다. 허
브는 기업의 고위 경영진과 함께 일하면서 근본적 혁신가들이 매력을
느낄 수 있는 환경과 기업 문화를 구축하는 지도부 구실을 할 수 있다.
역동적인 지도부, 혁신을 지원하는 효과적인 기반구조, 그리고 기술 ·
능력 · 지식 · 재능의 커다란 저장소는 혁신가들과 도전자들에게 매력
을 주는 문화와 환경을 창출할 수 있다.

근본적 혁신 허브는 근본적 혁신 프로젝트 관리자들과 팀원들을 선
발하고 개발하고 보유하고 보상하는 측면에서 기업의 인력개발 그룹
과 밀접하게 협력할 수 있다. 기회 인식, 근본적 혁신 평가, 프로젝트
개입, 지도 등의 허브 활동에 참여하는 개인들에게도 훈련을 확대할
수 있다. 또한 허브 구성원들은 프로젝트 감시단과 벤처투자 결정위원
회 구성원들을 훈련하는 데에도 도움을 줄 수 있다.

프로젝트팀을 적극적으로 구축하고 전문가 겸 교사의 역할을 한다.
근본적 혁신 허브는 프로젝트 관리 시스템을 구축하고 경험을 쌓음으
로써 시스템을 개선할 수 있으며, 근본적 혁신팀이 프로젝트를 수행하
는 데 도움을 줄 수 있다. 근본적 혁신 허브는 새로운 시장학습법을 이

용하고 기술을 초기 시제품으로 전환하고 자원 획득 전략을 실천하는 문제에서 팀을 지도할 수 있다. 나아가 허브는 독자적인 네트워크를 사용함으로써 근본적 혁신 프로젝트팀이 내외부 파트너들과 접촉해 적절한 협력관계를 구축하는 데에도 도움을 줄 수 있다. 허브는 이러한 개입 메커니즘을 이용해 프로젝트가 중요한 활동, 위기, 결정적인 전환점을 통과할 수 있도록 돕는다. 허브는 프로젝트가 상용화된 뒤에 더 이상 프로젝트에 합류하지 않는 근본적 혁신 인력을 위한 조직상의 집합점 구실을 할 수 있다. 이러한 인력 풀은 초기 단계의 혁신 프로젝트를 위한 팀원을 선발하고, 다수의 프로젝트들이 직면하는 특수한 문제들을 해결하는 데 참여할 수 있는 전문가들을 차출하는 원천이 될 수 있다.

근본적 혁신 프로젝트 자문위원회를 조직하고 충원한다. 독립적인 신흥 벤처기업을 도와 주기 위해서 가장 널리 이용되는 메커니즘 가운데 하나가 자문위원회나 이사회이다. 이러한 조직들은 벤처기업의 자문 기능과 경영 감시 기능 모두를 수행한다. 자문위원회나 이사회는 분기별로 한 번씩 개최되며, 사업 진도를 검토하고, 경영진이 전략적 방향을 수립하는 것을 도와 주고, 중요한 사외 주주들과 접촉할 수 있도록 해 준다. 그러나 필자들은 이것이 사내 근본적 혁신 프로젝트에 적용되는 것을 거의 본 적이 없다. 근본적 혁신 허브는 자신의 인력 풀과 사내의 비공식 네트워크를 활용해 위원들을 선발함으로써 방금 설명한 것과 비슷한 기능들을 수행하기 위한 프로젝트 자문위원회를 설치할 수 있다. 또한 허브는 위원 선발을 위해 회사 바깥으로 나갈 준비도 되어 있어야 한다. 조직이 지니고 있는 기존의 능력/시장과 거리가 먼 혁신일수록 사외 위원을 둘 필요도 커진다.

허브의 성과에 대한 평가

근본적 혁신 프로젝트가 비교적 시간이 오래 걸리고 리스크가 있다는 점을 감안하면, 근본적 혁신 허브의 성과를 측정하는 것은 매우 어렵다. 허브는 신중하게 구성되어 있고 안정적이고 유능하고 강력한 감시단을 통해 고위 경영진—십중팔구 CEO나 CTO—에게 보고를 해야 한다. 장기적인 성과, 강력한 허브 감독위원회, 그리고 고위 경영진의 지속적인 관여가 결합되면 차츰 허브 조직과 근본적 혁신 활동의 타당성이 보장되는 방향으로 나아가게 될 것이다.

변모하고 있는 R&D 부문의 역할에 대한 이해

근본적 혁신이 조직에 가하는 요구들 때문에 R&D 부문의 전통적인 역할은 상당히 확장되고 있다. R&D 부문은 기본적인 연구 수행과 더불어 사업부문들의 기술개발 요구도 지속적으로 받고 있다. 이러한 요구에는 기존 제품의 점진적 혁신도 포함된다. 게다가 오늘날 많은 기업에서 R&D 조직들은 근본적 혁신을 따라잡고 사업부문들이 혁신 제품을 시장에 내놓을 수 있는 수준까지 기술을 발전시키라는 엄청난 압력을 받고 있다.

R&D 인력은 일차적으로 기술적 불확실성을 다룬다. 그들이 애초에 R&D 부문에 배치된 것도 그 때문이다. 그러나, 근본적 혁신 프로젝트 팀은 기술적 불확실성 요소를 줄일 뿐 아니라 시장 불확실성을 줄이고 비즈니스 모델을 개발하는 책임까지 지라는 요구를 받는다. 팀원들과 팀 관리자들은 더 큰 조직과 협상하고, 조직적 인터페이스를 관리하고, 적절한 자금을 확보해야 한다. 분명히 이 때문에 R&D 인력의 전

통적인 역할에 대한 재규정이 필요하다. R&D 인력은 여전히 자신들의 전통적인 R&D 능력을 보유하면서도 이런 어려운 문제에 대응할 수 있도록 자기 능력을 확장할 필요가 있다. R&D 지도부는 기술적 능력을 보완하기 위해 근본적 혁신 프로젝트들이 적절한 프로젝트 관리 능력과 사업개발 능력을 갖게 만들 필요가 있다. 근본적 혁신 허브는 R&D 조직이 새롭게 제기된 어려운 문제를 해결하는 데 중요한 역할을 할 수 있다.

상용화 사업부문의 수용 능력 개발

사업부문 인력은 고위 경영진에게서 끊임없이 단기적인 재무 목표를 달성하라는 요구를 받는다. 게다가 신제품 개발과 새로운 비즈니스를 통해 성장해야 한다는 경영진의 새로운 압력도 가해진다. 사업부문 인력은 R&D도 전면 생산도 아닌 모호한 상황—유망하지만 이렇다 할 수익을 내지 못하면서 진척이 더딘 프로젝트에 자원이 낭비되는 상황 —에서 교착 상태에 빠지는 것을 매우 싫어한다. 그 때문에 이들은 근본적 혁신 프로젝트를 수용할 수 있는 조직적 능력을 개발할 필요가 있다. 이들은 저항하기보다는 오히려 근본적 혁신 프로젝트팀과 허브에 어떻게 가장 효율적으로 관여할 것인지 고민할 필요가 있다.

근본적 혁신 기술 상용화팀 설치

R&D 조직과 사업부문들이 자신들의 역할 변화에 충분히 대응하기 위해 자신들의 능력을 확장한다 할지라도, 근본적 혁신 기술이 프로젝트팀에서 상용화 사업부문으로 이전되는 과정은 여전히 아주 어려운 과

정이다. 고된 노력과 투자를 통해 근본적 혁신 기술을 상용화할 준비를 끝낸 다음에도, 목표 응용부문, 생산, 예상치 못했던 응용부문을 위한 기술개발 등과 관련한 상당한 불확실성이 여전히 존재한다.

또한 근본적 혁신을 실속 있는 비즈니스로 바꾸는 데 실패할 수도 있는 커다란 위험이 존재한다. 상용화팀은 바로 이러한 간극을 메우기 위해 필요하다. 상용화팀에는 R&D 부문과 상용화 사업부문 양쪽 직원 모두와 상용화 관리 전문가들이 포함되어야 한다. 근본적 혁신 허브는 새로운 이사회를 구성하고 상용화 관리 시스템을 구현함으로써 상용화팀을 구성하는 데에서 중심적인 역할을 할 수 있고 또 해야 한다. 고위 경영진은 상용화 과정이 결실을 맺도록 계속해서 가시적인 관심을 기울일 필요가 있다. 회사의 고위 경영진이나 상용화팀 감시단은 근본적 혁신 허브의 경우처럼 상용화팀의 성과를 평가해야 한다. 또한 자금 부담이 사업부문의 실적에 악영향을 미치지 않는 방향으로 투자가 이루어져야 한다.

사내 벤처 캐피털 조직의 구성

7장의 자원에 관한 논의에서 지적했듯이, 기업은 다양한 벤처 캐피털을 실험하고 있다. 그러한 기업들은 근본적 혁신 프로젝트에 투자할 수 있는 리스크 캐피털 풀의 구성, 사업 제안을 요청하고 받는 방법의 개발, 자금지원을 결정하는 심사 및 의사결정 위원회의 구성과 같은 세 가지 근본적인 활동에서 시작했다. 그 목적은 근본적 혁신 활동의 성장을 지원할 수 있는 기업 능력을 강화하는 것이지만, 그 방법만큼은 현명해야 한다. 성공하기 위해서 기업은 적절한 프로젝트에 적절한 양의 자본을 적절한 시기에 투자할 필요가 있다. 이것은 말하기는 쉬워도 실제로는 매우 어려운 일이다. 사내 벤처 캐피털 조직이 성공할 수 있는 네 가지 방법은 다음과 같다.

자금 제공처를 다수 확보한다. 분산되어 있지만 상호 연관되어 있는 일련의 자금원들은 한 개의 강력한 벤처위원회가 관리하는 한 개의 중앙집중적인 자금 제공처보다 더 효율적이다. 자금 제공처가 분산되면 근본적 혁신 프로젝트팀이 자신들의 구상을 다양한 잠재적 투자자들에게 판매할 수 있는 기회를 얻을 수 있으며, 또한 기업은 사내 여러 벤처 캐피털 그룹을 비교할 수 있게 된다. 그렇다고 해서 기업이 자금 제공처가 될 수 있다거나 자금 제공처가 R&D 활동의 중심이 될 수 있다는 것은 아니다. 의사결정자가 진정으로 의욕이 있고 유능할 때는 한 개의 자금 제공처도 효율적일 수 있다. 그러나 '유능한 직원'이 그만두고 의욕이 덜한 사람이 프로그램을 이어받는다면, 한 개의 중앙집중적인 자금 제공처를 동원하는 것은 약점이 된다(필자들은 너댓 개의 기업에서 이런 일을 목격했다). 또한 중앙집중적인 벤처 캐피털 자금은 어려운 시기가 닥치면 예산 삭감의 손쉬운 표적이 된다. 분산된 시스템에서는 프로그램을 폐기하거나 감축하기가 훨씬 더 어렵다.

회사 차원의 벤처 펀드 설립 이외에도 근본적 혁신 프로젝트 자금을 마련할 수 있는 방법들이 있다. 경영자들은 물론 사업부문 경영자들까지 근본적 혁신 활동의 시드 머니 조달에 임의로 사용할 수 있는 자금을 갖고 있어야 한다. 그들이 이러한 자금을 어떻게 사용하는가 하는 것에 대한 평가는 그들의 경영 성과를 평가할 때 같이 평가되어야 한다. 마찬가지로 근본적 혁신 허브도 노텔 네트웍스의 경우처럼 시드 머니를 투자하기 위해 임의로 사용할 수 있는 자금을 갖고 있어야 한다. 그리고 기업은 외부 벤처 캐피털과 제휴할 수 있는 기회를 모색해야 한다(텍사스 인스트루먼트와 인텔이 최근 그랬던 것처럼). 마지막으로 기업은 정부기구들 내의 R&D 자금 제공처들을 파악해 혁신가들이 투자 제안서를 쓰는 데 도움을 줄 수 있도록 정부와의 계약 체결 기능을 수행해야 한다. 이런 기능은 허브 조직이 담당할 수도 있고, 아니면 허브 조직과 협력하여 수행할 수도 있다.

자금획득 정신을 고무한다. 근본적 혁신의 성공은 자원 획득에 달려 있다.(브루스 그리핑은 GE의 디지털 X-레이 프로젝트에서 상당한 성공을 거두었는데도 여전히 기술개발을 계속하고 있고 비즈니스를 구축하기 위해 자금을 모으고 있다. 현재 그는 네 군데의 자금 제공처, 즉 GEMS, 중앙 연구개발 예산, 정부의 연구개발 보조금, CEO 잭 웰치가 임의로 사용할 수 있는 자금으로부터 자금을 지원받고 있다.) 근본적 혁신 허브는 근본적 혁신팀의 자원 획득을 돕기 위해 훈련과 정보를 제공해야 한다. 근본적 혁신 프로젝트팀은 자원 획득 과정을 자신의 아이디어를 검증하고 개발하며 사내와 사외의 지원을 확보할 수 있는 수단으로 간주해야 한다.

사내 벤처 자본가들을 발굴하고 양성한다. 세계의 모든 자금과 리스크 캐피털 운용사들은 숙련된 벤처 자본가가 아닌 경영자들에게는 자금을 지원하지 않는다. 따라서 사외 벤처 캐피털 펀드들과 제휴하는 것은 사내 벤처 자본가가 될 수 있는 직원들을 '학습' 시키는 기회가 될 수 있다.

벤처 캐피털 펀딩 활동을 근본적 혁신 허브와 연결한다. 이렇게 되면 분명히 시너지 효과가 생긴다. 허브가 지니고 있는 사업개발 능력은 근

본적 혁신팀의 성과를 개선하고 벤처 캐피털 펀드의 투자수익을 증대
시킬 수 있다.

근본적 혁신 학습 곡선

이 책과 같은 종류의 책들은 이상적인 — 일부 독자들의 눈에는 적어
도 단기적으로는 비현실적으로 보일 듯한 — 해결책을 제시하는 경향
이 있다. 필자들이 권고한 방법들은 대부분 리더들의 태도, 조직 문화
와 시스템, 인력개발 활동의 상당한 변화를 요구한다. 이런 변화를 충
분히 이룩하려면 오랜 시간이 걸릴 수 있으며, 인내심과 꾸준함이 필
요하다.

조직의 근본적 혁신 성숙도에 따라 필자들이 분류한 문제들을 해결
하는 방법들은 상이하다. 근본적 혁신의 성숙도는 조직이 근본적 혁신
활동을 시작하고 지원하고 보상하는 조직적 과정을 체계적으로 실행하
는 정도라고 정의할 수 있다. 표 10-1은 미숙한 근본적 혁신 역량을 지
닌 조직과 성숙한 근본적 혁신 역량을 지닌 조직이 이 책의 앞장들에서
확인한 어려운 문제들을 다룰 때 드러나는 차이를 비교하고 있다.

성숙도를 높이는 것은 쉬운 일이 아니다. 그러나 그렇게 할 수 없을
때 기업은 행운과 영웅적인 개인의 비범한 노력에 의존해야 한다. 성
숙한 근본적 혁신 역량을 지닌 기업에서 근본적 혁신 허브 — 근본적
혁신에 관해 기업이 갖고 있는 지식의 저장소 — 는 어떤 임무들에서
는 보조적 역할을 할 수 있고, 어떤 임무들에서는 지도적 역할을 할 수

있다. 리더십과 기업의 고위 경영진이 보이는 지속적인 의욕은 성숙한 근본적 혁신 역량을 구축하는 데 결정적으로 중요하다.

리더십의 중요성

기업이 단기적인 실적을 개선해야 한다는 압력을 많이 느낄수록 흔히 비용절감과 수익성 강화에 주력하는 새로운 경영진이 들어선다. '단기가 없으면 장기도 없다' 는 말은 주문처럼 유포되며, 근본적 혁신 프로젝트와 같이 수익을 낳지 않는 활동은 억제된다. 그리 되면 획기적인 아이디어를 고안하려는 동기가 줄어든다. 이것은 프로젝트 자체가 폐기되지 않을 때조차도 근본적 혁신 프로젝트와 관련된 불확실성을 증대시키고, 상용화 기간을 연장시키며, 프로젝트 비용을 증가시키고 실패 위험을 높인다. 근본적 혁신가들은 회사 구조 속에 묻혀 버리거나 회사를 떠난다. 근본적 혁신을 억제하는 기간 동안 기업의 근본적 혁신 역량은 줄어들거나 소멸한다. 인내심과 지속성의 결여는 근본적 혁신 역량 개발에 불리하게 작용한다.[2]

필자들이 연구한 10개 기업 가운데 9개 기업에서 프로젝트가 진행되는 동안 전략적 우선순위―와 프로젝트를 시작한 고위 경영진과 사업부문 경영자―가 보통 한 번 이상 바뀌었다. 필자들이 관계한 한 기업의 기술 담당 경영자는 근본적 혁신이 17년 주기로 부침하곤 했다고 말했다. 이 회사의 근본적 혁신 프로젝트는 당시 성장에 초점을 맞춘 고위 경영진의 전략적 의지에 따라 지원 국면 초기에 시작되었

표 10-1 | 근본적 혁신의 성숙도와 관련된 관리 메커니즘

	미숙한 근본적 혁신 역량	성숙한 근본적 혁신 역량
고위 경영진의 참여	근본적 혁신을 뒷받침할 수 있는 문화를 보완하기 위해, 경영진은 발의자이자 후원자이자 챔피언 구실을 한다.	기업의 경영진은 기대치를 설정하고, 근본적 혁신 문화를 개발하고, 도움이 될 수 있는 조직적 메커니즘을 구축하고, 목표와 보상 시스템을 개발해야 한다.
근본적 혁신 포착	이단자들이 후원자의 관심을 끌려고 노력한다. 기반구조와 체계적인 방법이 결여되어 있다.	근본적 혁신 아이디어 포착자들이 기회를 모색한다. 근본적 혁신 허브는 적절한 기준을 활용하는 효과적인 평가위원회가 구축되도록 돕는다. 비전통적인 마케팅, 사업개발 인력들이 비즈니스 모델을 개발하기 위해 근본적 혁신 기술팀과 협동한다.
자원획득	자금획득이 임기응변식으로 이루어진다. 흔히 프로젝트 팀은 자신들의 작업에 필요한 예산 배정을 기대한다.	시드 머니와 사내 벤처 캐피털을 제공할 수 있는 권한을 지닌 개별 경영자들이 근본적 혁신을 위한 다수의 자금 제공처를 제공한다. 기업은 포트폴리오 방식을 채용해 근본적 혁신 프로젝트 자금을 조달한다.
개인의 이니셔티브	근본적 혁신 과제를 수행하고, 프로젝트 팀원을 선발하고, 챔피언으로 나서는 일을 개인의 이니셔티브에 의존한다.	근본적 혁신 허브가 근본적 혁신 챔피언과 전문가, 팀원을 식별·선발·보상·유지하는 전략을 개발하기 위해 인력개발 부문과 협동한다.
내외부 파트너 관리	내외부 파트너들과의 관계는 프로젝트팀에 의해 임기응변식으로, 그리고 프로젝트별로 형성된다.	근본적 혁신 활동과 내외부 파트너들 사이의 관계가 프로젝트팀, 근본적 혁신 허브, 감시단의 협력에 바탕을 두고 전략적 차원에서 형성된다.
상용화 관리	근본적 혁신 프로젝트와 사업부문 간의 커뮤니케이션이 원활하지 못하다. 흔히 프로젝트가 너무 일찍 상용화되며, 근본적 혁신이 비틀거린다. 프로젝트는 상용화를 위해 고위 경영진이 개입하는 것에 좌우된다.	불확실성이 충분히 제거될 때까지 응용부문과 마케팅을 지속적으로 개발하기 위해서 상용화팀이 설치된다.

다. 8년 반 뒤에도 프로젝트는 계획대로 진행되고 있었지만, R&D 인력의 승진과 봉급 인상은 오로지 현재의 사업 실적에만 기초해서 이루어졌다.

성숙한 근본적 혁신 역량을 획득하는 데 필요한 변화 과정을 이행하기 위해서는 기업 경영진의 굳은 의지와 강하고 지속적인 의욕과 용기가 필수적이다. 그렇게 되기 위한 조치들은 잘 알려져 있지만 실천은 쉽지 않다. 첫째, 기업 경영진은 핵심적인 주역들에게 변화의 필요를 납득시켜야 한다. 둘째, 경영진은 근본적 혁신의 비전과 전략적 의지를 다음과 같이 기업 전체에 분명하게 알리고 설득해야 한다. 즉, "근본적 혁신에 참여하자. 근본적 혁신 역량을 구축하자. 그 과정을 견뎌 내자." 셋째, 경영진은 혁신팀과 더불어 혁신을 수행하고 장애물과 저항을 극복할 계획을 발전시킬 필요가 있다. 그리고 성숙한 근본적 혁신 역량을 획득하는 데 필요한 개인들의 행동에 대해서는 보상 의지를 분명히 밝혀야 한다. 마지막으로, 계획은 반드시 실행되어야 한다.

이제 막 근본적 혁신 역량을 개발하기 시작한 기업들의 고위 경영진은 능동적인 경영자의 역할—개별 프로젝트의 후원자이자 추진자 역할 그리고 기업의 근본적 혁신 역량 개발의 추동자이자 지원자 역할—을 발휘할 필요가 있다. 기업이 보조적인 기반구조를 개발하고 학습을 축적하면, 고위 경영진은 더 전략적이고 덜 직접적인 역할을 할 수 있다.

이런 일은 분명히 가능하다. 필자들이 연구한 10개 회사 모두에서—그리고 산업연구원, 렌셀러 최고 경영자 프로그램, 필자들의 싱크탱크와 워크숍을 통해 이 프로젝트와 관련을 맺은 기업들 대부분에서

― 근본적 혁신을 촉진하기 위한 개인과 조직의 이니셔티브는 결실을 맺었다. 이러한 역량의 개발 자체가 근본적인 조직 혁신이다. 근본적 혁신 역량을 개발하고 실행하는 데 뛰어난 기업들은 장기적인 경쟁에서 어마어마한 이점을 지니고 있는 셈이다.

프로젝트 현황

이 책이 인쇄될 무렵, 필자들의 연구에 참여한 기업들은 이 책에서 설명한 다양한 프로젝트들에 대한 업데이트 정보를 제공해 주었다. 각 프로젝트들의 2000년 늦봄의 현황은 다음과 같다. 필자들은 정보를 제공하고 프로젝트들 각각의 진척 상황을 관찰할 수 있게 해준 기업들과 프로젝트 팀원들에게 다시 한 번 사의를 표한다.

에어 프로덕츠

에어 프로덕츠는 SEOS(Solid Electrolyte Oxygen Seperation) 산소 발생기 프로젝트를 가스 설비 사업단 사업부문 출신의 개발 프로그램 관리자에게 이관했다. 그는 현재 상업성 있는 산소 발생기 반복제조 공정 개발을 주도하고 있다. 너댓 개의 SEOS 산소 발생기가 시험 제작되었

고, 먼저 의료용과 금속 제조에 응용해 보려는 시도가 이루어지고 있
다. 규모가 큰 MEOS(Mixed Electrolyte Oxygen Seperation) 이온운반
막 산소 프로젝트는 여전히 연구 단계에 있으며, 미국 에너지성의 비
용 공유 협력 프로그램의 지원을 받는 기업 합동 개발팀에 의해 진행
되고 있다. 액체 수송연료를 만들기 위해 천연가스를 수소와 합성가스
로 바꾸는 이온운반막 합성가스 응용기술 개발 프로그램은 에너지성
과 협력하여 8년 동안 8천5백만 달러가 투여되는 3단계 개발 프로그램
으로, 현재 2단계로 이동 중이다. 이 프로그램은 12개 기업과 장차 이
상품의 최종 소비자가 될 고객이 포함된 합동팀이 이끌고 있다. 이 프
로그램은 기술 시연회를 거쳐야 하며 그 뒤에야 비로소 상용화 준비에
들어가게 된다.

아날로그 디바이스

아날로그 디바이스는 마이크로 기계 가공기술을 독립적인 사업부문으
로 전환하는 데 성공했다. 아날로그 디바이스의 마이크로 기계 가공제
품 부문(Micromachined Products Division: MPD)은 전세계에서 사용되
는 에어백 센서의 50% 이상을 생산한다. 아날로그 디바이스는 비디오
게임, 헬스, 스포츠에 응용되는 센서와 그 밖의 다양한 동작 감지 센서
들도 제조하고 있다. 400명이 넘는 인원이 일주일에 50만 개의 가속도
계를 제조해 출고하고 있다. 똑같은 공정 기술을 사용하는 자이로컴퍼
스가 시연을 거쳐 항해와 자동차 안전 분야의 잠재적 고객들에게 견본

으로 납품되고 있는 중이다. 아날로그 디바이스에서 MPD는 엔지니어
링과 비즈니스 기능을 통합한 전용 제조설비를 보유하고 있는 유일한
부문이다. MPD가 제조와 비즈니스 측면 모두에 집중할 수 있는 것은
그 덕분이다.

레이 스테이터는 여전히 MPD에 관심을 가지고 긴밀하게 관계하고
있다. 그는 3년 동안 최고 경영자로 일하면서, 1999년 말에 케임브리
지에 구축된 MPD의 새로운 설비가 수익성과 안정된 생산을 달성하도
록 만들었다. 인터넷 덕분에 신뢰도와 양산 요구를 즉각 충족시킬 수
있는 안정된 마이크로 기계 가공제품 제조 능력에 대한 수요가 엄청나
게 늘어나면서 새로운 시장기회가 창출되었고, 현재 MPD는 획기적인
혁신 기회를 다시 모색하고 있다.

듀폰

전자방출 소재

2000년 4월 중순에 듀폰은 디스플레이 사업부문의 설립을 공식 선언
했다. 디스플레이 사업부문은 평판 디스플레이 산업에 이용할 소재를
찾는 데 관심을 쏟고 있다. 전자방출 소재 프로젝트—1994년에 착수
된—는 디스플레이 사업부문에서 둥지를 틀었고, 중요한 제조 제휴가
이루어지고 개발 작업이 진전을 보이고 있다.

바이오맥스

듀폰의 생분해성 폴리에스테르는 경험 있는 제품 관리자의 지도를 받으며 여전히 해당 부서에서 담당하고 있다. 농업용 응용제품 시장은 기대했던 것만큼 급속하게 형성되지는 않고 있다. 그래서 듀폰의 관심은 포장용 응용제품으로 되돌아갔다. 그것은 이 소재에 대한 최초의 응용 아이디어 가운데 하나였다. 듀폰은 여전히 이 기술에 몰두하고 있으며, 다른 시장들을 계속 모색하고 있다. 아주 최근에는 일본 시장이 분해 물질을 상품화할 수 있는 더 적절한 기회로 보였기 때문에, 현재는 그쪽 시장을 추구하고 있다.

GE

2000년 1/4분기 말에 GE는 수익을 20% 초과 달성했다고 발표했다. 1/4분기의 하이라이트는 GE의 의료 시스템 사업부문(GEMS)이 미식품의약청(FDA)의 승인을 받은 세계 최초의 디지털 유방 뢴트겐선 조영기기인 GE 제노그래프 2000D와 최초의 디지털 심혈관 X-레이 기기인 이노바 2000을 발표한 일이었다. 이 두 가지 기기는 1/4분기에 5천만 달러의 매출을 기록했다.

현재 GE는 유방 뢴트겐선 조영법과 심장 X-레이 기술을 응용한 진단기를 계속 생산하고 있다. 유방 뢴트겐선 조영기기는 프랑스 파리 근교의 GE 공장에서 제조된다.(FDA의 승인을 받는 데 예상보다 시간이 많이 걸렸기 때문에 유방 뢴트겐선 조영제품의 대부분은 유럽에서 먼저 판매되었다.) EG&G(지금은 퍼킨-엘머라고 부른다)는 캘리포니아에서 가슴 크기의 진단기를 제조하고 있다. 이것의 벽걸이형 제품이 작년에 시장에 나왔고, 탁상형 제품도 작년에 도입되었다.

GEMS의 400명의 제품 기술자들이 이런 종류의 제품들을 전문적으로 담당하고 있다. 브루스 그리핑과 R&D 팀은 디지털 기술 덕분에 가능한 그 밖의 다른 특장점을 살릴 수 있는 확장제품 개발에 집중하고 있다. 브루스는 또 다른 응용기기를 만들 수 있는지에 관해서도 계속 탐색 중인데, 그 가운데 하나가 폐암을 초기에 영상으로 진단할 수 있는 기기이다.

GM

GM의 하이브리드카는 차세대 자동차 공동개발 프로젝트(Partnership for a New Generation of Vehicles: PNGV)의 목표를 달성할 자동차 개발의 상징이다. PNGV의 목표에는 기본형(1993년형) 가정용 세단보다 3배나 높은 연비를 달성하는 것이 포함되어 있다. 이를 위한 GM의 노력은 북미 시장용 신형 모델인 프리셉트를 통해 잘 드러난다. GM은 프리셉트가 1갤런당 80마일의 연비를 자랑하면서도 2급 수준의 배기량을 달성한다는 성능 목표를 세웠다. 이를 위해 프리셉트에는 GM의 3세대 전자 구동장치와 선진 디젤 엔진을 채택한 하이브리드 추진 시스템의 4륜 구동 엔진이 장착되었고 이러한 중요한 동력 계통 이외에도, 프리셉트는 연비를 높이기 위해 기획된 많은 혁신 기술들을 채용하고 있다. GM의 PNGV 차량은 132가지 혁신 기술을 채용하고 있고, 44가지 발명 특허를 보유하고 있다. 더욱이 프리셉트는 컨셉트카인데도, 이미 GM은 프리셉트에 사용된 많은 신기술을 기존 차량에 적용하고 있다. GM에 따르면, 프리셉트에 사용된 기술의 75%를 자사의 주종 차량들에 응용해 왔다고 한다.

대안적인 추진 시스템을 채용한 GM의 또 다른 차는 프리셉트의 연료전지 버전이다. 이 차는 세 가지 기술 분야, 즉 EV1과 하이브리드 추진 프로젝트, 세계에서 가장 연비가 높은 차종인 프리셉트 PNGV 차량, 연료전지 개발 프로그램을 융합함으로써 진화해 나왔다. GM의 연료전지 개발 프로그램에는 독일, 로체스터, 뉴욕, 워싱턴, 미시건에서 일하는 GM의 연구자들과 기술자들, GM의 제휴 파트너인 도요타에서 일하는 일본의 선진 차량기술 연구원들이 참여하고 있다.

IBM

전자책

이 연구가 시작된 이래로 IBM의 디스플레이 사업부문은 상당히 성장하여 지금은 1년에 1백만 대가 넘는 평판 디스플레이를 생산하고 있다. 생산된 제품은 싱크패드 노트북과 IBM 모니터에 사용되고 있지만, 지금은 상당한 양이 OEM 채널을 통해 다른 노트북과 모니터 제조업체들에게 판매되고 있다. 더 선명한 디스플레이를 만들기 위해 고해상도 기술, 화질, 정보량이 개선되고 있지만, 개선은 점진적인 속도로 이루어지고 있다. IBM은 200dtp 이상의 해상도와 5백만(2560×2048) 컬러 픽셀의 디스플레이를 시연했다. 그러는 동안 IBM 이외에도 7개 회사가 독자적인 고해상도 디스플레이를 시연했다. 도시바의 6.3인치 폴리실리콘 디스플레이도 200dtp 이상을 구현하고 있다. 이러한 고해상도 디스플레이들은 점차 특수 용도와 신제품 개발을 위해 한정 생산되는 추세로 가고 있다.

그러나 고해상도로의 전환은 지난 몇 년간 평판 디스플레이의 공급 부족(이 때문에 신제품을 도입하는 것보다 기존 제품의 생산을 유지하는 일이 더 시급했다)과 불완전한 지원 소프트웨어 때문에 더디게 진행되어 왔다. 그럼에도, 해가 바뀔수록 고해상도 제품은 주류가 되어 가고 있다. IBM이 최초로 제조한 15인치 SXGA+(1400×1050) 노트북 디스플레이와 역시 IBM이 최근에 발표한 20.8인치 QXGA(2048×1536) 패널이 그 예이다. 더욱이 차세대 PDA 같은 기종에서도 고해상도 디스플레이가 새로운 관심을 끌고 있으며, 고해상도 컬러 디스플레이를 더 선명하게 보이도록 할 수 있는 마이크로소프트의 클리어타입 같은 새로운 전자문서 소프트웨어가 출현하고 있다. 이런 추세는 계속될 것으로 보이며, 고해상도 디스플레이는 시장에서 차지하는 비중이 갈수록 커질 것으로 예상된다.

실리콘 게르마늄

IBM의 실리콘 게르마늄 기술 프로그램은 이제 IBM의 마이크로 전자 사업부문의 제품과 기술 계획에 완전히 통합되었다. 프로그램의 타당성을 입증하는 더욱 의미심장한 사건은 통신분야의 상용 반도체 기업

들의 압도적인 다수가 IBM의 기술을 따라가지 않으면 안 되었다는 것
이다. IBM이 발표한 수많은 제품들과 마찬가지로, 루슨트, 모토롤라,
인피네온, 텍사스 인스트루먼트, 코넥스턴트와 다수의 중소기업들이
최근 경쟁력 있는 미래형 제품을 발표함으로써 이 기술의 시장 수용
속도가 빨라졌다. 가장 주목할 만한 사실은 알카텔이 1998년에 IBM의
실리콘 게르마늄 기술을 자사의 주력 제품에 사용하여 초당 100억~
400억 비트의 데이터 전송 속도를 구현했다는 점이다. 실리콘 게르마
늄 기술은 현재 이동전화 단말기와 그 밖의 여러 무선 제품에 널리 사
용되고 있다.

IBM의 마이크로 전자 사업부문은 제품 설계능력 확대를 통해 이런
주도권을 손에 넣었다. IBM은 보스턴, 매사추세츠, 엔시니타스, 캘리
포니아에 세계적 수준의 R-F 및 복합신호 설계조직을 설치했다. 이런
확장된 노력을 이끌기 위해 통신연구개발원이 설립되어, IBM의 연구
부문과 마이크로 전자 사업부문 간의 간격을 메우고 업무를 조정해 왔
다. 현재 메이어슨 박사는 통신연구개발원 원장으로서 IBM의 기술 주
도력을 유지하는 데 힘을 쏟고 있다.

노텔 네트웍스와 넷액티브

1999년 6월 30일에 노텔 네트웍스에서 분사해 나온 뒤로 넷액티브는
해당 분야의 주요 기업으로 변신하기 위해 독자적인 사업 발전 과정을
거쳤다.

넷액티브는 고객들을 위해 대규모 프로그램을 수행해 왔다. 이제 블록버스터, 디즈니, 제너럴 밀스, 로저스 비디오, 일렉트릭 아츠, 엘렉트라, 타임 워너 같은 주요 기업들이 넷액티브의 고객이 되었다. 1만 카피 이상 팔린 넷액티브의 게임, 소프트웨어, 뮤직 비디오는 현재 이 기업들이 소비자들과 온라인상의 관계를 창출하는 데 도움이 되고 있고, 그 덕분에 넷액티브는 알맞게 관리되는 디지털 컨텐츠를 운영하는 세계 최대 업체가 되었다. 미국에서 가장 인기 있는 컴퓨터 게임 잡지인 《인사이트》(incite)에 매월 풀버전 오락물을 지속적으로 제공한다는 계약, 주요 영화 프로모션의 일환으로 넷액티브의 컨텐츠가 담긴 수백만 장의 CD를 과자 상자로 포장하여 납품한 일, 풀버전 컴퓨터 게임의 최대 광대역 유통업체가 된 일, 타임 워너의 대다수 로드러너 프랜차이즈점과의 협력 등이 넷액티브의 프로그램 사례에 속한다. 또한 넷액티브는 광대역 컨텐츠 유통 포럼(BCDF) 운영위원회의 회원사이기도 하다. BCDF의 다른 회원사로는 노텔 네트웍스, AT&T, NBCi, 선 마이크로시스템 등이 있다. 넷액티브는 애플의 CEO를 지낸 바 있는 마이클 스핀들러의 실리콘 밸리 소재 벤처 캐피털 그룹인 업스타트 캐피털로부터 얼마 전 2차 투자자금을 유치했다.

노텔 네트웍스는 사내 벤처 프로그램 전망에 기초하여 초기 단계의 아이디어를 채택해 능률적이고 효율적으로 반복해서 상품화하는 과정을 개발했다. 벤처 캐피털 모델을 이용함으로써, 최초 제안자가 지니고 있는 이점을 포착하고 궁극적으로 투자 성공률을 높이기 위한 성과 지향적 접근법이 창출되었다. 이 프로그램은 학자들의 연구대상이 되었고, 사내 벤처 프로그램을 설치하는 다른 기업들의 주된 벤치마킹

대상이 되고 있으며, 운영된 지 3년 만에 많은 사람들이 이 프로그램을 북미의 3대 프로그램 가운데 하나로 간주하게 되었다. 이 기간에, 직원들이 제출한 300개의 아이디어가 면밀하게 검토되었고, 28개의 컨셉트가 시드 머니 펀딩 단계에 들어갔으며, 총 11개의 벤처가 탄생했다. 이 가운데 5개는 분사되어 현재 2억 달러가 넘는 가치를 지니고 있는 것으로 평가되고 있고, 한 개는 기술 라이선스 협정에 성공했으며, 5개는 분사되었다가 다시 모기업에 합병되었다.

1999년 늦가을에 노텔 네트웍스는 사내 벤처 프로그램을 축소한다는 결정을 내렸다. 이 결정은 부분적으로 비핵심적인 사업들은 아웃소싱하는 추세와 맞물린 기업의 전략적 성장과 핵심 활동에 집중할 필요를 반영한 것이었다. 3년 전에 노텔 네트웍스가 근본적 혁신을 이루는 방법으로서 사내 벤처 프로그램을 추진하기로 결정한 것과 마찬가지로, 이 과정을 촉진하기 위한 방법으로서 사내 인큐베이션에서 사외 인큐베이션으로 점진적인 이동이 이루어지고 있다. 노텔 네트웍스가 벤처 프로그램을 시작했을 때는 특정 업종에 대한 전문성을 갖고 있고 부가가치를 낳는 외부 인큐베이터가 존재하지 않았다. 이제 사정이 달라졌기 때문에, 현재 노텔 네트웍스에서는 근본적 혁신과 함께 작동하는 논리상의 후속 조치로서 외부 인큐베이터 관계를 평가하는 작업이 한창이다. 노텔 네트웍스는 창조적이고 새로운 비즈니스 컨셉트와 기술을 다루는 진화된 방법으로서 외부 인큐베이터가 재빠르게 출현하고 있다는 점을 알고 있다.

넷액티브 사원들 같은 노텔 네트웍스의 전직 사원들은 사내 벤처 프로그램을 통해서 독자적인 회사를 설립했으며, 바로 이러한 사람들이 사내 벤처 프로그램의 가장 커다란 자산이었다. 이들은 독자적인 사업을 구축하는 데 도움을 받을 수 있는 공식적 프로그램을 실시하는 것이 어떤 장점을 갖고 있는지 그 동안 역설해 왔다.

오티스 엘리베이터

오티스의 오디세이 시스템은 시대를 앞선 제품이었다. 그것은 기존의 엘리베이터 기술에 기초한 획기적인 시스템이었지만, 시기가 좋지 않았다. 초고층 빌딩에 적합한 오디세이는 아시아 경제가 붕괴해 세계에서 가장 크고 역동적인 새로운 초고층 빌딩 시장을 불과 몇 주 만에 소멸시켜 버리기 바로 몇 달 전에 발표되었다. 오티스는 오디세이 시스템 개발을 조용히 보류했지만, 시장 여건이 호전되면 개발을 재개할 준비가 되어 있다.

흥미롭게도, 오디세이를 탄생시킨 과정은 마찬가지로 혁신적이고 궁극적으로는 훨씬 더 수익성 있는 엘리베이터 시스템을 만드는 방향으로 나아갔다. 오티스는 별도의 기계실이 필요하지 않은 엘리베이터를 개발하는 데 관심을 가지게 되었다. 그렇게 되면 건축 비용이 줄어들고, 건물 동선이 개선되면서 건물의 임대 면적이 늘어날 것이었다. 이 일을 이룩하기 위해 다양한 기술을 지닌 24명의 오티스 직원들이 한 주 동안 감금당한 채 공식적인 혁신 회의를 열었다.

도금된 가늘고 납작한 강철 벨트를 이용해 엘리베이터를 끌어올리는 시스템이라는 이들의 독특한 아이디어는 불과 18개월의 공식 생산

개발 과정을 거쳤는데 잠시 보류되었다가 2000년 2월에 GeN2™ 엘리베이터 시스템이라는 이름으로 시장에 출시되었다. 그 뒤 이 제품은 오티스 역사상 단기간에 가장 많이 팔린 신제품이 되었다. 오티스는 GeN2™ 엘리베이터가 3년 안에 오티스의 전세계 신설비 매출액의 절반을 차지하게 되리라고 예상하고 있다.

폴라로이드

컴퓨터 메모리 저장장치 프로젝트는 주문 규모 때문에 폴라로이드와 폴라로이드의 전략적 파트너가 자금조달을 늘려야 하는 상황에 직면하게 되었다. 폴라로이드의 파트너도 나름대로 어려운 시기를 지나고 있었기 때문에 필요한 투자를 할 수 있는 준비가 되어 있지 않았다. 폴라로이드는 다른 투자 파트너를 모색하기보다는 프로젝트를 중단하고 핵심 기술과 시장에 다시 초점을 맞추는 편을 선택했다. 컴퓨터 메모리 프로젝트가 소멸되면서 신사업 부문은 1999년 말에 해체되었다.

텍사스 인스트루먼트

마이크로 전기기기 시스템(MEMS) 기술에 기반한 텍사스 인스트루먼트의 디지털 이미징 사업부문은 이제 반도체 사업단의 일부가 되었다. 현재 시장에는 네 가지 제품 플랫폼이 있다. 첫째, 회의실에 사용되는 이동식 프로젝션 제품이다. 현재 약 20개의 OEM에게 디지털 광프로세싱 기술이 제공되고 있다. 이 분야 제품의 한 가지 예는 휴대용 프로젝터인데, 무게가 2kg 정도밖에 안 된다. 텍사스 인스트루먼트는 이 분야 제품 시장의 70%를 장악하고 있다. 두 번째 플랫폼은 극장, 강의실, 연주홀에 사용되는 프로젝션 시스템인데, 텍사스 인스트루먼트는 이 시장의 90%를 장악하고 있다. 세 번째는 비디오 월이다. 이것은 대형 화면 모양의 디스플레이를 구성하기 위해 부착되는 대형 디스플레이 보드를 말한다. 나스닥의 새 디스플레이 보드가 그 사례이다. 마지막으로, 새로 도입된 플랫폼으로 DLP 기반 사진 마무리 설비이다. 이것은 이제 막 판매되기 시작했다.

그 밖에도 다양한 DLP 기술 응용제품들이 개발 단계에 있다. DLP 가정용 엔터테인먼트 시스템이 2000년 말에 도입될 예정이며, DLP 기반 시네마 프로젝터가 도쿄에서부터 클리블랜드에 이르기까지 전세계적으로 배치되어 〈스타워즈 에피소드 2〉, 디즈니의 〈타잔〉과 〈토이 스토리 2〉 같은 다양한 영화를 시범 상영하고 있다. 다른 시범용 제품에는 자동차 디스플레이, 광통신 및 생명공학에 응용되는 기기가 있다. 텍사스 인스트루먼트는 휘도를 개선하고 기존 시스템 환경의 무게와 크기를 줄이기 위한 점진적 혁신 노력에 박차를 가하고 있다. 디지털 이미징 비즈니스 모델은 완벽한 디스플레이 엔진 솔루션을 제공하는 단계에서 OEM이 완벽하고 통합적인 응용장비를 개발할 수 있도록 OEM 업체들에게 DMD 부품을 공급하는 단계까지 발전해 있다.

디지털 이미징 사업부의 DLP 기술·제품·시장에 관한 최신 정보를 알고 싶다면, www.ti.com/dlp에 접속하면 된다.

사내 벤처 캐피털 모델

여기서는 3M, 루슨트 테크놀로지, 노텔 네트웍스, P&G의 벤처 캐피털 모델을 비교했다.[1] 사내 벤처 경영과 투자 메커니즘은 다음과 같은 범주로 구분해 설명할 수 있다. 즉, 벤처 캐피털의 조직구조, 벤처위원회 구성, 벤처 투자의 재원, 기회 경로, 프로젝트 평가와 관리, 투자 결정 기준, 투자 기간, 투자 결과, 효율성 평가.

조직구조

3M

사내 벤처 운영이 느슨하게 조직된다. 심지어 임기응변식으로 조직되기도 한다. 35개 사업부문 — 각각 독자적인 시장과 업종 내에서 운영되며, 상이한 제품을 생산하는 독자적인 사업체들이다 — 전체가 새로운 사업부문을 창출할 수 있는 힘과 능력을 가지고 있다. 다시 말해서 기회가 새로운 사업부문의 신설로 이어지는 경우가 많다. 이것을 추동하는 요소는 바로 모든 사업부문이 이전 4년 동안 도입된 제품들을 사용하여 판매량의 30%를 생산해야 한다는 전사적인 요구이다. '틈새'로 남아 있는 새로운 사업 아이디어를 발굴하고 후원하기 위해 몇 년 전에 사내 사업 개발부가 신설되었다. 사내 사업 개발부는 사업부문들의 벤처 개발 활동을 확대하기 위해 설치된 것이다.

루슨트 테크놀로지

벤처 운영을 담당하고 사내 기술과 사업을 육성하기 위해 '신벤처사업단'이라는 새로운 사업부문이 신설되었다. 이 사업부문은 초기 사업개발을 전문으로 하는 20명의 직원을 두고 있다. 이들은 조언을 제공하고 서비스를 탄생시키는 역할을 맡고 있는데, 이를 위해 기업의 전체 직원들이 지니고 있는 인적 자원, 재무, 법률 같은 분야의 전문지식을 활용한다.

노텔 네트웍스

기업 전략, 제휴, 벤처 — 벤처사업단을 포함해서 — 를 관장하는 수석 부사장이 기본적인 책임을 진다. 전략적인 투자 결정을 담당하는 총감독 기관인 투자 집행위원회가 벤처 투자도 결정한다. 벤처사업단은 사내에서 벤처 포트폴리오를 관리하고 전문지식을 활용하는 책임을 지고 있다.

P&G

이 회사에서 벤처 캐피털 위원회 구실을 하는 것은 혁신지휘팀이다. 이 부서는 기존의 사업부문들과 두 개의 사내 R&D 부서—신사업 개발단은 마케팅에, 글로벌 기술위원회는 기술에 초점을 맞추고 있다—에서 나온 아이디어에 투자하기 위해 연간 2억 달러의 예산을 운용한다. 혁신지휘팀은 투자를 위해 제출된 아이디어를 유망하게 개선하기 위한 상담을 해주고 서비스를 만들어 내고 투자를 허가하는 책임을 맡고 있다.

벤처위원회 구성

3M

전사적인 벤처위원회는 생긴 지 얼마 안 되는 사내 사업 개발부밖에 없다.

루슨트 테크놀로지

벤처 캐피털 부문의 사장과 세 명의 부사장이 사내 벤처 캐피털 기업의 공동 경영자 역할을 한다.

노텔 네트웍스

벤처사업단이 벤처사업단의 대표, 사업부문의 경영자들, 적당한 사외 전문가들로 구성된, 벤처를 위한 이사·자문위원회를 운영하고 있다.

P&G

혁신지휘팀은 이 회사의 CEO, CTO와 7개의 글로벌 비즈니스 부문 사장들 가운데 한 명으로 구성되어 있다.

벤처 투자의 재원

3M

각각의 사업부문이 잠재적 벤처의 투자와 전문지식을 책임진다. 선진적인 기술은 3M 전체에 산재해 있는 사내 연구소들과 기술 센터들을 부양하는 회사 차원의 자금을 지원받는다. 유망하고 중요한 프로그램들은 부문 차원의 투자액을 상회하는 막대한 액수의 자금이 지원된다. 사업부문 경영진은 회사의 고위 경영진을 통해 이러한 투자 자금을 확보한다.

루슨트 테크놀로지

루슨트의 신벤처사업단은 해마다 투자 용도의 회사 예산을 배정받는다. 추가적인 자금은 사외 투자자들에게서 얻는다.

노텔 네트웍스

해마다 기업 차원의 투자를 위한 자금을 따로 떼놓는다. 독자적인 사업으로 성장할 때 사외 투자자들이 참여하게 된다.

P&G

사업부문간의 자원 확보 경쟁을 촉진하는, 즉 혁신지휘팀이 승인하고 신사업 개발단이나 R&D 조직 내에서 인큐베이팅 되는 벤처의 근거지가 되기 위한 경쟁을 촉진하는 예산 배정을 통해서 사업부문들로부터 자금이 지원된다.

기회 경로

3M

토대가 되는 사업부문에서 프로젝트가 시작되고 지속된다. 각각의 사업부문은 벤처가 될 만한 사업에 전문지식을 제공하는 책임을 진다. 기회가 점차 무르익게 되면, 해당 사업부문은 그 사업에만 사용하는 자원을 확보하게 된다.

루슨트 테크놀로지

근본적 혁신 프로젝트들은 유리한 것이든 불리한 것이든 모두 신벤처사업단으로 이관된다. 루슨트의 사원들(특히 벨 연구소의 연구원들)은 아이디어를 신벤처사업단에 제출하고, 신벤처사업단 직원들은 기회를 검토한다. 일단 신벤처사업단이 아이디어를 채택하면, 그 아이디어는 신벤처사업단의 것이 된다.

노텔 네트웍스

직원들은 인트라넷 웹사이트를 통해 아이디어를 제안한다. 벤처사업단도 획기적인 사내 투자 기회를 발굴하기 위해 인트라넷을 이용한다. 기존 제품이나 시장의 확장 같은 점진적 혁신들은 처음부터 걸러지고 벤처사업단의 도움을 받아 해당 사업부문으로 이관된다.

P&G

기존의 사업부문에서 나오는 제안들은 일단 신사업 개발단이나 글로벌 기술위원회로 넘어간다(이 두 부서는 각각 새로운 제품 아이디어를 검토하는 데 드는 시드 머니 지원에 쓸 수 있는 예산을 확보하고 있다). 예컨대, 어떤 연구팀이 아이디어를 내면, 글로벌 기술위원회는 새로운 기술을 응용해 보는 데 필요한 시드 머니를 지원한다. 유망한 결과가 나오면, 이번에는 신사업 개발단이 기회를 검토하고 그 결과를 혁신지휘팀에 제출한다.

프로젝트 평가와 관리

3M

3M 모델은 진화적 모델이다. 기존 사업부문 내의 프로그램으로 벤처가 시작되며, 이것이 프로젝트로 발전하여 사업부문이 되고, 프로젝트가 기존 부문의 사업 내용에 걸맞지 않게 되면 독자적인 부문으로 독립한다. 초기 기회를 위한 자원 획득에서는 챔피언이 핵심적인 역할을 한다.

루슨트 테크놀로지

루슨트는 기회 식별, 시장 검증, 신사업 상품화, 가치 실현이라는 4단계로 이루어진 과정을 채택하고 있다. 첫 번째 단계에서 벤처사업단은 잠재적 기회를 평가한다. 두 번째 단계는 벤처 캐피털 업계의 시드 머니 지원 단계에 해당한다. 세 번째 단계는 벤처를 실제로 구성하는 단계이다. 마지막 단계는 예정된 퇴장 단계로서, 루슨트는 투자수익을 거둬들이게 된다.

노텔 네트웍스

노텔 네트웍스는 4단계로 이루어진 신벤처 개발 과정을 두 국면으로 나눠 창업 및 상품화하는 방법을 채택하고 있다. 벤처 기회팀은 처음 두 단계—개념화 단계와 시장 검증 단계—에서 수립한 비즈니스 컨셉트의 기초를 마련하여 투자를 유치한다. 벤처 상품화팀은 벤처 투자를 하고, 그 다음 두 단계—가치 개발 단계와 최종 배치 단계—로 나아간다. 혁신적인 비즈니스 컨셉트는 벤처로 발전하여 자금지원과 인큐베이팅 서비스를 받는다.

P&G

프로젝트 관리는 시드 머니 조달, 시제품을 개발하기 위한 1차 자금조달, 아이디어를 시장과 연결시키기 위한 추가 자금조달 단계를 거치면서 전개된다. 핵심적인 문제들을 가려 내고 결정을 이끌어 내기 위해 프로젝트팀은 CTO와 사업부문장에게 주기적으로 보고한다. 초기 단계의 프로젝트를 보호하기 위해 이런 식의 비공식 회의가 이용된다.

투자 결정 기준

3M

기회를 한 차원에서 다른 차원으로 전환시키는 결정이 매출액 같은 느슨한 기준에 바탕을 두고 이루어진다.

루슨트 테크놀로지

광범위한 실사 작업이 진행된 다음 성과에 기초하여 리스크에 따른 다양한 수준의 자금이 지원된다. 시장기회, 지속적인 가치 창출의 증거, 팀의 능력, 투자수익의 가능성, 벤처 모델의 상업화 가능성이 일반적인 기준이다.

노텔 네트웍스

노텔 네트웍스는 아이디어가 지속적이고 독자적인 사업이 될 가능성이 있을 때에만 벤처로 채택한다. 강력한 팀이라는 증거, 대규모 잠재시장, 차별화된 가치 창출과 같은 검증된 벤처 캐피털 기준에 바탕을 두고 실사 작업을 수행한다. 사업의 가치를 구축하고 리스크를 줄이기 위해서 성과에 기초한 투자 모델을 사용한다.

P&G

P&G는 기술이 아니라 마케팅에 혁신의 초점을 맞춘다. P&G에서는 성공적인 벤처 아이디어의 조건으로 "소비자의 시각을 훌륭하게" 보여줄 것과 몇몇 특정한 시장 요구를 충족시킬 것을 요구한다. 혁신지

휘팀은 투자를 결정하기 위한 자체 평가 기준을 적용해 "엄격한 재무 분석"을 실시한다. 이들은 일차적으로 "믿을 만한 시장 규모"와 가치 산정(즉, 이 시장의 규모가 20억 달러가 될 수 있을까 하는 식의)에 관심을 기울인다. 많은 혁신 프로젝트들이 기존의 사업부문들과 관련이 있다. 혁신지휘팀의 포트폴리오 애널리스트들은 상대적인 리스크 수준에 입각해 프로젝트가 될 만한 사업들을 비교—마케팅의 관점에서뿐 아니라 기술적 관점에서도—하며, 기술 리스크가 클수록 시장 가능성이 더욱 커야 한다고 요구한다. 또한 각각의 제안을 보통 30~40개의 프로젝트로 이루어져 있는 기존 포트폴리오와 관련지어 분석하기도 한다. 더 나은 수익을 거둘 가능성이 있는 새로운 벤처를 선호하는 탓에 잠재력이 적은 사업은 무시될 수 있다.

투자 기간

3M

3M에서 벤처 개발 단계를 통과한 아이디어들은 아이디어를 제시한 사업부문의 재원을 할당받는 시드 머니 펀딩 단계를 거쳐 독자적인 사업부문으로 성장하는 단계에까지 이르게 된다.

루슨트 테크놀로지

루슨트의 벤처들은 시드 머니 조달 단계에서 투자수익을 거둬들이는 단계에 이르기까지 자금지원을 받는다.

노텔 네트웍스

노텔 네트웍스는 시드 머니 조달 단계에서 분사 단계에 이르는 인큐베이션 기간 동안 사내 벤처에 자금을 지원해 준다. 중요한 상용화 기간 요인들 때문에, 평균 인큐베이션 기간은 지난 3년 동안 평균 2~3년에서 6~12개월로 줄어들었다.

P&G

신사업 개발단과 글로벌 기술위원회가 시드 머니를 제공하며, 첫 번째 단계와 두 번째 단계의 자금은 혁신지휘팀이 제공한다. 두 번째 단계(P&G가 "시장학습"이라고 부르는 단계)에서, 가치 창출 가능성은 시제품을 시장에서 시험하여 제시된다. 그런 다음 벤처는 기존 사업부문으로 흡수된다.

투자 결과

3M

3M은 벤처들이 회사에 대한 의존(상용화 사업부문이 제공하는 자원에 의존해 생존하는 것)에서 벗어나 새로운 사업부문으로 독립하면 투자 수익을 수확한다. 이렇게 등장한 새로운 사업부문들이 또 다른 새로운 사업부문으로 발전할 가능성이 있는 아이디어들을 제시하면 똑같은 과정이 되풀이된다.

루슨트 테크놀로지

루슨트의 벤처들은 일부는 법인체로 발전하며, 일부는 회사에 남는다. 합작회사도 등장할 수 있다. 루슨트는 보통 인큐베이션 과정에서 벤처들을 분사시키는 경향이 있다.

노텔 네트웍스

노텔 네트웍스의 신벤처 개발 과정을 통과한 벤처들은 별개의 독립적인 사업체로 전환하는 과정에 들어선다. 노텔 네트웍스는 이러한 사업체들의 지분을 소유하여 주주로 남는다. 합작투자, 기술 라이선싱이 사용되기도 한다. 일부 벤처들은 자신들의 사업부문을 다시 분사시키기도 한다.

효율성 평가

네 회사 각각의 벤처 캐피털 모델에 관해서는 다음과 같이 평가할 수 있다.

3M

3M은 사업부문을 늘리는 데 벤처 캐피털 전략을 성공적으로 이용했다. 이 전략은 기업가 정신을 고려하기 때문에 효과가 있다. 3M의 벤처 팀은 자신들이 언젠가는 자신들만의 부문을 운영할 수 있다는 사실을 알고 있다.

루슨트 테크놀로지

루슨트의 벤처 캐피털 모델은, 직원들이 직무를 최상으로 수행하게 하는 긴박감을 만들어 낸다. 고위 경영진이 벤처의 기획에 관여하며, 해당 업종의 전문가들을 벤처위원회의 위원으로 끌어들인다. 프로젝트가 기존 사업부문의 범위를 벗어나지 못하면 이것은 불가능하다. 벤처 캐피털 모델은 기존 사업부문에서보다 더 많은 창의력을 발휘하여 전문 기능(예를 들어, 인력 관리, 법무 등)을 수행할 수 있게 한다. 루슨트는 프로젝트 지도팀을 좀더 엄격하게 선발하려 한다.

노텔 네트웍스

노텔 네트웍스의 벤처 캐피털 모델은, 창조성과 진취적 기업가 정신이 넘쳐 나지만 아이디어는 종종 유실되곤 하는 조직의 기층을 활용하는 데에서 효율성을 보였다. 노텔 네트웍스는 사업에 대한 통찰력을 좀더 많은 기술 사원들에게 전달하는 동시에 아이디어가 풍부하게 제시되게 하려고 "깔때기 효과"를 사용했다. 혁신 목표는 기술뿐 아니라 "아이디어의 연결"을 중심으로 사업을 구축하고, 외부 자원을 좀더 효과적으로 활용하며, 벤처를 좀더 빨리 진화시키는 것이다.

P&G

P&G의 모델에서는 최고 경영진의 참여와 글로벌 비즈니스 부문들의 지원이 돋보인다. 특히 혁신지휘팀에 CEO가 참여하는 것이 핵심이다. P&G는 신사업 개발단과 사업부문의 설계 및 제조 계획 그룹을 통해서 좀더 많은 벤처를 발전시키기를 원한다. 현재 P&G는 어떤 기회가

주어지더라도 신속하게 자원을 동원할 수 있도록 하기 위해 변화를 꾀하고 있다.

요약

네 개 회사의 벤처 캐피털 모델을 비교해 보니 다음과 같은 흥미로운 대조점들이 드러났다.

- 사업을 사내에 보유하려는 경향 대 분리하려는 경향 3M과 P&G는 한 부문 내에 자리를 마련하든 새로운 부문을 시작하든 간에 사업을 사내에 보유하는 경향이 있는 반면, 노텔 네트웍스와 루슨트는 기존의 핵심적인 사업 초점과 맞지 않는 사업은 분리하는 경향이 있다. 노텔 네트웍스와 루슨트가 일차적으로 금전적인 보상을 얻으려 한다는 점을 놓고 본다면, 창업을 촉진하고 해당 사업체의 다른 부문들을 위해 관련 지식을 수집하는 것은 상당한 가치를 창출한다.
- 새로운 벤처 형성의 공식성 대 비공식성 3M의 구조는 사업부문 내에서 진화한다. 이 과정은 비공식성을 띠고 있으며, 사업이 가능성을 보이면 그만큼 더 힘있게 추진된다. 3M의 벤처 형성 과정은 팀에서 시작해 기초 프로그램 단계, 사업 프로젝트 단계, 사업 분리 단계를 거쳐 사업부문 단계에 이르는 성장 패턴을 따른다. 공식적인 위원회는 존재하지 않는다. 나머지 세 회사의 프로그램에서는 기업의 최고 경영진 차원에서 운영되는 공식적인 위원회와

절차가 존재한다.

- 기존의 회사 구조를 유지하려는 경향 대 바꾸려는 경향 3M의 성공에는 회사가 커다란 저항 없이 새로운 사업부문을 만들어 내고자 노력한 점이 바탕이 되었다. 사내 창업 활동은 이런 노력을 통해서 활발해진다. 왜냐하면 팀 자체도 언젠가는 독자적인 사업부문을 운영할 가능성을 갖고 있음을 알고 있기 때문이다. 그럼에도 3M은 사업을 계속 사내에서 운영하지 그 기회를 사외로 '분리' 하지는 않는다. 이와는 대조적으로 노텔 네트웍스와 루슨트는 새로운 사업들을 분리하는 데 초점을 맞추는 경향이 있다. 그러나 어떤 아이디어가 사내 사업부문에 어울리는 것처럼 보여도 노텔 네트웍스와 루슨트는 아이디어를 제출한 사람이 그 아이디어를 "비즈니스 컨셉트로 다듬을 수 있도록" 지원한다. 그러나 그 때에는 되도록 신속하게 그 사업을 사내 사업부문으로 되넘긴다. 다른 한편, P&G는 두 가지 모델을 모두 실험하고 있는 중이다. P&G의 조세 납부체계 때문에 사업부문들은 그러한 실험 과정에서 생성되는 사업 기회들을 잡기 위해 경쟁한다. P&G는 현재 명확한 기반이 없는 사업 기회들을 육성해야 하는 과제를 맡은 사업부문들 가운데 분리될 "사내 그룹"을 양성하기 시작하고 있다.

- 평가와 벤처 경영에 사외 전문가를 참여시키는 문제 루슨트는 벤처의 평가와 경영을 사외 전문가에게 의존한다. 노텔 네트웍스도 외부에서 고문을 초빙하여 적절한 전문지식을 활용하고 있다. 생소한 분야에 진출하려면 특수한 전문가들을 구할 필요가 있다. 나머지 두 회사는 이런 체계를 구축하고 있지 않다.

- 새로운 벤처 시스템의 집중도 3M의 벤처 시스템은 회사 전체에 널리 확산되어 있으며, 어느 한 사람의 상급 관리자나 위원회에 의존하지 않는다. 나머지 회사들의 새로운 벤처는 상급 관리자들로 이루어진 관리 기구에 의존하고 있다.

- 새로운 제품 대 새로운 사업 P&G의 혁신지휘팀은 자신들이 시제품 제작 단계에 돌입할 준비가 되어 있을 때 프로젝트를 승인한다. P&G는 신제품이나 이미 알려져 있는 기술을 새롭게 응용하는 데 훨씬 많은 관심을 가지고 있다. 3M은 진화적 모델을 추구하기 때문에 새로운 사업을 낳을 수 있는 발판을 마련한다는 관점에서 사고한다. 루슨트와 노텔 네트웍스는 흡수/분사 구조를 가지고 있기 때문에 두 가지 가능성을 모두 고려한다.

- 새로운 벤처 프로그램에 대한 평가 3M의 새로운 벤처 프로그램은 프로그램이라기보다는 하나의 문화라고 할 수 있기 때문에 그 자체가 평가 대상은 아니다. 노텔 네트웍스와 루슨트의 프로그램은 대다수 독립 벤처 캐피털 펀드들과 비슷한 평가 기준 — 자기자본 이익률 — 에 따라 평가를 받는다. 이 때문에 노텔 네트웍스와 루슨트의 프로그램은 회사의 경제적 상태나 전략적 사고방식에 취약하다는 문제가 있다. 두 회사의 프로그램 모두 1996년부터 시작되었다. 노텔 네트웍스는 갈수록 벤처에 더 큰 관심을 보이고 있지만 현재의 벤처 프로그램은 2000년 초에 축소 과정을 거쳤다. 많은 요소를 감안할 때, 어떤 기업이 근본적 혁신과 사내 벤처를 장기간 유지하기는 매우 어렵다. P&G의 프로그램은 1994년에 시작되어 진화를 계속하고 있다.

<h1 style="text-align:center">원주</h1>

1장

1) 요제프 슘페터는 가장 커다란 혁신은 소기업에서 시작될 가능성이 가장 크다는 주장을 가장 먼저 제시했다는 평가를 받고 있다(The Theory of Economic Development 〔Cambridge, MA: Harvard University Press, 1934〕). 사실, 이 분야의 후속 연구는 이 점을 명확하게 제시하지 못했다. 슘페터 자신도 나중에는 일정 수준의 독점력을 소유한 거대 기업이 자본과 숙련된 노동을 얻기가 더욱 수월하고 소규모 신생 기업이 이룩한 혁신의 성과를 획득할 수 있는 능력을 갖고 있기 때문에 더욱 강력한 기술 진보의 주체라고 주장했다(Capitalism, Socialism, and Democracy, 3rd. ed. 〔New York: Harper, 1950〕).

기업 규모, 시장 지배력, 혁신 활동 사이의 관계에 대한 다른 연구들은 대체로 이러한 요인들 사이에서 어떤 체계적 관계도 찾아내지 못했다(W. L. Baldwin and J .T. Scott, *Market Structure and Technological Change* 〔New York: Harwood Publishers, 1987〕와 W. M. Cohen and R. C. Levin, "Empirical Studies of Innovation and Market Structure," R. Schmalensee and R. D. Willig, eds., *Handbook of Industrial Organization* 〔New York: North-Holland, 1989〕을 참조). 이것은 업종 전체에 걸친 그러한 문제에 대한 명확한 해답이 없음을 뜻하는 것이다. 그러나 레베카 헨더슨(Rebecca Henderson)이 좀더 최근에 발표한 "Underinvestment and Incompetence as Responses to Radical Innovation: Evidence from the Photolithographic Alignment Equipment Industry," *Rand Journal of Economics* 24, no. 2 (Summer 1993): 248~270은 사실 성숙한 기업들이 신생 기업들보다 더 많은 자원을 점진적 혁신에 투자하며, 근본적 혁신을 이용하려는 성숙한 기업들의 연구 활동은 신생 기업들의 연구 활동보다 생산성이 떨어진다는 것을 보여 주었다. 따라서, 필자들은 성숙한 기업에서는 근본적 혁신 관리가 심각한 문제라는 테제에서 시작하고자 한다.

2) 신기술을 이용하여 사업을 성장시킨다는 과제의 중요성에 대한 인식은 널리 퍼져

있다. R&D 부문에 주력하는 성숙한 대기업들의 기술 경영자들로 구성된 전문가 단체인 산업연구원은 회원사들을 상대로 매년 조사를 실시하고 있다. 1998년에 "혁신 창조"는 기술 담당 경영자들이 직면한 최대의 과제로 평가되었다. 5년 전만 해도 그것은 상위 과제로 간주되지도 않았다. 산업연구원의 연례 조사 보고서는 호주, 브라질, 한국, 유럽, 일본의 산업연구원 제휴기관들이 "혁신 창조"를 회원사들의 기술 경영 담당자들이 직면한 최대 문제 가운데 가장 중요하거나 비교적 중요도가 상위에 속하는 문제로 평가했음을 보여 주었다.

3) 특히 Richard Foster, *Innovation: The Attacker' s Advantage* (New York: Summit Books, 1986); James M. Utterback, *Mastering the Dynamics of Innovation* (Boston: Harvard Business School Press, 1994); Clayton Christensen, *The Innovator' s Dilemma* (Boston: Harvard Business School Press, 1997) 참조.

4) 많은 사람들이 성숙한 대기업에서 근본적 혁신을 관리하는 것이 어렵다는 점을 인식해 왔다. 클레이턴 크리스텐슨(Clayton Christensen)의 *Innovator' s Dilemma*는 성숙한 사업을 효과적으로 경영하는 기업들이 외부 주체로부터 단절 기술 (disruptive technology)이 제공될 것이라고 기대하고 그러한 기술에 효과적으로 대응하는 것은 매우 특이한 현상이며, 그러한 기술을 상업화하는 것은 훨씬 더 드문 현상임을 보여 주고 있다. 도로시 레너드-바턴(Dorothy Leonard-Barton)이 *Wellsprings of Knowledge: Building and Sustaining the Sources of Innovation* (Boston: Harvard Business Press, 1995)에서 제시한 조직의 핵심적 경직성에 대한 설명은 크리스텐슨의 주장을 그대로 반영하고 있다. 물론 도로시는 독자에게 경직성을 방지하는 새로운 경영 수단들을 제공하고 있기는 하다. 로버트 카츠(Robert Katz)와 토머스 앨런(Thomas Allen)은 "Organizational Issues in the Introduction of New Technologies," *The Management of Productivity and Technology in Manufacturing*, P. R. Kleindorfer, ed. (New York: Plenum Press, 1985) 275~300 에서 조직의 주목을 끌고 자원을 획득하기 위해서 경쟁하는 조직 내부의 적대 세력에 대해서 설명하고 균형과 이원주의의 필요성을 강조했다. 마찬가지로 로자베스 모스 캔터(Rosabeth Moss Kanter)는 대기업에게 주류와 "새로운 흐름" 모두를 관리하라고 요구하고 있다("Swimming in Newstreams: Mastering Innovation Dilemmas," *California Management Review* [Summer 1989]: 45~69). *Winning through Innovation: A Practical Guide to Leading Organizational Change and Renewal* (Boston: Harvard Business School Press, 1997)에서 마이클

터시맨(Michael Tushman)과 찰스 오레일리(Charles O' Reilly)가 제시하는 이중적
조직론도 위와 같은 주장을 되풀이하고 있는 것이다. 그들은 성숙한 대기업에서 내
부적으로 개발된 혁신은 최고 경영진이 극적인 조직적 변화를 주도할 능력이 없기
때문에 헛수고로 끝나는 경우도 있다고 지적한다. 데보라 도허티(Deborah
Dougherty)의 "Interpretive Barriers to Successful Product Innovation in Large
Firms" (*Organization Science* 3, no. 2, 〔1992〕 179~202)는 혁신에 대한 조직적
저항을 차동 렌즈의 기능이나 조직에서 분파를 유발하여 정보를 다르게 해석하는
"사상 집단"으로 설명하고 있다. 이러한 저자들은 모두 근본적 혁신 문제를 확고하
고 계몽적인 어조로 설명해 왔지만, 제나스 블록(zenas Block)과 이언 맥밀런(Ian
MacMillan)은 *Corporate Venturing: Creating New Businesses within the Firm*
(Boston: Harvard Business School Press, 1993)에서 근본적 혁신의 상업화에 대한
기업의 준비 상태를 강화하기 위한 실천적 지침들을 제공했다.

5) Joseph G. Morone, *Winning in High-Tech Markets* (Boston: Harvard Business
School Press, 1993).

6) 예를 들어, Frederick Betz, *Strategic Technology Management* (New York:
McGraw-Hill, 1993) 참조. 또한, Morone, *Winning in High-Tech Markets*와 Gary
Hamel and C. K. Prahalad, *Competing for the Future* (Boston: Harvard Business
School Press, 1994) 참조.

7) Utterback, *Mastering the Dynamics of Innovation*; Christensen, *The Innovator' s
Dilemma*.

8) Morone, *Winning in High-Tech Markets*와 Tushman and O' Reilly, *Winning
through Innovation* 참조.

9) James G. March, "Exploration and Exploitation in Organizational Learning,"
Organization Science 2, no. 1 (February 1991): 71~87.

10) 탐색 과정은 본질적으로 불확실하고 역동적이며 임의적인 것으로 보인다고 묘사
되어 왔다. Rosabeth Moss Kanter, "When a Thousand Flowers Boom: Structural,
Collective, and Social Conditions for Innovation in Organizations," in B. Staw
and L. Cummings, eds., *Research in Organizational Behavior*, vol. 10
(Greenwich, CT: JAI Press, 1988); J. J. Jelinek and C. B. Schoonhoven, *The
Innovation Marathon* (Cambridge, U.K.: Basil Blackwell, 1990); James Brian,
"Managing Innovation: Controlled Chaos," *Harvard Business Review* 63 (May~

June 1985): 73~84 참조. 그러나 유팅 쳉(Yu-Ting Cheng)과 앤드류 H 방드벵(Andrew H. Van de Ven)은 좀더 자세한 연구를 통해서 혁신은 임의의 과정이 아니라 혼돈의 과정이라고 주장한다("Learning the Innovation Journey: Order Out of Chaos," *Organization Science* 7, no. 6 [November~December 1996]: 593~614 참조). 혼돈은 질서정연하고 예측 가능한 것도 아니고 확률적이고 임의적인 것도 아닌 비선형적인 동적 체계이다. 혼돈스러운 조건에서 학습하려면 확장되고 분산되는 발견 과정이 필요하며, 좀더 안정된 조건에서 학습하려면(점진적 혁신) 협소해지고 수렴되는 시험 과정이 필요하다. 연구자들이 주장하는 것은 혼돈은 임의성이 아니라는 것이며, 혼돈스러운 환경은 질서정연한 환경과는 매우 다르게나마 관리될 수 있는 환경이라는 것이다. 필자들은 이러한 주장에 동의하며 이 책 전체에서 그러한 "혼돈스러운" 환경에 알맞는 관리 도구들에 대한 통찰을 제공하기 위해서 노력했다.

11) Morone, *Winning in High-Tech Markets*.

12) 탐색 능력에 대한 기초적인 설명은 주로 다음과 같은 저작들에서 발견된다. Dorothy Leonard-Barton, *Wellsprings of Knowledge* 그리고 Gary Lynn, Joseph Morone, and Albert Paulson, "Marketing and Discontinuous Innovation: The Probe and Learn Process" (*California Management Review* 38, no. 3 [Spring 1996]: 8~37).

13) 필자들의 정의는 대체로 다른 연구자들이 사용하는 정의와 비슷하다. 예를 들어 다음을 참조. Abdul Ali "Pioneering versus Incremental Innovation: Review and Research Propositions," *Journal of Product Innovation Management* 11 (1994): 56~61; M. Lee and D. Na, "Determinants of Technical Success in Product Development when Innovation Radicalness Is Considered," *Journal of Product Innovation Management* 11 (1994): 62~68; Rebecca Henderson, "Underinvestment and Incompetence as Responses to Radical Innovation," 248~270; J. E. Ettlie, W. P. Bridges, and R. D. O' Keefe, "Organization Strategy and Structureal Differences for Radical versus Incremental Innovation," *Management Science* 30, no. 6 (1984); 682~695: J. Stopford and C. W. F. Baden-Fuller, "Creating Corporate Entrepreneurship," *Strategic Management Journal* 15 (1994): 521~536. 이러한 저자들은 다음과 같은 용어를 다양하게 사용한다.

· 근본적 기술 발전

· 기업의 근본적 혁신(기업 내의 최초 사용)

· 산업을 변화시키는 근본적 프로세스(비용) 또는 제품(특징)

14) 다른 저자들도 조직의 변화를 관리하는 것은 필자들이 파악한 특징과 비슷한 특징에 좌우된다고 지적해 왔다. 특히 조직 다변화의 유형에 대한 루멜트의 저작은 주목할 만하다(Richard Rumelt, *Strategy, Structure and Economic Performance* 〔Ph. D. diss., Harvard University, 1974〕 참조). 루멜트는 조직 성과가 다변화 노력이 핵심 사업과 어느 정도나 관련되어 있는가에 따라 다르다고 지적한다. 그와 다른 많은 사람들은 관련 부문으로 다각화하는 기업들의 성과가 더 높다고 제시해 왔다. 익숙하지 않은 제품이나 시장으로 진출하는 것과 관련하여 중요한 문제들이 있는 것은 분명하다. 그러나 다른 연구자들은 핵심 사업과 관련되지 않은 다변화가 특히 R&D 집약형 산업부문의 기업들에게는 기술 습격에 대한 위험 회피 수단을 제공하며 따라서 장기적으로 조직의 건강을 유지하기 위한 필수 요소라고 주장한다. Yegman Chang and Howard Thomas, "The Impact of Diversification on Risk-Return Performance," *Strategic Management Journal* 19 (1989): 271~284 그리고 Craig Galbraith, Bruce Samuelson, Curt Stiles and Greg Merrill, "Diversification, Industry Research and Development, and Market Performance," Academy of Management Proceedings (1986): 17~20 참조.

15) Robert Burgelman and L. R. Sayles는 *Inside Corporate Innovation* (New York: The Free Press, 1986)에서 이러한 과정을 "소급형 합리화"라고 서술하고 있다.

16) Digital Light Processing, DLP, Digital Micromirro Device, DMD, DLP Cinema는 텍사스 인스트루먼트의 상표이다.

2장

1) Biomax는 듀폰의 등록상표이다. 듀폰만이 바이오맥스를 제조한다.

2) Lycra는 듀폰의 등록상표이다. 듀폰만이 라이크라를 제조한다.

3) 이 책에서 출처를 밝히지 않고 인용한 문구들은 모두 저자들이 실시한 인터뷰 내용에서 인용한 것이다.

4) 필자들은 근본적인 혁신과 그 외의 혁신을 연구한 앤드류 방드벵과 미네소타 대학교에서 근무하는 그의 동료들이 수행한 경험적 연구를 제외하고 근본적 혁신의 전개 과정에 대한 다른 경험적 연구는 없는 것으로 알고 있다(Harold L. Angle and Andrew H. Van de Ven, "Suggestions for Managing the Innovation Journey,"

Research on the Management of Innovation: The Minnesota Studies, Andrew H. Van de Ven, Harold L. Angle, and Marshall Scott Poole, eds. 〔New York: Harper and Row, 1989〕 참조). 이러한 저자들은 "더욱 혁신적인" 이러한 프로젝트들은 예상치 못한 환경 변화, 프로젝트 과정의 심한 변동, 예상에서 빗나간 정보를 취합하는 능력의 부재—그들이 "학습 장애"라고 정의한 개념—로 생긴 후퇴와 오류를 포함하여 필자들이 이 책에서 제시한 특징들을 갖고 있었다.

로자베스 모스 캔터는 성숙한 기업의 "신조류" 성장 과정을 필자들과 비슷한 서술어를 사용하여 규정한("Swimming in Newstreams: Mastering Innovation Dilemmas," 45~69). 캔터는 신조류 성장 과정을 매우 불확실하고 매우 집약도가 높은 과정으로 묘사하고 있다. 로자베스는 이러한 높은 불확실성과 집약도를 활동과 관심이 잠잠했다가 폭발적으로 증가하는 현상으로 표현했다.

5) 스테이지 게이트에 대한 탁월한 설명은 Robert G. Cooper, "Stage-Gate Systems: A New Tool for Managing New Products," *Business Horizons* (May~June 1990): 44~54 참조. 또한, Robert G. Cooper, *Winning at New Products: Accelerating the Process from Idea to Launch*, 2nd ed. (Reading, MA: Addison-Wesley, 1993) 참조.

6) 이러한 정의는 성장 기회에 대한 앤소프의 매트릭스에서 비롯한 것이다(H. Ansoff, "Strategies for Diversification," *Harvard Business Review* 35 〔September~October 1957〕: 113~124 참조). 이러한 유형론 이외에도 시장 성장 기회가 적절한 제품개발 대응을 결정한다. 기존 제품과 기술에 기초하여 기존 시장을 겨냥하는 성장 전략은 점진적 제품 혁신을 유발한다. 신제품과 신기술(그리고 동시에 높은 수준의 불확실성)에 기초하여 신시장을 겨냥하는 성장 전략은 진정으로 새로운 혁신을 낳는다. 혁신성도 기업과 외부 세계하고 비교한 제품의 새로움이라는 측면에서 정의되어 왔다. 여기서 '새로움'이란 기업이 기초 기술과 응용 시장에 대해서 어느 정도 알고 있는가 하는 것을 가리킨다. (Booz · Allen & Hamilton, *New Product Management for the 1980s* 〔New York: Booz · Allen & Hamilton, 1982〕; E. J. Kleinschmidt and Robert J. Cooper, "The Impact of Product Innovativeness on Performance," *Journal of Product Innovation Management* 8, no. 4 [1991]: 240~251; Eric M. Olson, Orville C. Walker Jr., and Robert W. Ruekert, "Organizing for Effective New Product Development: The Moderating Role of Product Innovativeness," *Journal of Marketing* 59, no. 1 [January 1995]: 48~62 참조.)

7) 다른 연구자들은 조직의 불확실성과 자원의 불확실성이 갖는 중요성을 인식해 왔
다. 특히, Deborah Dougherty and Cynthia Hardy, "Sustained Product Innovation
in Large, Mature Organizations: Overcoming Innovation-to-Organization
Problems," *Academy of Management Journal* 39, no. 5 (1996): 1120~1153;
Robert Burgelman and L. R. Sayles, *Inside Corporate Innovation* (New York:
The Free Press, 1986); Rosabeth Moss Kanter, *When Giants Learn to Dance*
(New York: Simon and Schuster, 1989); 그리고 Clayton Christensen, *The
Innovator's Dilemma* 참조. 이러한 연구자들의 노력에 기초하여 필자들은 성숙한
기업 환경에서 이러한 네 가지 불확실성 요소가 미치는 영향과 이러한 네 가지 요
소 사이의 상호작용이 프로젝트 관리상의 문제에 끼치는 영향을 인식했다.

8) 다양한 형태와 수준의 불확실성이 존재하는 가운데 이루어지는 전략적 의사결정에
대한 흥미로운 논의는 Hugh Courtney, Jane Kirkland, and Patrick Viguerie,
"Strategy under Uncertainty," *Harvard Business Review* 75 (November~
December 1997): 66~79 참조. 비록 이 책의 저자들이 기업 수준의 전략적 선택이
라는 맥락에서 논의를 전개하고 있고, "불확실성의 수준"도 필자들이 제시하는 개
념과는 다르지만, 그들은 필자들이 이 책에서 주장하는 내용을 그대로 반영이라도
하듯이, 서로 다른 조건에서 다른 방법으로 혁신 프로젝트를 관리하는 데 대한 흥
미로운 관점과 다양한 분석 도구를 제공하고 있다.

9) 벤카타라만과 방드벵은 필자들의 "방해 요소"와 비슷한 개념을 사용하여 "환경 충
격"이 새로운 벤처기업의 발전에 미치는 영향을 논의하고 있다. 물론 그들은 전적
으로 외부 환경에서 비롯하는 충격을 언급하고 있다(S. Venkataraman and
Andrew H. Van de Ven, "Hostile Environments, Environmental Jolts,
Transaction Set, and New Business," *Journal of Business Venturing* 〔May 1998〕:
231~255 참조). 필자들은 이러한 개념을 확장하여 프로젝트에 대한 충격이 기업
내부와 그 경계의 외부에서 올 수 있다고 보고 있다.

3장

1) Vijay K. Jolly, *Commercializing New Technologies: Getting from Mind to
Market*(Boston: Harvard Business School Press, 1997)과 Block and MacMillan,
Corporate Venturing 참조.

2) 필자들의 연구 프로젝트 초기에 필자들의 업계 파트너들은 초기 근본적 혁신 프로

젝트 활동을 "방향성이 모호한 초기 단계"라는 솔직한 말로 표현했다. 학자들도 이 용어를 사용했다. 예컨대, Albert L. Page and John S. Stovall, "Importance of the Early Stages in the New Product Development Process," *Bridging the Gap from Concept to Commercialization*. Edward F. McDonough III and Chuck Tomkovick, eds., 1994 Proceedings of the Product Development and Management Association, 46~50 참조. 또한, Peter A. Koen, "Corporate Entrepreneuring: Securing Funding for 'Initiative from Below' Fuzzy Front End Projects," *Achieving Excellence in New Product Development and Management*, Chuck Tomkovick, ed., 1998 Proceeding of the Product Development and Management Association, 12~24 참조.

3) Greg A. Stevens and James Burley, "3,000 Raw Ideas=1 Commercial Success," *Research Technology Management* (May~June 1997): 16~27.

4) 에드워드 로버츠(Edward Roberts)와 앨런 R 퍼스펠드(Alan R. Fusfeld)는 "Critical Functions: Needed Roles in the Innovation Process," *Career Issues in Human Resource Management*, R. Katz, ed., (Englewood Cliffs, NJ: Prentice-Hall, 1982), 182~207에서 혁신의 초기 국면을 지도하는 데 필요한 비공식적 역할을 설명하고 있다. 그들은 아이디어 생성자 — 과학적 창의력과 풍부한 아이디어 생성의 개인적·기술적 자질을 갖춘 사람 — 가 드물다고 언급한다. 그들은 특별한 방법을 사용해 이런 사람들을 선발하고 양성하고 관리해야 한다고 말한다. 필자들은 9장에서 이 문제를 다루고 있다. 앤드류 방드벵은 "기업들이 아이디어를 제한하는 눈가리개를 쓰고 있다"고 생각하며, 경영자들이 개인들에게 주목하지 않기 때문에 그런 일이 벌어진다고 생각한다. 이 때문에 "많은 혁신 아이디어들이 효과적으로 판단될 수 없"을 정도이다("Central Problems in the Management of Innovation," *Management Science* 32, no. 5 〔1986〕: 590~607 참조).

5) 필자들이 이런 통찰에 주목할 수 있게 해준 닉 J 콜라렐리(Nick J. Colarelli) 박사에게 감사한다. J P 길포드는 "연합적 사고"(associative fluency)를 "주어진 사물과 분명하게 관련된 다양한 사물의 생성"을 요구하는 차원의 사고라고 정의한다.(J. P. Guilford, "Three Faces of Intellect," *The American Psychologist* 14, no. 8 〔1959〕: 473.)

6) Gary Hamel and C. K. Prahalad, *Competing for the Future* (Boston: Harvest Business School Press, 1994), 129~135.

7) Gary Hamel and C. K. Prahalad, "Corporate Imagination and Expeditionary Marketing," *Havard Business Review* 69 (July~August 1991): 81~92. 저자들은 상상력과 떠오르는 핵심 역량의 '수익 관점'을 이용함으로써 기업의 기존 비즈니스의 경계를 뛰어넘어 연장되는 새로운 기회를 숙고해야 함을 강조하고 있다.

8) 테레사 애머빌은 지도되기만 한다면 창조야말로 가장 생산적이라는 점을 보여 주었다. 연구자의 본능적 동기(와 그를 통한 창조)를 증대시키는 데 도움이 되는, 그녀가 추천하는 한 가지 수단은 고위 경영진이 개인들에게 더 많은 자유를 주는 것이다. 필자들은 그것이 흔히 연구자들이 '태만한 시간'으로 이해하는 것과는 매우 다른 종류의 자유라는 점을 특별히 언급하고 싶다. 애머빌이 주장한 자유는 수단에 대한 자율이지 프로젝트의 목적에 대한 자율이 아니다. 그녀는 연구자들에게 강요되는 전략적 목표는 분명하게 규정되지만, 그 목표를 달성하기 위한 방법을 연구자들이 결정하게 한다면, 연구자들의 창의력이 높아질 것이라고 말하고 있다. 그녀는 기업이 자유를 잘못 관리하는 한 가지 방식은 목표를 너무 자주 바꾸는 것이라고 언급한다. 그 때문에 고위 경영진이 전략적 의도를 지속시키는 것은 조직의 근본적 혁신 역량을 구축하고 유지하는 데 매우 중요하다. Teresa M. Amabile, "How to Kill Creativity," *Havard Business Review* 76 (September~October 1998): 77~87 을 보시오.

9) 비자이 졸리(Vijay Jolly)가 지적한 것처럼, 모든 것—기술조차도—은 정치이다. 혁신을 상상하는 것은 혁신의 첫 단계일 수 있지만, 많은 연구자들이 착상을 효과적으로 이용하는 것을 고민하고 착상을 추구할 만한 프로젝트로 전환하는 데 필요한 충분한 지지를 조직하는 등의 그 다음 조치들을 취하는 데는 어려움을 느낀다 (*Commercializing New Technologies* 참조). 졸리는 연구자들이 지녀야 하는 기법들을 권하고 있지만, 우리는 바로 그러한 점 때문에 이 결정적인 접합점에서 조직이 구조적인 후원 메커니즘—즉 '근본적 혁신 허브'—을 구축할 수 있는 중대한 기회가 생겨난다고 생각한다.

10) 다른 사람들도 이와 비슷한 용어를 사용해 왔지만, 그들이 사용하는 용어는 약간 다른 활동들을 가리킨다. 로자베스 모스 캔터의 개념이 가장 우리와 비슷하다. 그녀는 '척후병'과 '코치'라는 용어를 사용하는데, 척후병은 새로운 아이디어를 수용하고 회사 자금을 그 아이디어에 할당하는 사람으로서 고위 경영진이 그 아이디어의 중요성을 이해하고 자금 후원자를 찾아 내는 데 도움을 주기 위해 아이디어를 다듬고 '추진 논거'를 만드는 일을 조력한다. *When Giants Learn to Dance* 참조.

로버츠와 퍼스펠드의 '정보 수문장'("Critical Functions: Needed Roles in the Innovation Process")은 사내외의 환경을 자세히 조사하는 역할을 한다. 그러나 로버트와 퍼스펠드는 기술 문헌을 조사하는 개인들과 시장조사를 통해 고객의 추세를 분석하는 개인들의 역할을 분리한다. 필자들은 포착자와 수집자를 그처럼 매우 엄밀하게 정의하지는 않는다. 사실 필자들은 효과적인 기회를 붙잡으려면 인식자, 포착자, 수집자가 시장학습이라는 세계와 기술적 가능성이라는 세계 모두에서 일정 정도의 통찰력을 지니고 있어야 한다고 생각한다.

11) *When Giants Learn to Dance*에서 로자베스 모스 캔터는 사내 벤처 펀드 몇 개(텔레플렉스, 오하이오 벨, 이스턴 코닥)와 그것들의 초기 평가 과정을 소개하고 있다. 모든 경우에 평가는 기회의 타당성을 평가하는 데 도움을 주기 위해 아이디어 생성자와 사내의 전문가를 연결시키는 것과 기업의 기존 평가 프로세스와 매트릭스를 피하기 위한 그 밖의 메커니즘과 관련되어 있었다.

12) Block and MacMillan, *Corporate Venturing*, 103.

13) 졸리는 사내의 후원을 얻을 수 있었던 프로젝트와 그렇지 못했던 프로젝트를 상세하게 비교하고 있다(*Commercializing New Technologies* 참조). 그는 성공한(즉, 초기 평가의 성공적 통과한) 프로젝트는 초기부터 혁신의 과학적 전망을 보여줄 수 있는 능력이 뒷받침된 덕분이라고 주장한다. 성공할 가능성이 적은 경우 여러 기술 개발 경로를 제시하고 문제를 해결할 수 있는 능력은 대부분 동료 과학자들과의 초기 네트워킹을 통해서 얻은 것이라고 졸리는 말한다.

14) 우리는 이 질문을 크리스텐슨이 *The Innovator's Dilemma*에서 관찰하고 설명한 질문과 구별할 필요가 있다. 그가 주장하는 요점은 시장이 너무 작기 때문에 주주들에 대한 책임을 생각하면서 운영되는 기업들이 '열등한' 초기 기술들을 무시하고 있다는 것이다. 그는 또한 기존의 시장과 기존의 충성스러운 고객들을 언급한다. 반면, 필자들은 해멀(Hamel), 프라할라드(Prahalad), 레너드-바턴 등 일군의 다른 학자들을 따라 미래의 시장에 관해 조사하는 팀들을 관찰했다. 바로 그 때문에 엄밀한 금전적 정당성은 거의 존재할 수 없으며, 기술적 타당성과 여러 응용 분야에 기술을 배치할 수 있는 능력은 기술적 가치에 대한 자신감을 구축하기 위한 메커니즘으로서 더 많이 이용된다.

15) Deborah Dougherty and Cynthia Hardy, "Sustained Product Innovation in Large, Mature Organizations," 1120~1153 참조. 또한 Kanter, *When Giants Learn to Dance* 참조.

4장

1) *The Project Management Book of Knowledge, 1996* (Project Management Institute, 1996) 참조.

2) 같은 책, chapter 11.

3) Rita G. McGrath and Ian MacMillan, "Discovery Driven Planning," *Havard Business Review* 73 (July~August 1995): 4~12.

4) J. David Bernard, *Milestone Planning for Successful Ventures* (New York: Boyd and Fraser, 1994)에서 제나스 블록이 쓴 chapter 1, "A Framework for Milestone Planning" 참조.

5) 학습 계획은 다른 학자들이 불확실성이 큰 조건에서 혁신 프로젝트를 관리하기 위한 방법으로 소개한 너댓 가지 방법 가운데 하나다. 예컨대, Hollister B. Sykes and David Dunham, "Critical Assumption Planning: A Practical Tool for Managing Business Development Risk," *Journal of Business Venturing* 10, no. 6 (November 1995): 413~424와 Block and MacMillan, *Corporate Venturing*, 그리고 McGrath and MacMillan, "Discovery Driven Planning" 참조. 이 글들 각각은 "재순환"과 "방향 전환"을 통해 실수와 허위 가정을 발견하고 예기치 않은 결과를 허용하는 훈련된 혁신 개발법을 정의하고 있다. 마찬가지로 레너드-바턴의 "실패 속의 전진" 개념과 린, 모론, 폴슨의 "조사와 학습" 개념은 높은 수준의 불확실성을 가진 프로젝트를 관리하기 위한 유연하고 시행착오적인 접근법을 요구한다. 각각에 관해서는 Dorothy Leonard-Barton, *Wellsprings of Knowledge*와 Lynn, Morone and Paulson, "Marketing and Discontinuous Innovation: The Probe and Learn Process," 8~37을 참조.

6) "Central Problems in the Management of Innovation" (*Management Science* 32, no. 5 〔1986〕: 590~607)에서 앤드류 방드벵은 고도로 혁신적인 프로젝트는 어느 정도의 불확실성을 보유해야 하고 성급하게 중단하지 말아야 한다고 언급하고 있다. 그는 이중고리 학습(double loop learning)이라는 개념을 이야기하고 있는데, 이것은 필자들의 연구 사례 전체에서 관찰되었다. 아지리스(Argyris)와 스콘(Schon)은 단일고리 학습(single loop learning)에 관해 설명하고 있는데, 이것은 모니터링 활동으로 찾아낸 것에 바탕을 두고 행동을 취하는 전통적인 모니터링 활동을 가리키는 개념이다. 이와 대조적으로 이중고리 학습은 평가 기준의 변화와 관련이 있다. 이중고리 학습에서는 과거의 관행이 의문시되고, 프로젝트에 관한

새로운 가정이 제기되며, 상당한 전략적 변화가 허용된다. 이중고리 학습에서는 프로젝트의 진척을 평가하기 위한 적절한 기준은 무엇이어야 하는지 의문을 제기할 수 있다. 방드벵은 불확실성을 철저하게 관리하기 위한 판에 박힌 절차는 결코 제공하지 않는다. 그러기는커녕 그는 임의적인 과정이라기보다 혼돈스러운 과정으로서 근본적 혁신이라는 그 자신의 개념을 반영하는 판이한 패러다임을 제시하고 있다. 필자들의 연구 사례에서도 그의 개념이 들어맞는 것을 볼 수 있었다. (Yu-Ting Cheng and Andrew H. Van de Ven, "Learning the Innovation Journey: Order Out of Chaos?" *Organization Science* 7, no. 6 〔November~December 1996〕: 593~614를 참조. 또한, Chris Argyris and Donald A. Schon, *Organizational Learning: A Theory of Action Perspective* 〔Reading, MA: Addison-Wesley, 1978〕 참조.)

7) "Sustained Product Innovation in Large, Mature Organization: Overcoming Innovation-to-Organization Problems" (1120~1153)에서 데보라 도허티와 신시아 하디는 실패한 프로젝트 관리자들은 자원 획득 능력 면에서 성공한 프로젝트 관리자들과 다르다고 보고하고 있다. 저자들은 대기업 조직들에서 이 결정적인 활동을 개인의 역량에만 의존하면 혁신을 유지하기가 매우 어려워진다고 말한다. 그 때문에 다양한 자원들로부터 자금을 찾고 획득하는 문제에서 프로젝트 관리자들을 돕는 일정 유형의 조직 메커니즘이 결정적으로 중요하다고 강조한다. 마찬가지로 앵글과 방드벵은 다른 무엇보다 자원 고갈 때문에 혁신 프로젝트가 자주 중단된다는 점을 발견했다. (Angle and Van de Ven, "Suggestions for Managing the Innovation Journey," chapter 21.)

8) Clayton Christensen, *The Innovator's Dilemma* 참조. 또한, Tom Peters, "The Mythology of Innovation, or a Skunkwork's Tale, Part II," *The Stanford Magazine* (Palo Alto: Stanford Alumni Association, 1983) 참조.

9) 비밀 실험실(skunkworks)은 실험 결과를 회사로 되돌리는 것과 관련한 어려움 때문에 최근 여러 필자들의 비판을 받았다. 제록스의 PARC가 이 문제와 씨름했던 사실은 유명하다. (John Seely Brown, "Research That Reinvents the Corporation," *Harvard Business Review* 69 〔January~February 1991〕 참조.) 마이클 슈레이지(Michael Schrage)는 비밀 실험실이 주류 조직에게는 혁신가 엘리트 집단을 만들어내는 일종의 '인종차별적 혁신'으로 비친다고 언급했다. 또한 그는 이런 행동이 경영진이 혁신을 옹호하고 있다고 해석되는 것이 아니라 주류 조직의 혁신 역량을 포

기하고 있다고 해석될 수 있음을 지적한다. ("What's That Bad Odor at Innovation Skunkworks," *Fortune*, 20 December 1999, 338 참조.)

10) 톰 앨런은 R&D 연구소 안에서 비공식적 의사소통 네트워크를 장려하는 것이 중요하다는 점을 발견하고 제시했다(Tom Allen, "Communication Networks in R&D Laboratories," R&D Management 1 〔1971〕: 14~21). 그는 외부 기술 정보와의 연결고리를 만들어 R&D 조직에 그 정보를 전달하는 연구소 '수문장'의 중요성을 언급했다. 필자들은 시장 관련 정보와 조직 자원에 관해서도 똑같은 활동이 일어나기 시작했다는 증거를 발견했다. 더욱이 필자들은 '행동 공동체'(communities of practice)가 연구소의 경계를 뛰어넘어 형성된다는 점도 관찰했다. 기술 전문가들은 조직의 부문을 가로질러 서로 알게 된다. 이런 일은 물론 임의적인 방식으로 일어난다. 필자들은 '행동 공동체'라는 생각이 자리를 잡으면, 이러한 네트워킹이 가져다 주는 이점은 훨씬 더 커질 거라고 생각한다.

11) Deborah Dougherty and T. Heller, "The Illegitimacy of Successful Product Innovation in Established Firms," *Organizational Science* 5, no. 2 (1994): 200~218.

12) 근본적 혁신 프로젝트팀의 정당성을 확보하는 데 기여하는 경계 연결 활동(boundary-spanning activities)은 팀의 유형을 막론하고 널리 발견되었다. 이런 활동의 범위와 그것이 고도로 혁신적인 프로젝트에서 팀의 성과에 미치는 영향에 관한 자세한 논의로는 Deborah Ancona, "Outward Bound: Strategies for Team Survival in an Organization," *Academy of Management Journal* 33, no. 2 (1990): 334~365과 Deborah Ancona and David F. Caldwell, "Bridging the Boundary: External Activity and Performance in Organizational Teams," *Administrative Science Quarterly* 37 (1992): 634~665 참조. 이 연구결과들에 따르면, 어떤 팀들은 단순히 자신들의 활동을 기업에 알리며, 어떤 팀들은 자신들의 외부 환경을 수동적으로 관찰하지만, 어떤 팀들은 능동적으로 바깥에 있는 사람들과 관계를 맺는다. 이 세 번째 집단은 프로젝트 내내 팀의 응집력은 높지 않았지만 결국 가장 좋은 성과를 냈다.

13) Digital Light Processing, DLP, Digital Micromirror Device, DMD, DLP Cinema는 텍사스 인스트루먼트의 상표이다.

5장

1) *Wellsprings of Knowledge*에서 도로시 레너드-바턴은 이를 "개발자 주도 개발 프로 젝트"라고 불렀다. 고객은 기존의 솔루션이 최첨단 기술이라고 믿어 의심치 않기 때문에 필요한 것을 분명하게 표현하지 못할 수 있다. 그래서 도로시는 혁신 기술 과 기지 또는 미지의 필요 사이의 연관성을 통찰할 수 있게 하는 사용자 환경에 몸 을 담가야 한다고 주장한다. 도로시는 필자들이 제시한 두 가지 유형의 혁신(기존 의 전략적 범위 바깥에서 일어나는 혁신이나 틈새에서 일어나는 혁신)을 기술과 시 장의 공진화(co-evolution)로 규정하고 있다. 이러한 두 가지 자체는 매우 상이한 시 장학습 기법을 요구한다.

2) Robert G. Cooper and Elko J. Kleinschmidt, "An Investgation into the New Product Process: Steps, Deficiencies and Impact," *Journal of Product Innovation Management* 3, no. 2 (1986): 71~85.

3) 시제품에 관한 더 자세한 논의로는 Lynn, Morone, and Paulson, "Marketing and Discontinuous Innovation: The Probe and Learn Process," 8~37과 Robert J. Dolan, "Industrial Market Research: Beta Test Site Management," Case #9-592- 010 (Boston: Harvard Business School, 1992), 그리고 Michael Schrage, *Serious Play: How the World's Best Companies Simulate to Innovate* (Boston: Harvard Business School Press, 2000)을 참조.

4) Leonard-Barton, *Wellsprings of Knowledge*, 124~125.

5) Morone, *Winning in High-Tech Markets*.

6) 시장에서 이러한 시행착오 기법에 대한 더 많은 사례로는 Lynn 외, "Marketing and Discontinuous Innovation"과 Leonard-Barton, *Wellsprings of Knowledge* 참 조. 시장과 기술이 모두 매우 불확실할 때, 기술개발에 초점을 맞추려면 시장 응용 부문을 선택해야 한다. 시장과 기술은 모두 공진화한다(coevolve).

7) Clayton Christensen, *The Innovator's Dilemma*와 Geoffrey Moore, *Crossing the Chasm* (New York: HarperBusiness, 1991), 그리고 Barry Bayus, Sanjay Jain, and Ambar G. Rao, "Too Little, Too Early: Introduction Timing and New Product Performance in the Personal Digital Assistant Industry," *Journal of Marketing Research* 34 (February 1997)을 보시오.

8) "Iridium, Great Technology, Poor Marketing," *Washington Post*, 24 May 1999, Eo1. 또한 "Why Cell Phones Succeeded Where Iridium Failed," *Wall Street*

Journal, 23 August 1999, B1을 참조.

9) '리드 유저' 라는 용어를 만들어 낸 에릭 폰 히펠은 적절한 최초 실험자들과 혁신적인 개념이나 시제품을 동일하게 취급하는 기법과 방법을 설명하고 있다. 리드 유저로 판명되려면, 해당 기업이나 개인은 미래의 어떤 시점에 이르면 시장에 널리 확산되어 그 기술로부터 상당한 수익을 낳기 쉬운 필요에 직면해야 한다. 필자들은 흔히 '리드 유저' 라는 용어가 프로젝트팀이 초기부터 잠재적인 고객이자 제휴자로서 함께 일하기를 선택한 기업이나 개인을 가리키는 말로 매우 느슨하게 사용되고 있는 것을 발견했다. 폰 히펠은 그들이 조야하긴 하지만 문제에 대한 해결책을 스스로 개발했다는 점을 발견했다. 그러한 해결책은 일단 혁신 중인 기업에 의해 발견되면, 제품개발 프로젝트를 위한 아이디어 구실을 했다. Eric Von Hippel, "Lead Users: A Source of Novel Product Concepts," *Management Science* 32 (July 1986): 791~805를 참조.

10) Jolly, *Commercializing New Technologies* 4장 참조. 졸리는 잠재적 응용부문에 관한 아이디어를 정밀하게 제시하는 것이 기술적 진보를 이룩하는 것과 마찬가지로 프로젝트에 대한 사내 후원을 얻어내는 데 중요다고 지적하고 있으며, 그런 일을 막는 편견들에 관해 자신의 생각을 제시하고 있다.

11) Edward F. McQuarrie, *Customer Visits: Building a Better Market Focus* (Newbury Park, CA: Sage Publications, 1993) 참조. 매커리는 기술 주도 산업과 특히 B2B 시장에서 모든 팀원들이 계획된 고객 방문 프로그램을 실행하는 것이 획기적인 신제품 개발에 중요하다고 주장한다.

12) Lynn 외, "Marketing and Discontinuous Innovation."

13) Gifford Pinchot III, "Innovation through Intrapreneurship," *Research-Technology Management* 30 (March~April 1987).

6장

1) David Rotman, "The Next Biotech Harvest," *Technology Review* (September~October 1998): 34~41. 그리고 Richard Koening, "Tricky Roll-Out: Rich in New Products, Monsanto Must Only Get Them on Market," *Wall Street Journal*, 1 May 1990, A1.

2) NetActive Web site, http://www.netactive.com, March 1999.

3) 7장에서는 잠재적인 장기 수익성을 지닌 기술을 시장과 효과적으로 연결시키는 데

필요한 여러 파트너들에 관해 자세히 설명하고 있다. 졸리는 독자들에게 상품화 과정의 이 단계에서 체계적 전망에 기초하여 사고하라고 충고하고 있다. (*Commercializing New Technologies* 참조.)

4) 실제로 로버츠와 베리는 기업의 기본 사업에 대한 시장과 기술의 친화도에 따라 반드시 추구해야 하는 일군의 진입 전략을 설명하고 있다(Edward B. Roberts and Charles A. Berry, "Entering New Business: Selecting Strategies for Success," *Sloan Management Review* 〔Spring 1985〕: 3~17). 그들은 응용부문 시장과 기술이 기업의 현재 사업과 거리가 멀수록, 전문 기업을 인수하거나 합작 투자를 실행하는 것이 적절하다고 암시한다. 이것은 합리적인 접근법처럼 보이지만, 필자들은 기술개발 경로가 매우 초기의 비즈니스 모델 가정에 의존하고 있음을 발견했다. 따라서 필자들은 근본적 혁신팀이 프로젝트 초기부터 이 문제를 심사숙고할 필요가 있다고 생각한다.

5) 챈드리와 텔리스는 근본적 혁신의 상품화 성공 가능성을 판단하는 경우 기업 규모보다 제품, 자산, 조직 일상에 관한 기존 투자를 재편하려는 의지가 더욱 중요함을 보여주고 있다. 다시 말해 중소기업은 규모가 작기 때문이 아니라 너무 늦기 전에 특정 부문에 집중된 투자를 재편하려 하지 않는 대기업들이 남겨 놓은 공백이 있기 때문에 투자를 좀더 자주 재편하여 성공할 수 있다. 저자들은 이것이 실제로는 태도에 관한 문제이기 때문에 교정될 수 있다고 암시한다. Rajesh K. Chandry and Gerard J. Tellis, "Organizing for Radical Product Innovation: The Overlooked Role of Willingness to Cannibalize," *Journal of Marketing Research* 35 (November 1998): 474~487 참조.

6) 넷액티브 팀은 전자상거래 소프트웨어와 음반 유통업체들이 많은 소액 거래를 처리하는 데 필요한 역량을 개발했음을 발견했다. 디스크 배포 문제는 해결이 더 어려웠다. 결국 넷액티브 팀은 블록버스터 비디오를 통해 디스크를 배포하기로 했다. 몇 달러의 요금을 내면 디스크의 시초 구매가 이루어졌다. 이 글을 쓰고 있을 무렵, 넷액티브 경영진은 십중팔구 디스크가 한번 구매되면 친구들의 손에서 손으로 돌아다니게 된다는 점을 인지하고 있었다.

7) 매킨타이어는 가치사슬과 기반구조를 구축하는 일은 시간이 걸리며 그 자체로 불연속성을 내포하고 있다고 지적한다. "비유해서 말하자면, 기반구조는 단계적으로 구축된다. 그것은 수정을 거쳐 개선되다가 한동안 안정을 취한다. 그러다가 다시 개선된다."(p. 146) 이것은 다음과 같은 사실을 뜻한다. (a) 시장 적응 과정을 수익

으로 연결시키지 못하면, 단기적인 매출을 과대평가하고 장기적인 잠재력은 과소평가하게 될 수 있다. (b) 필요한 기반구조가 처음부터 존재하는 것은 아니기 때문에, 기존의 기반구조와 다소 일치하는 종류의 혁신을 하는 것이 수익성이 있을 수 있다. 이 때 그러한 제품 형태가 혁신의 모든 측면을 활용하지 못할 수 있다는 점을 인식해야 한다. (c) 기반구조 개발은 한동안 제휴업체를 통하거나 스스로 마련해서라도 분명히 사전에 촉진할 필요가 있다. Shelby H. McIntyre, "Market Adaptation as a Process in the Product Life Cycle of Radical Innovations and High Technology Products," *Journal of Product Innovation Management* 5 (1988): 140~149.

8) David Glen Mick and Susan Fournier, "Paradoxes of Technology: Consumer Cognizance, Emotions, and Coping Strategies," Marketing Sciences Institute working paper no. 98~112, Cambridge, MA, July 1998 참조. 저자들은 신기술에 익숙해지고 동화되는 데 필요한 시간과 두려움을 피하기 위해 소비자들이 이용하는 대처 전략을 설명하고 있다. 그 전략 가운데 하나는 단순히 그렇게 하려는 노력 자체를 회피하는 것이다.

7장

1) 또한 Dougherty and Hardy, "Sustained Product Innovation in Large, Mature Organizations," 1120~1153과 Angle and Van de Ven, "Suggestions for Managing the Innovation Journey," chapter 21 참조.

2) 테레사 애머빌은 "충분함의 분계점"을 상회할 정도로 너무 많은 자금은 팀원들의 창조성을 고양하지 못한다는 점을 발견했다. 필자들은 이 밖에도 경영진이 손해를 만회하려다 더 큰 손해를 보게 될 때 조직적 경직성이 생겨나는 것을 관찰했다. Teresa M. Amabile, "How to Kill Creativity,"와 *Creativity in Context: Update to the Social Psychology of Creativity* (Boulder, CO: Westview Press, 1996) 참조. 또한, Jeffrey B. Schmidt and Roger J. Calantone, "Are Really New Product Development Projects Harder to Shut Down?" *Journal of Product Innovation Management* 15 (1998): 111~123 참조. 저자들은 관리된 실험 실습을 통해 근본적 혁신과 점진적 혁신 둘 다 성과 기준에 미치지 못할 때에는 점진적 혁신 프로젝트보다 근본적 혁신 개발 프로젝트를 중단할 가능성이 줄어든다는 점을 발견했다. 기회가 너무나 홍분을 자극하기 때문이다. 필자들은 근본적 혁신에는 점진적 혁신과

는 다른 평가 기준이 필요하다는 점을 인식하고 주장해 왔는데, 이 실험은 초기 단계에서 근본적 혁신 프로젝트에 너무 많은 자금을 투여하는 경향은 나중에 편향된 결정으로 이어질 수 있다는 증거를 보여 준다.

3) Dougherty and Hardy, "Sustained Product Innovation."

4) 로자베스 모스 캔터는 레이디온의 신제품 개발 센터, 텔레플렉스의 신벤처 펀드, 이스트먼 코닥의 신기회 프로그램 등 다양한 사내 벤처 프로그램을 조사하고 설명하는 포괄적인 연구 작업을 주도했다. 지금까지 소개된 캔터의 저작들 참조.

5) 노텔 네트웍스의 투자 결정 과정에 관한 정보는 신벤처 사업부 부사장 조운 하일랜드와 가진 심층 인터뷰와 1999년 6월 15일 렌셀러 공과대학에서 열린 '근본적 혁신에 관한 고위 경영진의 브리핑' 동안 그녀가 해 준 프리젠테이션을 통해 얻은 것이다.

6) Modesto A. Maidique, "Entrepreneurs, Champions, and Technological Innovation," *Sloan Management Review* (Winter 1980): 59~76.

7) 조직 내의 "흡수 역량", 즉 조직 바깥의 매우 다양한 자원으로부터 기술을 골라내고 접근하고 이용할 수 있는 능력을 구축하는 문제에 관한 논의로는 Leonard-Barton, *Wellsprings of Knowledge* 참조.

8) Thomas Robertson and S. Hubert Gatignon, "Technology Development Mode: A Transaction Cost Conceptualization," *Strategic Management Journal* 6 (June 1998): 515~531 참조.

9) Peter Lorange and Johan Roos, *Strategic Alliances: Formation, Implementation and Evolution* (Cambridge, MA: Blackwell Publishers, 1992) 참조.

10) Leonard-Barton, *Wellsprings of Knowledge*.

11) Benjamin Gomes-Gasseres, "Computers: Alliances and Industry Evolution," in *Beyond Free Trade*, David Yoffie, ed., (Boston: Harvard Business School Press, 1993), 79~128.

12) Lynn, Morone, and Paulson, "Marketing and Discontinuous Innovation: The Probe and Learn Process," 8~37.

13) Gene Slowinski, Gerard Seelig, and Frank Hull, "Managing Technology-Based Strategic Alliance between Large and Small Firms," *S.A.M Advanced Management Journal* 61, no. 2 (Spring 1996): 14ff. 저자들은 파트너 관계를 관리하는 문제의 어려움과 이런 어려움을 해결하기 위한 몇 가지 실용적인 메커니즘에

대해 유용한 통찰을 제공하고 있다.

14) Gary Hamel and Yves L. Doz, *Alliance Advantage* (Boston: Harvard Business School Press, 1998), 5.

15) 기술 지식을 제휴업체와 공유하기로 한 결정이 미치는 영향과 가치사슬의 어떤 부분을 보유하고 제휴 관계를 통해 무엇을 관리할지 결정하는 방법에 관한 논의로 는 Jolly, *Commercializing New Technologies*, chapter 5 and 9 참조.

8장

1) *Corportate Venturing*에서 블록과 맥밀런은 벤처의 위상 선정에 관한 대안들을 상세하게 다루면서 각각의 선택과 관련된 장단점에 관해 의견을 제시하고 있다.

2) 다른 학자들도 이러한 전환의 어려움에 관해 언급하고 논해 왔다. 예컨대, 랠프 카츠(Ralph Katz)와 토머스 J 앨런(Thomas J. Allen)은 '인간 교량'을 구축하기 위해 사람들을 이동시키는 것을 기술을 사업부문으로 이전하는 처방으로 제시하고 있다. 그들은 팀을 R&D 조직 안에 두고 SBU 인원을 팀에 추가하는 안과 상용화가 진행되는 동안 R&D 인력을 SBU로 전근시키는 안을 제안한다. 또한 그들은 전문적인 '전환 그룹'을 처방으로 제시하고 있지만, 이것은 주로 사업부문 직원들에게 기술을 잘 이해시키고, 기술에 대한 훈련을 시행하는 등의 일을 할 때에 유용하다고 설명한다. 마지막으로, 그들은 R&D와 엔지니어링 조직의 여러 부분을 연결하는 책임을 지는 '통합자팀'이라는 개념을 제시한다. 그들은 통합자팀이 프로젝트를 인계하는 조직이나 인수하는 조직에 대해 책임을 지지 않기 때문에 정치적 어려움을 겪는다고 언급한다. 저자들은 통합자팀이 조직 내부에서 예민한 정치적 감수성과 비공식적 영향력·신뢰도를 필요로 하게 된다는 점을 보여 준다. 필자들도 이점에 동의한다. 실제로 필자들은 상용화팀에 비슷한 처방을 내렸다. 그러나 8장에서 언급했듯이, 필자들은 상용화팀에게 더 많은 일을 요구한다. 상용화팀은 기술을 이전할 뿐 아니라 새로운 응용부문을 발견·개발하고 그러한 개발에 기초해 사업 계획을 수립하고 예상 판매 실적을 추정하는 등 새롭게 할 일이 있다. 상용화팀은 프로젝트를 인계하고 인수하는 사업 부서일 뿐 아니라 사실상 상용화 계획을 실행하는 허브의 구성원들이어야 하기 때문에, 그리고 사내의 근본적 혁신 허브 구조를 통해 감독되고 보상받기 때문에, 필자들은 카츠와 앨런이 제기한 비공식적 정치 문제 가운데 일부는 그러한 메커니즘을 통해 극복해야 한다고 생각한다.

3) 생명공학의 혁신 사례를 들어 시장진입 과정을 통한 시행착오 학습법을 경험적으

로 보여 주고 있는 Andrew Van de Ven and Douglas Polley, "Learning While Innovating," *Organization Science* 3, no. 1(February 1992): 92~116 참조.

4) Block and MacMillan, *Corporate Venturing.*

5) Richard Rumelt, "Diversification Strategy and Profitablity," *Strategic Management Journal* 3 (1982): 359~369. Raphel Amit and Joshua Livnat, "Diversification and the Risk-Return Trade-Off," *Academy of Management Journal* 31, no. 1 (1988). Charles H. Berry, *Corporate Growth and Diversification* (Prinston, NJ: Princeton University Press, 1975). Richard A. Bettis, "Performance Differences in Related and Unrelated Diversified Firms," *Strategic Management Journal* 2 (1981): 379~393. Ralph Biggadike, "The Risky Business of Diversification," *Harvard Business Review* 57 (May~June 1979): 103~111. Cynthia Montgomery and Harbir Singh, "Diversification Strategy and Systematic Risk," *Strategic Management Journal* 5 (1984): 181~191. C. K. Prahalad and Richard A. Bettis, "The Dominant Logic: A New Linkage between Diversity and Performance," *Strategic Management Journal* 7 (1986): 485~501. Clayton G. Smith and Arnold C. Cooper, "Established Companies Diversifying into Young Industries: A Comparison of Firms with Different Levels of Performance," *Strategic Management Journal* 9 (1988): 111~121.

6) 신제품 시장 영역에 진입하는 다양한 접근 방법을 분석하는 데 도움이 되는 개념적 체계로는 Roberts and Berry, "Entering New Business: Selecting Strategies for Success," 3~17 참조. 이들은 사내 개발이 유일한 방법이라는 점을 인정하면서도 문제의 기술과 시장에 대해 기업이 이미 지니고 있는 친숙도에 의존하는 또 다른 방법들을 제안하고 있다.

7) 졸리는 이렇게 말한다. "대부분의 전통적인 혁신 확산 연구와 달리, 기술 기반 제품은 어찌되었든 다양한 범주의 개인들이 '채택' 하지 않을 수 없는 '주어진' 것으로 보아서는 안 된다. 오히려 '제품' 그 자체가 가변적이라고 보는 것이 더 적절하다." (Commercializing New Technologies, p. 215.) 그는 세 가지 유형의 제품 응용이 필요하다고 언급한다. 즉, (1) 프로젝트를 기존의 사용 패턴에 맞추는 것, (2) 특정 범주의 고객을 표적으로 삼는 경우 기술을 가시화하는 것, (3) 시장/응용 영역에서 가장 가치 있게 인식될 기술 내용을 적시에 강조하는 것. 필자들은 이보다 더 큰 불일치를 목격했다. 즉, 애초에 예상한 시장이 상용화 사업부문에게 필요한 만큼

충분히 빨리 개발되지 않음으로써 상용화 사업 부서로 프로젝트가 인계된 뒤에 다
시 한 번 응용 영역을 새로 모색해야 했던 일이 그것이다.

8) Shelby H. McIntyre, "Market Adaptation as a Process in the Product Life Cycle of
Radical Innovations and High Technology Products," 140~149.

9) T. Halfhill, "PDAs Arrive But Aren't Quite Here Yet," *Byte*, October 1993, 66~
86.

10) Bayus, Jain, and Rao, "Too Little, Too Early: Introduction Timing and New
Product Performance in the Personal Digital Assistant Industry," 50~63.

11) 리처드 로젠블룸(Richard S. Rosenbloom)과 마이클 쿠수마노(Michael A.
Cusumano)는 "Technological Pioneering and Competitive Advantage: The Birth
of the VCR Industry," *California Management Review* 29, no. 4 (1987)에서 VCR
을 양산 제품으로 발전시키는 데 필요한 시장 실험과, 시장 선구자들이 최종 목표
를 달성하기에 충분한 학습을 할 수 있게 해주는 전문화된 틈새 응용부문을 통해
시장 실험을 하는 데 필요한 멀고 험난한 과정에 관해 설명하고 있다.

12) Bayus, Jain, and Rao, "Too Little, Too Early," 50~63.

13) 로자베스 모스 캔터, 제프리 노스(Jeffrey North), 리사 리처드슨(Risa Richardson),
신시아 잉골스(Cynthia Ingols), 조셉 졸너(Joseph Zolner)는 "Engines of Progress:
Designing and Running Entrepreneurial Vehicles in Established Companies:
Raytheon's New Product Center, 1969~1989" *Journal of Business Venturing* 6
(1991): 145~163에서 레이디온의 신제품 개발부(NPC: New Product Center)에서
발전해 나왔으며 1940년대와 1950년대에 군사용으로 개발된 극초단파 기술에 바탕
을 두고 있는 전자레인지의 응용화 경로를 기록하고 있다. 군사용 극초단파 기술은
헬리콥터와 차량의 동력 공급, 선형 가속기, 태양 에너지를 지구에서 사용 가능한
에너지로 바꾸는 장치 등에 사용되었다. 그러나 호멜의 고기 처리 공장을 방문한
NPC 연구원들은 100파운드짜리 상자에 담긴 냉동 고기를 더 깨끗하고 위생적인
방법으로 급속 해동해 음식점에 배달할 필요가 있음을 알게 되었다. 나중에 공업용
전자레인지는 음식점에서 미리 조리된 베이컨을 해동할 때에도 사용되었고, 그 다
음에는 땅 고르는 기계에 사용되는 대형 타이어 같은 고무 제품을 고치는 데에도
사용되었다. 분명 이런 초기 응용부문 가운데 어느 것도 '핵심 응용부문'은 아니었
지만, 1988년에 이 시장의 연간 매출액은 1천만 달러에 달했고, 극초단파 사업은
NPC에서 분리돼 독립적인 사업부문으로 발돋움했다. 듀폰의 설린 수지도 비슷한

경우이다. 설린 수지는 처음에는 적당한 탄력을 갖도록 골프공을 코팅하는 데 사용하거나, 여성의 하이힐에 부착하는 고무가죽 대신 썼다. 나중에 설린 수지는 수많은 응용부문을 지닌 수백만 달러짜리 사업으로 성장해 지금은 주로 음식 포장재료로 사용되고 있다.(Parry Norling and Robert J. Statz, "How Discontinuous Innovation Really Happens," *Research-Technology Management* 41, no. 3 〔May 1998〕: 41~44.) 마지막으로 리처드 N 포스터(Richard N. Foster)는 "Timing Technological Transitions," in Mel Horwitch, ed., *Technology in the Modern Corporation: A Strategic Perspective* (New York: Pergamon Press, 1986)에서 기성 시장 사이의 소규모 틈새시장으로 시작했지만 마침내 거대한 사업으로 발전한 기술적 불연속성의 사례를 몇 가지 들고 있다. 예컨대, 래디얼 타이어는 바이어스플라이 타이어 시장에서 '틈새 공략 제품'으로 여겨졌지만, 4년도 안 되어 타이어 시장 전체의 80%를 차지하기에 이르렀다.

14) 크리스텐슨과 어터백에 따르면, 현재의 기업들이 기술 침입의 위험을 일찍 깨닫지 못하는 것은 다른 무엇보다도 바로 이 점 때문이다. 그들은 단기적인 수익을 내야 한다는 끊임없는 압력 때문에 기존 영역을 방어하는 데 더 많은 시간을 소비한다. 그 때문에 기업이 혁신적인 기술을 산출할 수 있을 때조차도 상용화 사업부문들은 그 기술의 상용화 작업을 떠맡으려 하지 않는다. 로젠블룸과 쿠수마노는 근본적 혁신이 내부가 아닌 외부에서 초래되며, 그 때문에 새로운 시장을 인식하고 구축하기 위해 초기부터 광범위한 노력을 기울일 필요가 있다고 지적한다.

15) McIntyre, "Market Adaptation as a Process in the Product Life Cycle of Radical Innovation and High Technology Products," 140~149.

16) Block and MacMillan, *Corporate Venturing*, Chapters 9 and 10 참조.

9장

1) *CIO*, 15 August 1999, 114.

2) 조셉 G 모론(Joseph G. Morone)은 근본적 혁신을 상용화하는 데 성공한 4대 유명 기업의 여러 고위 경영자들이 보여준 용기에 관해 설명하고 있다. *Winning in High-Tech Markets* 참조. 또한, Utterback, *Mastering the Dynamics of Innovation* 과 Christensen, *The Innovator's Dilemma* 참조. 이 두 책은 대다수 경영자들이 이처럼 중요한 결정을 꺼리게 하는 두려움과 리스크 인식에 관해 설명하고 있다.

3) 다이애너 데이는 고위 경영자들이 어쩔 수 없이 직접 챔피언이 되어야만 하는 특정

상황들을 지켜보았다. 그녀는 비용이 많이 들고 중요한 벤처일 경우나 기업의 결정적인 전략적 지향을 대표하는 경우 관련 리스크가 높기 때문에 고위 경영진의 직접적인 참여가 정당화된다고 언급하고 있다. Diana Day, "Raising Radicals: Different Processes for Championing Innovative Corporate Ventures," *Organization Science* 5, no. 2 (1994): 149~172 참조. 마찬가지로 조직 내부에 분명하게 소속되기 어렵거나 틈새로 침투할 필요가 있는 벤처도 전술적 차원에서 고위 경영진의 참여가 필요하다. 이 문제에 관해서는 J. C. MacMillan and M. L. McCaffery, "Strategy for Financial Services: Cashing in on Competitive Inertia," *Journal of Business Strategy* (1983): 58~65와 Rebecca Henderson and Kim B. Clark, "Architectural Innovation: The Reconfiguration of Existing Product Technologies and the Failure of Established Firms," *Administrative Science Quarterly* 35 (1990): 9~30 참조

4) 르네상스 시대의 후원자 모델에 관한 자세한 설명으로는 Irving Stone, The *Agony and the Ecstasy: A Novel of Michaelangelo* (New York: Doubleday, 1961) 참조

5) E. Schein, *Organizational Culture and Leadership: A Dynamic View* (San Francisco, CA: Jossey-Bass, 1985). 또한, Amabile, "How to Kill Creativity," 77~87과 Amabile, "A Model of Creativity and Innovation in Organizations," in B. M. Staw and L. L. Cummings, eds., *Research in Organizational Behavior*, vol. 10 (Greenwich, CT: JAI Press, 1988), 123~167, 그리고 T. M. Amabile, R. Conti, H. Coon, J. Lazenby, and M. Herron, "Assessing the Work Environment for Creativity," *Academy of Management Journal* 39, no. 5 (1996): 1154~1184 참조.

6) 신벤처 사업부의 설립처럼 근본적 혁신을 촉진하고 후원하는 메커니즘을 구축하는 데에서 고위 경영자의 역할은 "오케스트라 지휘자"라고도 부를 수 있다. J. R. Galbraith, "Designing the Innovative Organization," *Organizational Dynamics* (Winter 1982): 5~25 참조. 이런 역할을 하는 고위 경영자는 독립적이고 상징적인 행동을 통해 알맞은 조직을 구성하고 그러한 조직에 자금을 지원함으로써 근본적 혁신 프로젝트들에 간접적인 영향력을 행사할 뿐이다. 이 경우에 경영자는 '보이지 않는 손' 역할을 한다. S. Venkataraman, R. G. McGrath and I. C. MacMillan, "Progress in Research on Corporate Venturing," in Donald L. Sexton and John D. Kasarda, eds., *The State of Art of Entrepreneurship* (Boston: PWS Kent, 1992) 참조.

7) 다른 학자들도 필자들이 목격한 열정이 지닌 힘에 관해 논해 왔다. 근본적 혁신가들을 위한 기업의 보상 구조에 관해 쓴 많은 이들이 언급하고 있는 것처럼, 조직 내부에서 현재 앞서가고 있는 개인들을 움직이는 것은 돈이라기보다 내면적인 보상이다. 무엇보다도 그들은 자신들이 회사와 다른 사람들의 삶에 커다란 영향을 미치고 있다는 사실을 느끼고 싶어하며, 경영진에게서 공개적인 칭찬을 듣는 한 그들은 행복을 느낀다. 그러나 필자들은 이것이 단기적인 행복이며, 장기적으로 기업이 능력 있는 그들을 붙잡아 두려면 적절한 보상 구조가 필요하다고 본다. 내면적인 보상과 외면적인 보상에 관한 논의로는 T. M. Amabile, "Motivational Synergy: Toward New Conceptualizations of Intrinsic and Extrinsic Motivation in the Workplace," *Human Resource Management Review* 3 (1993): 185~201과 Edward L. Deci, *Intrinsic Motivation* (New York: Plenum Press, 1975) 참조.

8) 하월과 히긴스는 챔피언과 챔피언의 개성, 스킬에 관해 풍부하게 설명하고 있는 한 논문에서 성공적인 챔피언은 조직 내의 이단자이기만 한 것이 아니라 조직이 요구하는 '합리적 과정'을 헤쳐 나가는 데에도 능숙하다고 주장한다. 저자들은 이 때문에 챔피언들이 비즈니스를 확고하게 옹호하고, 고위 경영진의 후원을 얻어내고, 사용자들이 아이디어를 받아들이도록 하는 데 능숙하다고 지적하고 있다. Jane M. Howell and Christopher A. Higgins, "Champions of Change: Identifying, Understanding and Supporting Champions of Technological Innovations," *Organizational Dynamics* (1991): 40~55 참조.

9) Charles Fishman, "The War for Talent," *Fast Company*, August 1998, 104~107.

10) Howell and Higgins, "Champions of Change" 참조. 이 책에서 저자들은 챔피언들은 자기 아이디어를 열렬하게 신봉하기 때문에 혁신 기술을 상용화할 수 있는 한은 개인의 경력 리스크를 전혀 생각하지 않는다고 말한다.

11) Kanter, *When Giants Learn to Dance*의 9장 참조. 그녀는 여러 가지 보수 체계를 통한 다양한 보상법에 관해 설명하고 있다. 3M, 루슨트, 노텔 네트웍스에서는 적어도 챔피언들과 팀원들이 자신들의 고된 작업으로 개발된 새로운 사업의 공동 경영자가 될 수 있다는 전망을 갖고 일했다고 지적하는 부록도 참조.

12) 다음의 글들은 모두 다수의 챔피언을 가져야 할 필요에 관해 설명하고 있다. 그러나 데이는 다수 챔피언의 존재는 근본적 혁신 프로젝트의 조직적 정당성을 높이지 못하기 때문에, 챔피언의 역할 구분 자체가 위험한 일이라고 말한다. 그러나 필자들에게 이것은 핵심적인 쟁점이 아니었다. 근본적 혁신 프로젝트 자체는 많은 시간

이 걸리고, R&D 조직과 사업부문 사이를 왔다갔다 하기 때문에 조직적 정당성은 사실 다수의 챔피언들을 활용함으로써 구축된다. S. Venkataraman, R. G. McGrath and I. C. MacMillan, "Progress in Research on Corporate venturing"과 William E. Souder, "Encouraging Entrepreneurship in the Large Corporation," *Research Management* (May 1984): 18~22. Modesto Madique, "Entrepreneurs, Champions, and Technological Innovation," *Sloan Management Review* (1980): 59~76. A. K. Chakrabarti and J. Hauschildt, "The Division of Labour in Innovation Management," *R&D Management* 19, no. 2 (1989): 161~171. Diana Day, "Raising Radicals: Different Processes for Championing Innovative Corporate Ventures," *Organization Science* 5, no. 2 (1994): 149~172 참조.

13) Deborah Ancona and David F. Caldwell, "Bridging the Boundary: External Activity and Performance in Organizational Teams," *Administrative Science Quarterly* 37 (1992): 634~665. Deborah Ancona, "Outward Bound: Strategies for Team Survival in an Organization," *Academy of Management Journal* 33, no. 2 (1990): 334~365. Steven C. Wheelwright and Kim B. Clark, *Revolutionizing Product Development: Quantum Leaps to Speed, Efficiency and Quality* (New York: The Free Press, 1992). Patricia Holahan and Stephen K. Markham, "Factors Affecting Multifunctional Team Effectiveness,," in *The PDMA Handbook of New Product Development*, Milton D. Rosenau, Jr., ed. (New York: Wiley, 1996), 119~135 참조.

14) 필자들은 문헌들 속에서 필자들의 사례에서 관찰된 것과 다소—완전히는 아닐지라도—비슷한 두 가지 경향이 나타나고 있음을 발견했다. 하나는 "Hot Groups," *Harvard Business Review* 73 (July~August 1995): 109~116에서 해럴드 리빗(Harold Leavitt)과 진 립먼—블루멘(Jean Lipman-Blumen)이 설명하고 있는 '주도 그룹'(hot groups)이라는 개념이다. 주도 그룹은 "활기 넘치고, 유능하고, 헌신적이며, 흔히 규모가 작은 그룹"이다. "주도 그룹의 성원들은 재미있고 도전적인 과제를 즐기며 …… 위대한 일을 빠르게 이루어 낸다."(p. 109) 프로젝트가 완성되려면 오랜 시간이 걸리는데도 근본적 혁신팀에서는 열정과 흥분을 찾아볼 수 있으며, 프로젝트가 중단되거나 이전되면 사기가 떨어진다. 두 번째는 에티엔느 벵게(Etienne C. Wenger)와 윌리엄 스나이더(William M. Snyder)의 글 "Communities of Practice: The Organizational Frontier," *Harvard Business Review* 78 (January

~February 2000): 139~145에서 설명되고 있다. 주도 그룹은 "공통의 전문지식과 합작사업에 대한 열정을 매개로 비공식적으로 서로 얽혀 있는 그룹"(p. 139)으로 설명된다. 주도 그룹에게 반드시 특정 프로젝트 목표가 있는 과제가 맡겨지는 것은 아니다. 주도 그룹의 성원들은 자발적으로 행동하며, 조직 전체에서 서로를 찾아내고 관심 주제에 관한 지식을 주고받는다. 필자들은 적어도 필자들이 연구한 사례들의 초기 단계에서 프로젝트 집단들은 몇 가지 점에서 행동 공동체와 비슷하게 행동했음을 발견했다.

15) "Why Managers Fail," in Michael K. Badawy, *Developing Managerial Skills in Engieers and Scientists: Succeeding as a Technical Manager* (New York: Van Nostrand Reinhold, 1982) 참조.

16) Edward B. Roberts and Alan R. Fusfeld, "Critical Functions: Needed Roles in the Innovation Process," in *Career Issues in Human Resource Management*, R. Katz, ed. (Englewood Cliffs, NJ: Prentice-Hall, 1982), 182~207 참조.

17) Edward B. Roberts and Alan R. Fusfeld, "Staffing the Innovative Technology-Based Organization," *Sloan Management Review* (Spring 1981): 19~26 참조. 또한, Ralph Katz, "Managing Creative Performance in R&D Teams," in *The Human Side of Managing Technological Innovation: A Collection of Readings*, Ralph Katz, ed.(New York: Oxford University Press, 1997), 177~186 참조.

18) Robert Burgelman and Leonard Sayles, *Inside Corporate Innovation* (New York: The Free Press, 1986), 7.

10장

1. Gary Hamel, "Bringing Silicon Valley Inside," *Harvard Busienss Review* 77 (September~October 1999): 71~84.

2. N D 패스트(N. D. Fast)는 많은 기업들에서 "신벤처 사업부문"(NVD)의 지위가 불확실하다는 것을 발견했다. 그는 고위 경영진의 우선순위 변경이나 NVD의 정책상의 지위 변화 때문에 이러한 사업부문들의 수명이 짧다고 주장한다. 바로 이러한 이유들 때문에, 필자들은 근본적 혁신 허브와 각 벤처의 감시단에 출신이 다양한 사람들을 충원해야 한다고 강력히 주장하는 것이다. 또한, 기업은 여러 개의 근본적 혁신 허브를 수립해야 한다. 여러 가지 조직적 메커니즘을 근본적 혁신 허브에 깊숙이 편입시키면, 기업의 근본적 혁신 능력은 고위 경영진이 교체되거나 우선순

위가 조정되어도 단일 부서나 사업부문이 근본적 혁신 활동 모두를 담당하는 경우
보다 생존할 가능성이 훨씬 더 크다. N. D. Fast, "The Future of Industrial New
Venture Departments," *Industrial Marketing Management* 8 (1979): 264~279 참
조. 또한, H. B. Sykes and Zenas Block, "Corporate Venturing Obstacles: Sources
and Solutions," *Journal of Business Venturing* 4, no. 3 (1989): 159~167.

부록

1. 3M의 총지배인 앤디 웡(Andy Wong), P&G의 연구개발 조정 담당 부장 빌 제임스
   (Bill James), 루슨트 테크놀로지의 신벤처 사업부문 부사장 스티브 소콜로프, 노텔
   네트웍스의 신벤처 사업부문 부사장 조운 하일랜드와의 인터뷰를 통해서 수집된
   자료이다.

<h1 style="text-align:center">참고 문헌</h1>

Ali, Abdul. "Pioneering versus Incremental Innovation: Review and Research Propositions." *Journal of Product Innovation Management* II (1994): 56-61.

Allen, Thomas J. "Communication Networks in R&D Laboratories." *R&D Management* I (1971): 14-21.

Amabile, Teresa M. *Creativity in Context: Update to the Social Psychology of Creativity.* Boulder, CO: Westview Press, 1996.

—. "How to Kill Creativity." *Harvard Business Review* 76 (September-October 1998): 77-87.

—. "A Model of Creativity and Innovation in Organizations." In *Research in Organizational Behavior*, vol. 10, edited by B. M. Staw and L. L. Cummings. Greenwich, CT: JAI Press, 1988.

—. "Motivational Synergy: Toward New Conceptualizations of Intrinsic and Extrinsic Motivation in the Workplace." *Human Resource Management Review* 3 (1993): 185-201.

Amabile, T. M., R. Conti, H. Coon, J. Lazenby, and M. Hereon. "Assessing the Work Environment for Creativity." *Academy of Management Journal* 39, no. 5 (1996): 1154-1184.

Amit, Raphael, and Joshua Livnat. "Diversification and the Risk-Return Trade-Off." *Academy of Management Journal* 31, no. 1 (1988): 154-166.

Ancona, Deborah G. "Outward Bound: Strategies for Team Survival in an Organization." *Academy of Management Journal* 33, no. 2 (1990): 334-365.

Ancona, Deborah G., and David F. Caldwell. "Bridging the Boundary: External Activity and Performance in Organizational Teams." *Administrative Science Quarterly* 37 (1992): 634-665.

Angle, Harold L., and Andrew H. Van de Ven. "Suggestions for Managing the

Innovation Journey." In *Research on the Management of Innovation: The Minnesota Studies*, edited by Andrew H. Van de Ven, Harold Angle, and Marshall Scott Poole. New York: Harper and Row, 1989.

Ansoff, H. *Corporate Strategy*. New York: McGraw-Hill, 1965.

—. "Strategies for Diversification." *Harvard Business Review* 35 (September-October 1957): 113-124.

Argyris, Chris, and Donald A. Schon. *Organizational Learning: A Theory of Action Perspective*. Reading, MA: Addison-Wesley, 1978.

Badawy, Michael K. *Developing Managerial Skills in Engineers and Scientists: Succeeding as a Technical Manager*. New York: Van Nostrand Reinhold, 1982.

Baldwin, W. L., and J. T, Scott. *Market Structure and Technological Change*. New York: Harwood Publishers, 1987.

Bayus, Barry L., Sanjay Jain, and Ambar G. Rao. "Too Little, Too Early: Introduction Timing and New Product Performance in the Personal Digital Assistant Industry." *Journal of Marketing Research* 34 (February 1997): 50-63.

Bernard, J, David. *Milestone Planning for Successful Ventures*. New York: Boyd and Fraser, 1994.

Berry, Charles H. *Corporate Growth and Diversification*. Princeton, NJ: Princeton University Press, 1975.

Bettis, Richard A. "Performance Differences in Related and Unrelated Diversified Firms." *Strategic Management Journal* (1981): 379-393.

Betz, Frederick. *Strategic Technology Management*. New York: McGraw-Hill, 1993.

Biggadike, Ralph. "The Risky Business of Diversification." *Harvard Business Review* 57 (May-June 1979): 103-111.

Block, Zenas, and Ian C. MacMillan. *Corporate Venturing: Creating New Businesses within the Firm*. Boston: Harvard Business School Press, 1993.

Booz · Allen & Hamilton, Inc. *New Product Management for the 1980s*. New York: Booz · Allen & Hamilton, 1982.

Brown, John Seely. "Research That Reinvents the Corporation." *Harvard Business*

Review 69 (January-February 1991): 102-111.

Brown, Shona, and Kathleen Eisenhardt. "Product Development: Past Research, Present Findings and Future Directions." *Academy of Management Review* 20, no. 2 (1995): 343-378.

Burgelman, Robert A., and L. R. Sayles. *Inside Corporate Innovation.* New York: The Free Press, 1986.

Chakrabarti, A. K., and J. Hauschildt. "The Division of Labor in Innovation Management." *R&D Management* 19, no. 2 (1989): 161-171.

Chandy, Rajesh K., and Gerard J. Tellis. "Organizing for Radical Product Innovation: The Overlooked Role of Willingness to Cannibalize." *Journal of Marketing Research* 35 (November 1998): 474-487.

Chang, Yegmin, and Howard Thomas. "The Impact of Diversification on Risk-Return Performance." *Strategic Management Journal* 19 (1989): 271-284.

Cheng, Yu-Ting, and Andrew H. Van de Ven. "Learning the Innovation Journey: Order Out of Chaos?" *Organization Science* 7, no. 6 (November-December 1996): 593-614.

Christensen, Clayton. *The Innovator's Dilemma.* Boston: Harvard Business School Press,1997.

Cohen, W, M., and R. C. Levin. "Empirical Studies of Innovation and Market Structure." In *Handbook of Industrial Organization*, edited by R. Schmalensee and R. D. Willig. New York: North-Holland, 1989.

Cooper, Robert G., and Elko J. Kleinschmidt. "An Investigation into the New Product Process: Steps, Deficiencies and Impact." *Journal of product Innovation Management* 3, no. 2 (1986): 71-85.

Courtney, Hugh, Jane Kirkland, and Patrick Viguerie. "Strategy under Uncertainty." *Harvard Business Review* 75 (November-December 1997): 66-79.

Day, Diana. "Raising Radicals: Different Processes for Championing Innovative Corporate Ventures." *Organization Science* 5, no. a (1994): 149-172.

Deci, Edward L. *Intrinsic Motivation.* New York: Plenum Press, 1975.

Dolan, Robert J. "Industrial Market Research: Beta Test Site Management." Case 9-

592-010. Boston: Harvard Business School, 1992.

Dougherty, Deborah. "Interpretive Barriers to Successful Product Innovation in Large Firms." *Organization Science* 3, no. 2 (1992): 179-202.

Dougherty, Deborah, and Cynthia Hardy. "Sustained Product Innovation in Large, Mature Organizations: Overcoming Innovation-to-Organization Problems." *Academy of Management Journal* 39, no. 5 (1996): 1120-1153.

Dougherty, Deborah, and T. Heller. "The Illegitimacy of Successful Product Innovations in Established Firms." *Organizational Science* 5, no. 2 (1994): 200-218.

Ettlie, J. E., W. P. Bridges, and R. D. O' Keefe. "Organization Strategy and Structural Differences for Radical Versus Incremental Innovation." *Management Science* 30, no.6(1984): 682-695.

Fast, N. D. "The Future of Industrial New Venture Departments." *Industrial Marketing Management* 8 (1979): 264-279.

Fishman, Charles. "The War for Talent." *Fast Company*, August 1998, 104-107.

Foster, Richard N. "Timing Technological Transitions." In *Technology in the Modern Corporation: A Strategic Perspective*, edited by Mel Horwitch. New York: Pergamon Press, 1986.

Galbraith, Craig, Bruce Samuelson, Curt Stiles, and Greg Merrill. "Diversification, Industry Research and Development, and Market Performance." *Academy of Management Proceedings* (1986): 17-20.

Galbraith, J. R. "Designing the Innovative Organization." *Organizational Dynamics* (Winter 1982): 5-25.

Gomes-Casseres, Benjamin. "Computers: Alliances and Industry Evolution." In *Beyond Free Trade*, edited by David Yoffie. Boston, MA: Harvard Business School Press, 1993.

Guilford, J. P. "Three Faces of Intellect." *The American Psychologist* 14, no. 8 (1959): 469-479.

Hamel, Gary. "Bringing Silicon Valley Inside." *Harvard Business Review* 77 (September-October 1999): 71-84.

Hamel, Gary, and Yves L. Doz. *Alliance Advantage: The Art of Creating Value through Partnering.* Boston: Harvard Business School Press, 1998.

Hamel, Gary, and C. K. Prahalad. *Competing for the Future.* Boston Harvard Business School Press, 1994.

Hamel, Gary, and C. K. Prahalad. "Corporate Imagination and Expeditionary Marketing." *Harvard Business Review* 69 (July-August 1991): 81-92.

Henderson, Rebecca. "Underinvestment and Incompetence as Responses to Radical Innovation: Evidence from the Photolithographic Alignment Equipment Industry." *Rand Journal of Economics* 24, no. 2 (Summer 1993): 248-270.

Henderson, R. M., and Kim B. Clark. "Architectural Innovation: The Reconfiguration of Existing Product Technologies and the Failure of Established Firms." *Administrative Science Quarterly* 35 (1990): 9-30.

Holahan, Patricia, and Stephen K. Markham. "Factors Affecting Multifunctional Team Effectiveness." In *The PDMA Handbook of New Product Development,* edited by Milton D. Rosenau, Jr. New York: John Wiley, 1996.

Howell, Jane M., and Christopher A. Higgins. "Champions of Change: Identifying, Understanding and Supporting Champions of Technological Innovations." *Organizational Dynamics* (1991): 40-55.

Jelinek, J. J., and C. B. Schoonhoven. *The Innovation Marathon.* Cambridge, U.K.: Basil Blackwell, 1990.

Jolly, Vijay K. *Commercializing New Technologies: Getting from Mind to Market.* Boston: Harvard Business School Press, 1997.

Kanter, Rosabeth Moss. "Swimming in Newstreams: Mastering Innovation Dilemmas." *California Management Review* (Summer 1989): 45-69.

—. *When Giants Learn to Dance.* New York: Simon and Schuster, 1989.

—. "When a Thousand Flowers Bloom: Structural, Collective, and Social Conditions for Innovation in Organizations." In *Research in Organizational Behavior,* vol. 10, edited by B. Staw and L. Cummings. Greenwich, CT: JAI Press, 1988.

Kanter, Rosabeth Moss, Jeffrey North, Lisa Richardson, Cynthia Ingots, and Joseph

Zolner, "Engines of Progress: Designing and Running Entrepreneurial Vehicles in Established Companies: Raytheon's New Product Center, 1969-1989." *Journal of Business Venturing* 6 (1991): 145-163.

Katz, Ralph. "Managing Creative Performance in R&D Teams." In *The Human Side of Managing Technological Innovation: A Collection of Readings*, edited by Ralph Katz. New York: Oxford University Press, 1997.

Katz, Ralph, and Thomas Allen. "Organizational Issues in the Introduction of New Technologies." In *The Management of Productivity and Technology in Manufacturing*, edited by P. R. Kleindorfer. New York: Plenum Press, 1985.

Kazmin, Amy Louise. "Bitter Words over Better Seeds." *Business Week*, 11 January 1999.

Kleinschmidt, E. J., and Robert J. Cooper. "The Impact of Product Innovativeness on Performance." *Journal of Product Innovation Management* 8, no.4 (1991): 240-251.

Koen, Peter A. "Corporate Entrepreneuring: Securing Funding for 'Initiative from Below' Fuzzy Front End Projects." In *Achieving Excellence in New Product Development and Management*, edited by Chuck Tomkovick. 1998 Proceedings of the Product Development and Management Association.

Koenig, Richard. "Tricky Roll-Out: Rich in New Products: Monsanto Must Only Get Them on Market." *Wall Street Journal*, 1 May 1990, A1.

Leavitt, Harold, and Jean Lipman-Blumen. "Hot Groups." *Harvard Business Review* 73 (July-August 1995): 109-116.

Lee, M., and D. Na. "Determinants of Technical Success in Product Development when Innovation Radicalness Is Considered." *Journal of product Innovation Management* II (1994): 62-68.

Leonard-Barton, Dorothy. *Wellsprings of Knowledge: Building and Sustaining the Sources of Innovation*. Boston: Harvard Business School Press, 1995.

Lorange, Peter, and Johan Roos. *Strategic Alliances: formation, Implementation and Evolution*. Cambridge, MA: Blackwell Publishers, 1992.

Lynn, Gary S., Joseph G. Morone, and Albert S. Paulson. "Marketing and

Discontinuous Innovation: The Probe and Learn Process." *California Management Review* 38, no.3 (Spring 1996): 8-37.

MacMillan, Ian C., and M. L. McCaffery. "Strategy for Financial Services: Cashing in on Competitive Inertia." *Journal of Business Strategy* (1983): 58-65.

Maidique, Modesto A. "Entrepreneurs, Champions, and Technological Innovation." *Sloan Management Review* (Winter 1980): 59-76.

March, James G. "Exploration and Exploitation in Organizational Learning." *Organization Science* 2, no. 1 (February 1991): 71-87.

McGrath, Rita G., and Ian C. MacMillan. "Discovery Driven Planning." *Harvard Business Review* 73 (July-August 1995): 4-12.

McIntyre, Shelby H. "Market Adaptation as a Process in the Product Life Cycle of Radical Innovations and High Technology Products." *Journal of Product Innovation Management* 5 (1988): 140-149.

McQuarrie, Edward F. *Customer Visits: Building a Better Market Focus.* Newbury Park, CA: Sage Publications, 1993.

Mick, David G., and Susan Fournier. "Paradoxes of Technology: Consumer Cognizance, Emotions, and Coping Strategies." Marketing Sciences Institute, working paper # 98-112, July 1988.

Moore, Geoffrey A. *Crossing the Chasm.* New York: HarperBusiness, 1991.

Montgomery, Cynthia, and Harbir Singh. "Diversification Strategy and Systematic Risk." *Strategic Management Journal* 5 (1984): 181-191.

Morone, Joseph C. *Winning in High-Tech Markets.* Boston: Harvard Business School Press, 1993.

Norling, Parry, and Robert J. Statz. "How Discontinuous Innovation Really Happens." *Research-Technology Management* 41, no. 3 (May 1998): 41-44.

Olson, Eric M., Orville C. Walker, Jr., and Robert W, Ruekert. "Organizing for Effective New Product Development: The Moderating Role of Product Innovativeness." *Journal of Marketing* 59, no. 1 (January 1995): 48-62.

Page, Albert L., and John S. Stovall. "Importance of the Early Stages in the New Product Development Process." In *Bridging the Gap from Concept to Commercialization*, edited by Edward F. McDonough III and Chuck

Tomkovick. 1994 Proceedings of the Product Development and Management Association, Boston, MA.

Peters, Thomas. "The Mythology of Innovation, or a Skunkwork's Tale, Part II." *The Stanford Magazine*, Stanford Alumni Association, Palo Alto, 1983.

Pinchot, Gifford III. "Innovation through Intrapreneuring." *Research-Technology Management* 30 (1987): March-April: 14-20.

Prahalad, C. K., and Richard A. Bettis. "The Dominant Logic: A New Linkage between Diversity and Performance." *Strategic Management Journal* 7 (1986): 485-501.

The Project Management Book of Knowledge. Project Management Institute, 1996.

Quinn, James Brian. "Managing Innovation: Controlled Chaos." *Harvard Business Review* 63 (May-June 1985): 73-84.

Roberts, Edward B., and Charles A. Berry. "Entering New Businesses: Selecting Strategies for Success." *Sloan Management Review* (Spring 1985): 3-17.

Roberts, Edward B., and Alan R. Fusfeld. "Critical Functions: Needed Roles in the Innovation Process." In *Career Issues in Human Resource Management*, edited by R. Katz. Englewood Cliffs, NJ: Prentice-Hall, 1982.

Roberts, Edward B., and Alan R. Fusfeld. "Staffing the Innovative Technology-Based Organization." *Sloan Management Review* (Spring 1981): 19-26.

Robertson, Thomas, and S. Hubert Gatignon. "Technology Development Mode: A Transaction Cost Conceptualization." *Strategic Management Journal* 19 (June 1998): 515-531.

Rosenbloom, Richard S., and Michael A. Cusumano. "Technological Pioneering and Competitive Advantage: The Birth of the VCR Industry." *California Management Review* 29, no 4 (1987).

Rotman, David. "The Next Biotech Harvest." *Technology Review* (September-October 1998): 34-41.

Rumelt, Richard. "Diversification Strategy and Profitability." *Strategic Management Journal* 3 (1982): 359-369.

—. "Strategy, Structure and Economic Performance." Ph.D. dissertation Harvard University, 1974.

Schein, Edgar. *Organizational Culture and Leadership: A Dynamic View*. San Francisco: Jossey-Bass, 1985.

Schmidt, Jeffrey B., and Roger J, Calantone. "Are Really New Product Development Projects Harder to Shut Down?" *Journal of Product Innovation Management* 15 (1998): III-123.

Schrage, Michael. *Serious Play: How the World's Best Companies Simulate to Innovate*. Boston: Harvard Business School Press, 2000.

—. "What's That Bad Odor at Innovation Skunkworks?" *Fortune*, 20 December 1999, 338.

Schroeder, Roger G., Andrew H. Van de Ven, Gary D. Scudder, and Douglas Polley. "The Development of Innovation Ideas." In *Research on the Management of Innovation: The Minnesota Studies*, edited by Andrew H. Van de Ven, Harold Angle, and Marshall Scott Poole. New York: Harper and Row, 1989.

Schumpeter, Joseph A. *Capitalism, Socialism and Democracy*, 3rd. ed. New York: Harper, 1950.

—. *The Theory of Economic Development*. Cambridge, MA: Harvard University Press, 1934.

Slowinski, Gene. "Managing Technology-Based Strategic Alliances between Large and Small Firms." *S.A.M. Advanced Management Journal* (Spring 1996): 42-48.

Slowinski, Gene, G. Oliva, and L. Lowenstein. "Medusa Alliances: Managing Complex Interorganizational Relationships." *Business Horizons* (July-August 1995): 48-52.

Smith, Clayton C., and Arnold C. Cooper. "Established Companies Diversifying into Young Industries: A Comparison of Firms with Different Levels of Performance." *Strategic Management Journal* 9 (1988): 111-121.

Souder, William E. "Encouraging Entrepreneurship in the Large Corporation." *Research Management* (May 1994): 18-22.

Stevens, Greg A., and James Burley. "3,000 Raw Ideas = 1 Commercial Success." *Research Technology Management* (May-June 1997): 16-27.

Stone, Irvlng. *The Agony and the Ecstasy: A Novel of Michaelangelo.* New York: Doubleday, 1961.

Stopford, J., and C. W, F. Baden-Fuller. "Creating Corporate Entrepreneurship." *Strategic Management Journal* 15 (1994): 521-536.

Sykes, H. B., and Zenas Block. "Corporate Venturing Obstacles: Sources and Solutions." *Journal of Business Venturing* 4, no. 3 (1989): I59-167.

Sykes, Hollister B., and David Dunham. "Critical Assumption Planning: A Practical Tool for Managing Business Development Risk." *Journal of Business Venturing* 10, no.6 (November 1995): 413-424.

Tushman, Michael L., and Charles A.O' Reilly III. *Winning through Innovation: A Practical Guide to Leading Organizational Change and Renewal.* Boston: Harvard Business School Press, 1997.

Van de Ven, Andrew H. "Central Problems in the Management of Innovation." *Management Science* 32, no. 5 (1986): 590-607.

Van de Ven, Andrew, and Douglas Polley. "Learning While Innovating." *Organization Science* 3, no. 1 (February 1992): 92-116.

Venkataraman, S., R. G. McGrath, and I. C. MacMillan. "Progress in Research on Corporate Venturing." In *The State of the Art of Entrepreneurship,* edited by Donald L. Sexton and John D. Kasarda. Boston: PWS Kent, 1992.

Venkataraman, S., and Andrew H. Van de Ven. "Hostile Environments, Environmental Jolts, Transaction Set, and New Business." *Journal of Business Venturing* (May 1998): 231-255.

Von Hippel, Eric. "Lead Users: A Source of Novel Product Concepts." *Management Science* 32 (July 1986): 791-805.

—. *The Sources of Innovation.* New York: Oxford University Press, 1988.

Wenger, Etienne C., and William M. Snyder. "Communities of Practice: The Organizational Frontier." *Harvard Business Review* 78 (Januarty-February 2000): 139-145.

Wheelwright, Steven C., and Kim B. Clark. *Revolutionizing Product Development: Quantum Leaps to Speed, Efficiency and Quality.* New York: The Free Press, 1992.

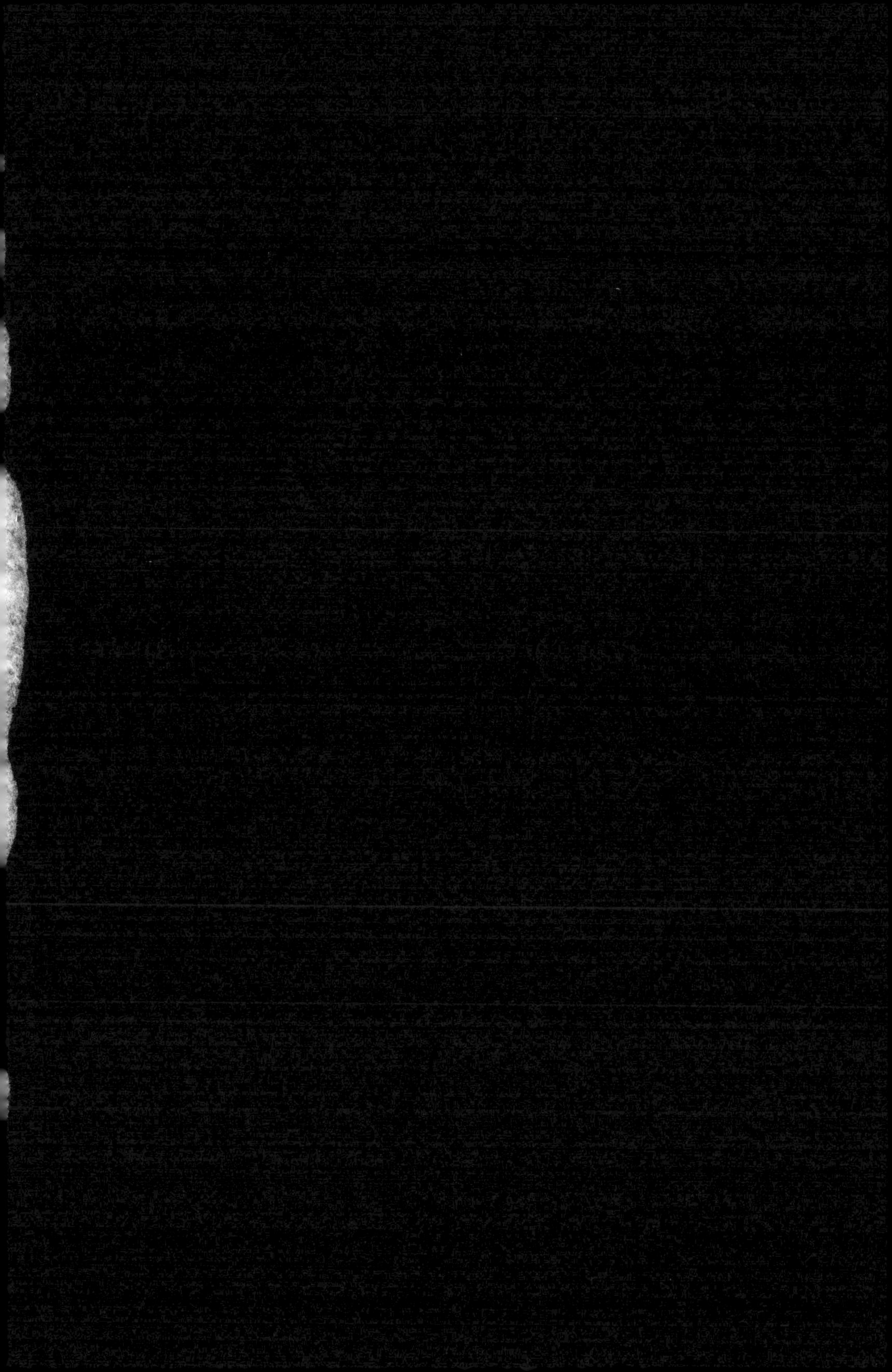